KB264067

타인이라는 세계

홍순범 지음

타인이라는 세계

다산
초당

우리는 어떤 일을 할 때 그 일에 필요한 도구를 찾는다. 못을 박아야 하면 망치를, 종이를 잘라야 하면 가위를, 밥을 먹으려면 숟가락을, 양치질을 하려면 칫솔을, 친구와 축구나 농구를 할 계획이라면 공을 필요로 한다. 그런데 이때 사용하는 도구가 세상에서 가장 좋은 도구일까? 우리가 선택한 망치나 가위는 그것이 세상에서 가장 좋은 도구라서 집은 것이 아니라, 그냥 서랍에 있으니까 꺼내 사용한 것이다. 간혹 망치가 없을 때는 다른 단단하고 무거운 물건을 이용해 못을 박기도 한다. 종이를 자르려는데 가위가 없으면 칼로 자르거나 자를 대고 찢기도 한다. 밥을 먹을 때도 마찬가지다. 숟가락이 없으면 젓가락으로, 젓가락이 없으면 포크로 먹는다.

문화에 따라서 손으로 먹기도 하는데 우리도 상황에 따라 얼마든지 그럴 수 있다.

그러고 보면 우리는 이미 몸이라는 훌륭한 도구를 갖고 있다. 그런데 몸도 마찬가지다. 내 몸이 세상에서 가장 좋은 몸이라고는 생각하지 않는다. 서랍에 들어 있는 망치나 가위를 집어 사용하듯이, 내 몸에 달린 손발이니 사용할 뿐이다. 내가 가진 몸뚱이가 완벽한 최선의 신체는 아니지만 그래도 이만하면 괜찮다고 여기고 감사히 사용할 따름이다.

너무 당연한 이야기처럼 들릴지 모르겠다. 그럼 이 이야기를 마음이라는 도구에 적용하면 어떨까? 우리는 멋지고 아름다운 유명 배우의 얼굴이 내 얼굴보다 낫고, 피트니스 모델의 몸매가 내 몸매보다 나으며, 스포츠 스타의 운동 신경이 내 운동 신경보다 낫다고 인정한다. 또 인기 있는 방송 사회자의 말솜씨가 내 말솜씨보다 낫고, 피아니스트의 손 움직임이 내 손 움직임보다 나으며, 카레이서의 운전 실력이 내 운전 실력보다 낫다고 생각한다. 물론 이 생각이 꼭 사실은 아닐 수도 있지만, 대개는 별 저항 없이 선뜻 인정한다. 하지만 마음도 그럴까? 사람들은 대부분 내 생각이 옳고 내 감정이 정당하다고 굳게 믿는다. 그렇게 믿기 때문에 내 생각과 다르거나 내 감정에 거슬리는 사람을 미워하고, 조롱하고,

비난하고, 혐오하고, 때로는 죽이기까지 한다. 내가 가진 그 생각과 감정이 마치 최선의 도구, 완벽한 무언가라도 되는 것처럼 말이다.

그런데 그렇게 미워하고 조롱하고 비난하고 혐오하고 죽이는 대상이 타인일 수도 있지만, 때로는 자신일 수도 있다. 우리는 자신이 마음에 안 들면, 스스로를 파괴한다. 마음이 마치 거역할 수 없는 신성한 존재라도 되는 것처럼 대하는 것이다.

우리가 우리 마음을 대하는 이런 방식은 꼭 누구를 미워하고 조롱하고 비난하고 혐오하는 데만 쓰이지 않는다. 반대로 타인과 생각이 잘 맞거나 그에게 좋은 감정을 느끼면 떠받들거나 사랑하기도 한다. 마치 내 마음이 완전무결한 퍼즐 조각이라도 되어서, 타인의 조각이 내 조각과 잘 들어맞으면 운명의 퍼즐이 완성되기라도 하듯 대하곤 한다. 하지만 이는 우리가 다른 도구를 대할 때를 생각하면 참 이상한 일이다. 망치와 못이 잘 듣는다고 해서, 혹은 내 몸에 딱 맞는 옷이나 신발이나 의자를 발견했다고 해서 그토록 감동하거나 사랑하지는 않으니까. 반대로 내 몸에 안 맞는 옷이나 신발이나 의자를 그토록 미워하고 조롱하고 비난하고 혐오하지도 않는다. 우리는 왜 마음이라는 도구를 완벽하다고, 최선에 가깝다고 여길까?

마음을 대하는 이런 특이한 방식으로 인해 내 마음의 결함을 발견하는 일은 몹시 아프다. 설령 그것이 아주 사소한 결함이거나 단지 결함의 가능성을 암시하는 일상적인 사건에 불과하더라도, 우리는 마음에 상처를 입거나 고통을 느낀다. 내 생각에 다른 사람들이 동의하지 않거나 내 감정이 공감받지 못하면 하루에도 몇 번씩 상처 입고 고통을 느끼지 않는가.

그러니 묻지 않을 수 없다. '왜 마음은 다른 도구와 다를까?' 물론 고통 없는 인생은 없다. 그래도 어쩌면 이 질문에 조금은 덜 고통스러운 마음으로 살 수 있는 비밀이 숨어 있을지 모른다.

*

'왜 마음은 다른 도구와 다를까?'

『타인이라는 세계』는 이 질문에 대해 심리학, 정신의학, 뇌과학에서 찾은 내 나름의 답이다.

1장에서는 우리가 타인의 마음을 이해하는 일이 왜 어려운지 설명한다. 이 과정에서 '마음이론'이라는 개념을 소개

　　　　　　　　　　　타인이라는 세계

한다. 책 전반에 걸쳐 계속 활용될 마음이론은 우리나라에 아직 널리 소개되지 못했다. 뇌과학을 통해 우리 마음이 어떻게 작동하는지 알게 되면 남을 이해한다는 것의 본질이 무엇인지 깨닫게 된다.

2장에서는 다양한 마음의 오류를 소개한다. 인간이 각종 오류와 편견에 얼마나 취약한지 보여주는 놀라운 예시와 흥미로운 연구 결과를 통해 '내 마음이 곧 진실은 아니다'라는 통찰을 전한다. 이를 토대로 우리 일상의 크고 작은 현안에 대해서도 생각해 볼 것이다.

3장에서는 뇌과학을 바탕으로 생각의 다양한 측면을 살펴본다. 이 과정에서 아직 국내에 널리 소개되지 않은 뇌의 네트워크를 소개한다. 우리 뇌의 네트워크가 어떻게 구분되어 일하는지 알면 신기하게도 마음과 현실 사이의 간극에 대한 이해가 깊어진다. 이런 이해를 바탕으로 우리의 생각이 기분에 미치는 영향을 알아보고, 그 영향을 스스로 통제하고 조절하기 위해 우리가 활용할 수 있는 방법을 설명한다.

마지막으로 4장에서는 마음이라는 세계에 관한 단상을 소개한다. 이 책을 처음부터 읽은 독자라면 아주 흥미롭게 읽을 것이다.

이런 구성을 통해 독자에게 지적인 즐거움뿐 아니라, 일상에서 활용할 수 있는 기술을 담은 실용적인 책으로 다가갈 수 있길 바란다. 그동안의 진료 사례와 연구, 심리학, 정신의학, 뇌과학 이론에 근거한 조언을 담았으니, 부디 이 책이 인간과 사회를 더 정확히 바라보고 세상을 이해하는 데 도움이 되면 좋겠다.

*

원고를 집필하는 동안 줄곧 염두에 두었던 가상의 독자는 서울대학교 의과대학 학생들이다. 평소 수업을 진행할 때처럼 제자들과 대화를 주고받는다고 상상하며 글을 썼고, 그들이 흥미를 느낄 만한 내용 위주로 골라 담았다. 단지 상상만 한 것이 아니라 실제로 수업에서 소개했던 내용 또한 다수 포함되어 있다. 하지만 의학을 모른다고 긴장할 필요는 전혀 없다. 이해하기 어려운 내용은 없을 것이다. 서울대학교 의과대학 제자들을 염두에 두었다고 이야기한 것은 내용의 어려움이 아닌 새로움 때문이다. 다시 말해 학생들이 기존에 알지 못했을 내용을 많이 소개했다. 이 수업을 듣기 전까지는 십중팔구 접해 본 적 없을 지식이나 생각해 본 적 없을 주제가 책에 담겨 있다.

타인이라는 세계

이 대목에서 경고 문구가 필요할지도 모르겠다. 새로운 생각을 마주하는 일은 흥미로울 것만 같지만, 막상 익숙하지 않은 생각을 만나면 반발과 분노가 생기기도 한다. 혹시 이 책의 일부 내용이 그런 반응을 유발한다면, 우선 더 현명하게 설명하지 못한 저자의 잘못이다. 다른 한편으로는 그만큼 마음의 틀을 깨기 어렵다는 증거일지 모른다. 하지만 틀을 깨야 그 안에 잠들어 있는 귀한 도구를 더 잘 활용할 수 있다. 인생을 조금 덜 고통스럽게, 기왕이면 조금 더 수월하게 살기 위한 마음이라는 도구를 여러분도 자유롭게 사용하면 좋겠다.

2026년 1월

홍순범

차례

1장

타인의 마음

왜 서로 이해하기 어려울까

마음이론, 타인의 마음을 추론하는 능력

타인을 이해하는 일

누구나 인간관계는 힘들다. 서로 즐겁고 편안한 관계로만 지내면 좋은데 막상 사람을 만나면 그러기 쉽지 않다. 내 마음은 그게 아닌데 오해받기도 하고, 나로선 도저히 이해할 수 없는 말이나 행동을 하는 사람들도 있다. 그래서 혼자 있을 때보다 누군가와 어울릴 때 오히려 더 외로움을 느끼기도 한다.

사람 대하는 일은 왜 힘들까? 타인을 이해한다는 것은 도대체 무엇일까?

이 질문에서 출발해 타인의 마음이란 무엇이며 그것을 이해하는 인간의 능력이 어떻게 작동하는지, 그리고 이 능력으로 우리가 어떤 힘을 발휘하고 또 어떤 오류를 저지르는지 알아가 보자.

먼저 '마음이론'이라는 개념을 소개한다. 방송이나 강연에서 한 번쯤 들어본 이도 있을 것이다. 처음 들어봤다고 해도 괜찮다. 알기 쉬운 이야기부터 시작해 생전 처음 듣는 이야기로 차근차근 나아갈 것이다.

우선 마음이론이 무엇인지 알아보자.

샐리-앤 과제[1]

마음이론을 설명할 때 흔히 '샐리-앤 과제'라는 간단한 과제를 예로 들곤 한다. 내용은 이렇다. 샐리와 앤이 한 방 안에 있다. 샐리가 자기 공을 바구니에 넣더니 방에서 나간다. 그러자 혼자 남은 앤이 그 공을 바구니 옆에 있는 상자로 옮긴다. 그런 다음 앤도 방에서 나간다. 방으로 돌아온 샐리가 홀로 바구니와 상자 사이에 서 있다. 이렇게 상황을 설명한 후 사람들에게 묻는다.

"방으로 돌아온 샐리는 자기 공을 어디에서 찾으려 할까?"

대부분 답을 떠올렸을 것이다. 이 질문의 답을 안다는 것은 샐리의 마음을 안다는 것이다. 샐리라는 사람의 마음이 어떤 식으로 작동할지 짐작한 뒤 질문에 답했기 때문이다.

여기서 중요한 점은 샐리의 입장이 우리의 입장과 다르다는 것이다. 우리는 샐리의 공이 어디 있는지 알고 있다. 하지만 샐리는 자신의 공이 어디로 이동했는지 모른다. 이 문제를 풀기 위해 우리는 우리와 다른 입장에 놓인 사람, 즉 샐리의 마음을 추론해야 한다. 이 추론하는 능력을 마음이론Theory of Mind, ToM이라고 부른다.

'이론'이라고 적어 놓았지만 실제로는 '능력'이라고 부르니 용어를 헷갈리기 쉽다. 그러나 '마음이론'이라는 용어 안에 들어 있는 '이론'이라는 말은 학자들의 전유물인 거창한

　　　타인이라는 세계

이론을 뜻하는 게 아니다. 이 단어는 우리가 샐리의 마음을 추론했듯이 다른 사람의 마음을 이해하는 능력, 즉 우리처럼 평범한 사람들이 평소에 다른 사람을 대할 때 일상적으로 발휘하는 능력을 가리킨다.

그런데 왜 이 능력을 이론이라고 부르는 것일까? 여기에는 중요한 비밀이 감춰져 있다. 비밀을 밝히기에 앞서 마음이론이 '다른 사람의 마음을 이해하는 능력'을 일컫는다는 점만 기억하고, 이 능력이 어디에서 작동하는지부터 알아보자.

마음이론의 뇌 회로

우리는 언제나 마음이론을 발휘하며 산다. 쉽게 말하자면 언제나 나와 다른 입장에 놓인 사람의 마음을 추론하며 살아간다. 그런데 어떻게 이런 일이 가능할까? 우리 몸 어디에서 이런 능력을 발휘하는 걸까? 눈치챈 분도 있겠지만 연구자들역시 이런 의문을 갖고 뇌를 연구하기로 했다.

주로 다음과 같은 방식으로 연구가 이루어졌다. 연구에 참여할 사람을 모집한 뒤, 마음이론으로 풀어야 하는 과제와 마음이론이 필요하지 않은 과제를 사람들에게 제시한다.

방금 소개한 샐리-앤 과제는 마음이론으로 풀어야 하는

과제다. '샐리가 자기 공을 어디에서 찾으려 할까?'라는 질문에 답하려면 샐리의 마음을 추론해야 하니, 마음이론을 동원하게 된다. 하지만 마음이론이 필요 없는 질문도 할 수 있다. 이를테면 '공이 지금 어디에 있나?' 같은 질문이다. 이 질문에 답하기 위해서는 그저 앤이 바구니에 있던 샐리의 공을 상자로 옮겼다는 사실만 기억하면 된다.

이렇게 연구자들은 마음이론이 필요한 과제와 필요하지 않은 과제를 번갈아 풀게 하면서 사람들의 뇌를 촬영했다. 그리고 마음이론이 필요한 과제를 수행할 때 뇌의 어느 영역이 활성화되는지 관찰했다.

연구 결과 마음이론에 관여하는 뇌의 여러 영역이 밝혀졌는데, 이 가운데 가장 대표적인 세 영역을 소개한다.

생명의 뇌: 마음의 위치를 포착하다

뇌는 각 영역이 다양한 역할을 수행한다. 그중 측두엽의 상단 후면은 생물학적인 움직임을 관찰할 때 반응한다. 고양이나 강아지를 키워보았다면 쉽게 이해할 것이다. 말을 주고받지 않아도 배고프다, 졸리다, 심심하다, 반갑다, 아프다, 만져 달라, 만지지 말라 등 그들이 표현하고자 하는 바를 알아차릴 수 있다.

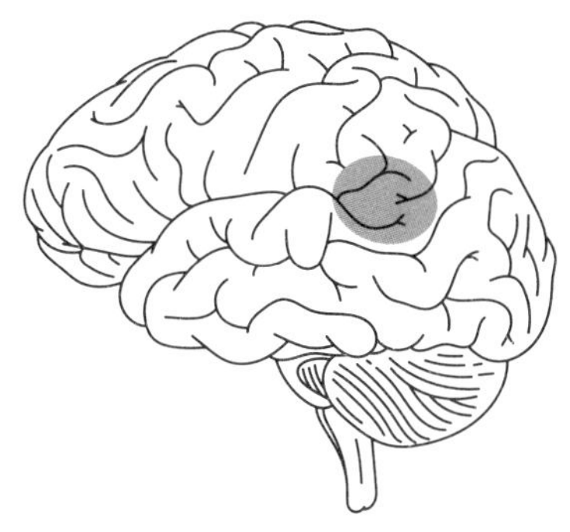

측두엽의 상단 후면[2]

물론 식물을 대할 때도 마음 비슷한 무엇을 전혀 느끼지 않는 것은 아니다. 하지만 아무래도 동물의 마음이 더 생생하고 다채롭게 이해되는 게 보통이다. 우리가 마음을 짐작하는 대상은 주로 식물보다 동물이다. 말하자면 '움직이는' 생물인 것이다. 움직임 여부가 식물과 동물을 구분하는 가장 과학적인 기준은 아닐지도 모른다. 그러나 일상에서의 상식적인 기준으로 보면, 동물은 흔히 움직이는 생물을 가리킨다.

그러므로 주로 동물의 마음을 이해하는 우리 뇌의 마음이론 회로에, 생물학적 움직임에 반응하는 뇌 영역이 포함된다는 발견은 타당해 보인다.[3]

상상의 뇌: 마음의 존재를 상상하다

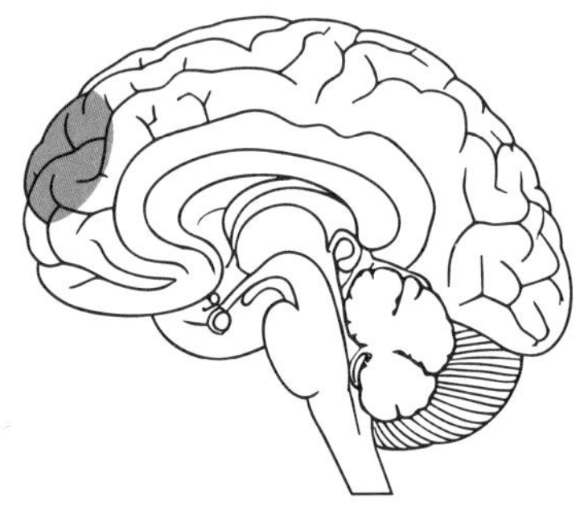

전두엽의 안쪽[4]

전두엽은 인간의 고차원적 능력을 담당하는 뇌 영역이다. 전두엽의 안쪽은 좌우 전두엽이 맞닿는 곳으로, 이 영역이 수행하는 역할 중 하나는 현실과 표상을 분리하는 일이다. 현실의 어떤 구체적인 대상을 그 대상으로만 인식하는 데 그치지 않고 거기서 추상적인 뭔가를 더 떠올리는 것이다.

가령 책상이나 의자를 본다면 그것은 구체적인 대상, 즉 책상이나 의자로만 인식하면 된다. 하지만 앞서 예로 든 고양이나 강아지는 다르다. 이들을 보면서 '배고프구나', '졸리구나', '심심하구나' 하고 느끼는 것은 책상이나 의자처럼 구체적인 대상만 떠올리는 일과 다르다. 의도나 감정 같은 추상적인 표상, 그러니까 마음이라는 영역에 속하는 것들을 추가로 상상하는 것이다.

다시 말해 물건이 아닌 동물을 대할 때는 구체적인 대상과 추상적인 표상이라는 두 개의 차원으로 인식하는 셈이다. 이처럼 상대의 마음을 이해하려면 상대의 마음이라는 별도의 차원을 상정해야 한다.

그러므로 타인의 마음을 추론하는 우리 뇌의 마음이론 회로에, 현실과 표상을 분리하는 뇌 영역이 포함된다는 발견 역시 타당하게 느껴진다.[5]

해석의 뇌: 마음의 내용을 짐작하다

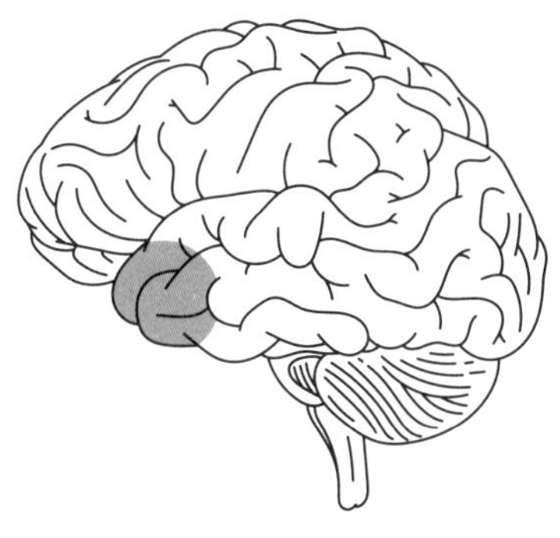

측두엽의 앞쪽[6]

방금 소개한 두 영역만으로 타인의 마음을 이해하기 위한 기본 토대가 마련되었다. 첫째, 현실의 어떤 대상이 생물학적인 움직임을 연상시키면 둘째, 그 대상에게서 마음이라고 하는 추상적 표상을 떠올린다. 이렇게 2단계 작업을 통해 타인의 마음을 대강 추론할 수 있다. 여기서 상대의 마음을 조금 더 정확히 이해하려면 어떻게 해야 할까? 그럴 때는 추가 정보가 필요하다.

예를 들어 고양이가 사는 집에 어떤 사람이 불쑥 들어온다고 해보자. 그러자 고양이가 두 눈을 동그랗게 뜨고 그 사람을 주의 깊게 쳐다본다. 이 장면을 목격한 우리는 고양이의 마음을 어떻게 해석할까?

더 이상의 아무런 정보가 없다면 고양이의 마음을 해석하기가 난감할 것이다. 반면 다음과 같은 정보가 있다면 이해할 수 있는 여지가 달라진다.

방금 집에 들어온 사람은 고양이의 집사다. 만약 이 정보가 사실이라면, 매일 보는 집사가 들어왔을 때 고양이는 왜 그런 표정을 지었을까? 이 질문에 우리는 고양이가 했을 법한 생각을 몇 가지 떠올릴 수 있다.

'집사야, 이 시간에 벌써 웬일이냐? 너답지 않다?'

'집사야, 헤어스타일 바뀐 거냐? 영 이상해서 못 알아보겠다!'

'집사야, 방금 접시 깨뜨린 거 알고 온 거냐? 그럼 나 이제

　　　　　　　　　　　　　　　　타인이라는 세계

혼나는 거냐?'

우리 뇌의 마음이론 회로는 눈을 동그랗게 뜬 고양이의 표정에서 이런 마음들을 읽어낼 수 있다. 녀석의 마음을 이해하기 위한 일종의 이론 혹은 가설을 세우는 것이다. 말하자면 현실을 바탕으로 떠올린 상상의 해석이다. 전부 그 사람이 집사라는 정보가 있었기에 가능한 해석이기도 하다. 만약 그 정보가 없었다면 어땠을까? 단지 뇌 회로만 작동한다고 해서 이런 가설을 떠올릴 순 없다. 어디까지나 그 사람이 집사라는 사실을 전제한 해석이기 때문이다. 여기에 추가 정보까지 있다면 더 올바른 해석이 가능하다. 예를 들어 집사가 미용실에 다녀왔다는 정보가 추가되면 보다 정확한 추론에 도달할 수 있다.

이번에는 다른 정보를 입수했다고 가정해 보자. 집에 불쑥 들어온 사람은 집사가 아니라 고양이가 처음 보는 사람이다. 그럼 고양이의 반응에 대한 우리의 해석도 달라진다.

'넌 누구냐?'

'큰일 났다!'

'냥이 살려!'

우리는 동그랗게 뜬 고양이의 눈망울에서 경계심이나 두려움을 떠올린다. 이렇듯 알고 있는 정보가 달라지면 마음에 대한 해석도 달라진다. 그리고 이러한 해석은 추가되는 정보에 따라 얼마든지 더 달라질 수 있다. 예를 들어 언뜻 보기에 초면인 줄 알았던 그 사람이, 자세히 보니 오래전에 이 고양이를 돌보았던 임시 보호자였다는 추가 정보가 있다고 치자. 이렇게 되면 고양이가 상대를 알아보았을 때 보인 반응은 두려움이 아닌 반가움과 놀라움일 수 있다. 그런데 또 다른 정보에 따르면 이 임시 보호자가 당시에 고양이를 학대했다고 한다. 이런 정보가 있는 입장에서는 고양이가 보인 반응의 의미를 반가움이 깃든 놀라움이 아닌 공포에 질린 놀라움으로 해석할 수 있다. 이처럼 가지고 있는 정보에 따라 상대 마음에 대한 추론 내용이 달라진다. 이렇게 맥락을 고려한 세부적인 해석 작업에 도움을 주는 뇌 영역이 측두엽의 앞쪽 영역이다.[7]

이제 '마음이론'이라는 어색하고 헷갈리는 명칭에 숨은 깊은 뜻을 알 수 있다. 다른 사람의 마음을 이해하는 능력을 왜 마음이론이라고 부를까? 마음은 눈에 보이지 않는다. 보이지 않으니 미루어 짐작해야 한다. 이처럼 상대방의 마음이 어떨지 내 나름대로 이론을 펼친다는 의미에서 '마음이론'이라고 부르는 것이다.

   타인이라는 세계

마음을 이해하기 어려운 이유 Ⅰ
─ 개인·상황·정보의 차이

개인의 차이

타인의 마음을 이해하는 일이 처음에는 막연하고 신비로운 능력처럼 느껴졌지만 앞서 살펴본 연구를 통해 이것이 뇌에서 비롯되는 구체적이고 체계적인 작업이라는 사실을 알게 되었다. 바꿔 말하면 마음이론은 측정 가능한 능력이라는 뜻이다. 따라서 비교 가능한 능력이기도 하다. 즉 마음이론 능력이 상대적으로 뛰어난 사람도, 부족한 사람도 있다는 이야기다.

앞서 소개한 뇌 영역이 기능하지 않는 사람은 어떨까? 마음이론이 잘 발휘되지 않을 것이다. 그럼 다른 사람의 마음을 잘 이해하지 못할 테고, 타인과 소통이 어려우니 사회성이 부족해질 것이다. 자폐증이 있는 사람을 살펴보면 알 수 있다. 하지만 여기서는 자폐증과 무관하게 설명을 이어가 보려 한다.[8]

마음이론 능력에는 개인차가 있다. 어린아이가 마음이론 과제를 통과하는 연령을 조사해 보면 이러한 사실을 잘 알 수 있다. 한 연구에서 자폐증이 없는 아이를 대상으로 과제 성공 비율을 조사한 결과, 만 2세의 경우 약 12퍼센트, 만 3세의 경우 약 26퍼센트, 만 4세는 53퍼센트, 만 5세는 74퍼센트가 과제를 통과하는 것으로 나타났다.[9] 그러니까 만 2세 때 벌써 마음이론 과제를 통과하는 아이도 있지만, 만 5세가 되어도 아직 통과하지 못하는 아이가 있다는 이야기다.

어릴 때 마음이론 발달에 개인차가 있다면, 성인이 되어서도 마음이론 발달에서 개인차가 발생하지 않을까? 그렇다. 자폐증이 없는 성인 사이에도 발달 정도에 차이가 있다.

그러니까 세상은 이분법적으로 마음이론이 있는 사람과 없는 사람으로 나뉘지 않는다. 마음이론이 조금 부족한 사람, 많이 부족한 사람, 아주 많이 부족한 사람, 마음이론이 조금 우수한 사람, 많이 우수한 사람, 아주 많이 우수한 사람 등 다양한 스펙트럼의 사람이 섞여 살아간다. 우리는 살면서 다양한 사람을 만나게 되니, 당연하게도 소통과 이해에 어려움이 생긴다. 똑같은 상황을 놓고도 어떤 사람은 상대방의 입장을 잘 이해하지만 어떤 사람은 이해를 못 하기 때문이다. 그렇다면 나를 이해 못 하는 사람이 있다고 해도 지나치게 고민할 필요는 없다.

물론 이해받기 위해 노력할 필요는 있다. 내가 이해받기 힘든 행동을 했는지 돌아볼 필요도 있다. 실은 내 마음이론이 부족해서 그럴 수도 있기 때문이다. 상대방이 나를 이해하지 못할 수도 있지만, 내가 타인이 나를 충분히 이해하도록 행동하지 못했을 수도 있다. 그러니 섣불리 누구를 탓하기 전에, 서로 이해하고 이해받기 위해 모두가 노력해야 한다. 상대의 반응이 이해가 안 된다면 그 원인이 무엇인지 돌아볼 필요가 있다.

하지만 그런 노력과 반성에도 불구하고 여전히 나를 이해 못 하는 사람이 있을 것이다. 당연하다. 사람마다 마음이론의 발달 정도가 다르기 때문이다. 그러니 '왜 저 사람은 나를 이해 못 해줄까?' 하고 너무 고민할 필요 없다. 그것은 내 잘못도 아니고, 그 사람의 잘못도 아니다. 이것이 인간관계에서 너무 상처받을 필요 없는 첫 번째 이유다.

상황의 차이

앞서 소개한 샐리-앤 과제는 대부분 어릴 때 통과한다. 연구 결과에 따르면 만 4세 아동의 절반 정도가 완수하고, 만 5세가 되면 4분의 3이 완수한다.[10] 여러분은 대개 성인이거나 적어도 청소년 이상일 테니 여러분이 평소 만나는 사람 중 샐리의 마음을 이해 못 하는 이는 많지 않을 것이다.

그런데 더 복잡하고 어려운 마음이론 과제도 있지 않을까? 그동안 연구에 사용된 마음이론 과제가 샐리-앤 과제만 있는 것은 아니다. 예를 들면 다음과 같은 과제가 있다.

적군이 아군 병사를 포로로 잡아 소속 부대의 위치를 심문한다. 사실 그 부대는 산에 있다. 적군은 이 포로가 자기 부대를 구하려고 거짓말하리라 확신한다. 포로는 아군을 구하기 위해 이렇게 대답한다.
"우리 부대는 산에 있습니다."

이러한 상황을 들려준 다음 질문한다.
"포로가 왜 그렇게 말했을까?"
실제 연구에 사용된 마음이론 과제다.[11] 가독성을 고려해 조금 수정했다. 이 과제도 아주 어렵지는 않다. 하지만 샐리-

　　　　　　　　　　　　　　　타인이라는 세계

앤 과제보다는 마음을 추론하는 방식이 훨씬 복잡해졌다. 왜냐하면 이제는 한 사람 이상의 마음을 이해해야 하기 때문이다. 이 과제에서는 포로로 잡힌 아군 병사와 이 병사를 심문하는 적군 병사 마음을 모두 파악해야 한다.

'심문하는 입장에선 포로가 하는 말을 바로 믿지는 않을 거야. 그런데 심문하는 사람이 믿지 않으리라는 걸 이 포로가 알고 있어. 그러니 사실대로 말하면 오히려 적군을 속일 수 있다고 포로는 생각한 거야.'

샐리 마음만 이해하는 과제보다 난도가 높다. 심문하는 사람 마음을 읽으려는 포로 마음까지 알아야 한다. 과제는 얼마든지 이보다 더 어렵게 만들 수 있다.

이런 과제를 푸는 능력은 평범한 사회생활에서도 필요하기 마련이다. 실제 직장에서 있을 법한 상황을 예로 들어보자.

하루는 부장님이 버럭 화를 내며 과장님을 질책했다. 이렇게 꾸지람을 듣고 나온 과장님의 마음을 전혀 헤아리지 않고 한 직원이 발랄하게 농담을 던진다면 어떨까? 주변 동료들에게 눈치 없다는 이야기를 듣기 십상이다. 이 직원에게는 과장님의 현재 마음을 추론하는 능력은 물론 자신이 왜 눈치 없다는 이야기를 듣는지 알기 위한 마음이론이 필요하다. 말하자면 이 상황은 상사에게 질책받은 과장님의 마음을 이해하는 다른 직원들의 마음까지 읽어내는 과제다. 여러 사람 사이에서 그들의 마음을 전반적으로 알아차리는 행위를 가리켜 소위 '분위기를 파악한다'라고 한다. 분위기를 눈치껏 잘 파악하며 사회생활을 원만히 하기 위해서도 마음이론이 필요한 것이다. 반대로 마음이론이 부족하면 사회생활에서 상당히 난처한 악순환에 빠지게 된다.

상황을 더 복잡하게 만들어보자. 이날 부장님이 과장님을 꾸짖은 원인이 바로 이 눈치 없는 직원 때문이었다. 오늘도 실없이 엉뚱하게 행동하다가 중요한 고객 앞에서 실수를 저지른 것이다. 이 직원에게 필요한 능력은 무엇일까? 일단 고객이 기분 상한 이유를 추론하는 능력이 필요하다. 그리고 그 상황을 본 부장님이 왜 화났는지 추론하는 능력도 필요하다. 또한 자기 때문에 꾸중을 들은 과장님의 마음을 추론하는 능력도 필요하며, 그 모든 과정을 지켜본 다른 직원들의 마음을 추론하는 능력도 필요하다.

이 중에서 어느 하나라도 모른다면 이후에 벌어지는 일들 또한 제대로 이해하지 못할 것이다. 그러면 자신을 둘러싼 사람들의 분위기 또한 이해하지 못해 상당히 곤란해질 것이다. 이처럼 마음과 마음이 서로 얽혀 영향을 주고받는 상황을 파악하는 일은 뇌 연구에 쓰인 단순한 과제들보다 난도가

　　　　　　　　　　　　타인이라는 세계

높다. 그리고 상황에 연루된 사람 수가 늘어날수록 각각의 마음을 이해하는 일이 복잡해진다. 그러다 보면 자신이 보유한 마음이론 능력으로는 납득할 수 없는 구멍이 생기기 마련이다.

앞서 말한 눈치 없는 직원이 위기를 극복하기 위해서는 어떤 능력이 필요할까? 최소한 두 가지 능력이 필요하다. 자신이 매우 죄송해하는 모습을 보이면 과장님과 다른 직원들이 어떻게 생각할지 추론하는 능력과, 반대로 자신이 영문도 모른 채 발랄하게 농담을 하면 그 사람들의 마음이 어떨지 추론하는 능력이 필요하다. 이 능력의 유무에 따라 직원의 태도가 결정된다. 그럼 또 그에 따라 해당 직원에 대한 주변 사람의 입장이 결정될 것이다.

이처럼 다른 사람을 이해하는 일은 상황에 따라 난도가 달라진다. 사람마다 마음이론 능력의 발달 정도에 차이가 있더라도 과제의 난도가 항상 낮으면 서로의 마음을 오해하는 일이 거의 생기지 않는다. 하지만 현실에서 맞닥뜨리는 상황은 난도가 다양하다. 그러니 누군가는 이해하고 누군가는 이해하지 못하는 것이 당연하다. 모든 상황을 모든 사람이 이해하는 것은 불가능하기 때문이다.

그러므로 모두에게 항상 이해받을 수 없는 것이 당연하다.

상황에 따라 이해받을 때도 있고 받지 못할 때도 있는 게 현실이다. 이것이 살면서 이해받지 못할 때 너무 상처받을 필요 없는 두 번째 이유다.

정보의 차이

앞서 우리는 심문받는 포로의 마음을 추론했다. 그런데 우리가 예상한 포로의 마음이 과연 정답일까?

마음은 눈에 보이지 않는다. 그래서 타인의 마음을 이해하기 위해 결국 우리는 각자 자기 나름대로 해석한다. 이렇게 떠오른 생각은 대개 사실 확인이 되지 않는다. 즉 마음이론이란 있는 그대로의 사실을 알아차리는 능력이 아니라, 내 나름의 설명을 만들어내는 능력이다. 이것이 핵심이다. 우리는 타인의 마음을 저마다의 이론으로 해석하며 살아간다.

만약 어떤 상황에서 타인의 마음을 추론했는데 이후 다른 정보가 더 추가되지 않으면, 즉 우리의 추론을 뒤집을 새로운 정보가 입수되지 않으면 우리는 그냥 우리의 설명이 옳다고 생각하고 넘어간다.

그러니 앞서 추론한 포로의 속내에 관해서도 우리의 해석이 정말 맞는지 제대로 따져볼 필요가 있다. 다만 이번에는 실제 현장에 가서 보는 것처럼 체크해 보자. 그랬을 때 과제에 제시된 설명 중 어떻게든 눈으로 확인 가능한 정보는 다음과 같다.

'적군이 아군 병사를 포로로 잡아 소속 부대의 위치를 심문한다.'

이것은 명백한 사실이다.

'사실 그 부대는 산에 있다.'

이것도 사실이다.

"우리 부대는 산에 있습니다."

포로가 이렇게 말한 것도 사실이다.

위 정보들은 객관적 사실이다. 반면 아래에 나오는 나머지 두 문장은 객관적 사실이 아니다.

'적군은 이 포로가 자기 부대를 구하려고 거짓말하리라 확신한다.'

'포로는 아군을 구하기 위해 이렇게 대답한다.'

거짓말을 할 것이라고 확신한다거나 아군을 구하기 위해 꾀를 낸다는 설명은 사실이라기보다 등장인물들의 마음에 관한 누군가의 해석이다. 실제 현장이라면 이런 정보는 없을 테니 아래처럼 보일 것이다.

적군이 아군 병사를 포로로 잡아 소속 부대의 위치를 심문한다. 사실 그 부대는 산에 있다. 포로는 이렇게 대답한다.

“우리 부대는 산에 있습니다.”

이것만 놓고 보면 포로가 왜 그렇게 말했을지 쉽게 짐작할 수 없다. 실로 다양한 가능성이 존재한다. 그저 매사에 솔직한 사람이어서 그랬을 수도 있다. 혹은 고문받는 것이 두려워 일찌감치 털어놓았을 수도 있다. 이 외에도 우리가 미처 예상하지 못한 다양한 가능성이 존재할 것이다. 한 가지 예를 들면 이렇다.

적군이 아군 병사를 포로로 잡아 소속 부대의 위치를 심문한다. 그런데 포로가 자신을 심문하는 병사를 유심히 보니 초등학생 시절 허약한 자신을 돌봐주었던 같은 반 친구가 아닌가! 사실 아군 부대는 산에 있다. 포로는 먼 훗날 이 친구를 다시 만나면 어릴 적 고마웠던 빚을 어떻게든 반드시 갚겠다고 다짐했던 옛 기억을 떠올리며 이렇게 대답한다.

“우리 부대는 산에 있습니다.”

해석의 근거가 되는 정보가 달라지니 포로의 마음에 대한 해석도 달라진다. 이것이 중요한 이유는 현실에서는 눈에 보이는 정보가 전부기 때문이다. 그 자리에 있는 개개인의 과거나 숨겨진 배경에 대해 아무도 시시콜콜 설명해 주지 않는다. 영화나 소설이라면 관객과 독자에게 친절히 설명해 주겠지만 현실에서는 그런 친절한 내레이션이 없다. 아무도 말해 주지 않으니 자기가 오해한 줄도 모르고 넘어간다.

앞서 소개한 샐리-앤 과제도 그렇다. 과연 우리는 샐리의 마음을 제대로 이해했을까? 이토록 간단한 과제라면 오해의 여지가 없어 보일지도 모르지만, 이 상황이 현실이라고 생각하면 그리 간단하지 않다. 가령 앤이 방에서 나가 공의 위치가 바뀌었다는 사실을 샐리에게 알려줬을지도 모른다. 그러면 우리는 이 간단한 과제에서조차 샐리의 마음을 오해한 꼴이 된다. 예상과 달리 샐리는 앤이 옮겨놓은 자기 공을 찾는데 어려움을 겪지 않을 테니까.

이제 보니 우리는 앤의 마음도 줄곧 오해하고 있었다. 괜한 장난을 치는 악동인 줄 알았더니 그것은 정보가 없는 부분을 상상으로 메우면서 발생한 오해였다. 앤이 문제가 아니라 상상에서 비롯한 오해로 다른 사람을 얕잡거나 재단하기 좋아하는 우리가 문제였다.

이처럼 우리의 머릿속 연상과 현실 사이에는 언제나 간극이 존재한다. 우리가 미처 떠올리지 못한 수많은 정보의 간극이 곳곳에 도사리고 있다. 이 사실을 항상 기억해야 한다.

전쟁 중 포로로 잡힌 상황은 다소 특수하니 부장님이 과장님을 질책한 상황으로 돌아가 보자. 여기에 새로운 정보가 있다. 실은 그날 아침 과장님의 수험생 자녀가 서울대에 합격했다는 소식이 있었다. 그로부터 한 시간 뒤에 부장님에게 불려 가 꾸지람을 듣고 나온 과장님의 속마음을 추론하는 능력, 그리고 꾸지람을 듣고도 과장님의 기분이 썩 나빠 보이지 않는 이유를 알아차리는 능력이 있다면 적어도 회사에서 오늘 하루를 마음 편히 보내는 데 도움이 될 것이다.

그런데 이 능력이 개인의 마음이론 발달 정도에 달린 것일까? 물론 마음이론도 기본적으로 필요하다. 하지만 그보다는 '과장님 수험생 자녀 서울대 합격'이라는 불과 몇 단어로 이루어진 짧막한 정보가 더 중요해 보인다. 이 정보를 아느냐 모르냐가 과장님의 반응을 올바로 이해하는 데 더 결정적인 부분으로 작용할 것이다.

그런데 그날 아침에 다른 정보도 들어왔다. 실은 부장님의 삼수생 자녀가 올해도 대학에 합격하지 못했다는 소식이었다. 공연히 과장님에게 화를 내는 부장님의 속내를 추론하는 능력, 그런 전후 사정을 알기에 화를 내는 부장님 앞에서 시종일관 평온할 수 있는 과장님의 반응을 이해하는 능력이 있으면 회사에서 도움이 될 것이다. 어쩌면 과장님은 내심 일종의 승리감을 느끼고 있었을지 모른다. 그 승리감은 부장님의 언성이 높아질수록, 그 꾸지람의 내용이 터무니없을수록 오히려 더 커졌을 것이다. 이를 이해하는 데에도 개인의 마음이론 발달 정도보다 한낱 토막 정보, 즉 '부장님 삼수생 자녀 올해도 낙방'이라는 정보를 아느냐 모르냐가 중요할 것이다.

그런데 여기에 또 새로운 정보가 입수되었다. 알고 보니 과장님도 몇 년 전 큰아이가 삼수 끝에 대학 입시에 실패했고 지금은 군대에 가 있다고 한다. 이제 부장님 앞에서 평온했던 과장님의 태도가 다르게 해석된다. 더 이상 입시 전쟁의 승자로서 패자를 바라보는 모습으로 해석되지 않는다. 오히려 상심이 클 부장님의 마음을 과장님도 알기에 괜한 질책에도 억울해하는 대신 부장님을 측은하게 여기며 포용하려는 마음이 떠오른다. 그리고 그런 부장님과 과장님의 마음을 알기에 이번 소동에 별로 동요하지 않는 나머지 직원들의 마음도 이해가 간다.

사무실의 이런 전반적인 분위기를 눈치껏 파악할 수 있는 능력은 사회생활에서 필요하다. 하지만 이 능력은 마음이론만으로 되는 게 아니다. 적절한 정보가 없으면 그 사람들의 마음을 이해할 수 없기 때문이다.

현실의 인간관계란 이와 같다. 그래서 나도 모든 사람을 이해할 수 없고, 모든 사람이 나를 이해할 수도 없다. 서로에 대한 정보가 부족하기 때문이다. 그러니 이해받지 못했다고 상처받을 필요 없다.

오히려 누군가에게 이해받았을 때가 가장 위험한 순간일지 모른다. 그 사람은 대체 어떤 정보를 가지고 나를 이해했을까? 과연 나를 이해할 만큼 충분한 정보를 갖고 있을까? 의심스러울 만도 하다. 그의 이해는 내 정보에 근거한 것이 아니라, 자기 상상에 근거하여 멋대로 나를 이해한다고 넘겨짚은 것이다. 그러므로 누군가가 나를 이해한다고 했을 때 어쩌면 매우 위험한 오해가 시작되고 있는 것일지 모른다. 그의 머릿속에 펼쳐진 정보의 빈 공간에 정체를 알 수 없는 상상의 다리가 연결된 것이다. 그 다리는 언제 무너져 내릴지 알 수 없다. 이해인 줄 알았던 내용이 오해로 드러난다면 어떻게 될까? 모두가 깊은 상처를 받을 수 있다.

세상 사람들은 서로에 대한 정보를 거의 갖고 있지 않다. 그런데 어떻게 제대로 된 이해를 기대할 수 있을까? 이것이 바로 우리가 누군가에게 이해받지 못할 때 너무 상처받을 필요 없는 세 번째 이유다.

마음을 이해하기 어려운 이유 Ⅱ
― 맥락과 용기의 차이

맥락의 차이

타인의 마음을 이해하는 일은 그 상황에 필요한 정보뿐만 아니라 그 사람이 살아온 전반적인 삶의 흐름, 즉 맥락에 따라서도 달라진다. 이렇게 예를 들어보자. 회사에서 상사가 신입 사원이 작성한 보고서를 검토 중이다. 그러다가 눈에 띄는 부분이 있어 고개를 들고 신입 사원을 빤히 바라보며 이렇게 묻는다.

"여기에는 작년 실적을 기재하지 않았네요. 혹시 이유가 있나요?"

이 질문에 신입 사원은 마음이 어떨까? 긴장할 수 있다. 자기가 실수했다고 생각해 가슴이 두근거리기 시작할 수도 있다. 어떤 사람은 긴장과 스트레스가 극에 달해 실신하기도 한다. 물론 이런 반응이 흔치는 않지만 일어날 수 있는 일이며, 여기에는 그럴 만한 이유가 있을지 모른다. 그 사원이 다음과 같은 삶의 맥락을 겪었기 때문이라고 가정해 보자.

그는 엄격한 아버지 밑에서 자랐다. 아주 어릴 적부터 아버지는 그에게 매일 밤 일기를 쓰게 했고, 잠자기 직전에 일기를 검사했다. 그러다가 철자가 틀리거나 내용이 마음에 안 들면 아버지는 이렇게 묻곤 했다.

"여기에 이렇게 쓴 이유가 있니?"

겉으로는 질문처럼 들리지만 아버지는 궁금해서 묻는 것이 아니었다. 이제 혼날 일만 남았다는 뜻이었다. 이미 아버지는 호되게 꾸짖을 마음을 굳힌 상태였다. 강박적인 완벽주의 성향에 감정 기복까지 심했던 아버지는 이런 식으로 자식을 학대했다.

어린 시절 이런 일을 겪었기에 신입 사원은 상사의 지적을 듣는 순간 과거의 상처와 고통이 떠올랐다. 상사의 말이 유발한 심연의 지진으로 인해 그에게 심리적 쓰나미가 밀려왔고 결국 그대로 쓰러지고 말았다.

물론 다른 사람이었다면 같은 상황에서 별로 긴장하지 않을 수 있다. 살아온 맥락이 다르기 때문이다. 맥락이 다르니

　　　　　　　　　　　　타인이라는 세계

같은 일을 겪더라도 떠오르는 기억이나 감정 반응이 서로 다르다. 생각의 흐름도 천차만별이며 튀어나오는 말과 행동도 모두 다르다. 하지만 우리가 타인을 이해하려고 할 때 염두에 두어야 할 상대방의 기억, 감정, 생각, 행동, 요컨대 삶의 맥락에 대한 정보는 거의 언제나 부족하다. 이 모든 것을 모조리 알고서 타인을 대할 수는 없다. 상사가 알 수도 없거니와 신입 사원도 말하지 않을 것이다. 어쩌면 신입 사원 자신도 잘 모르고 있을 수 있다. 게다가 상대의 삶의 맥락을 안다고 해서 상대가 보일 반응을 예상하고 대비하기란 쉽지 않다. 이렇게 일상에서 만나는 모든 사람을 마치 이상적인 상담사처럼 대하는 일은 불가능에 가깝다.

이번에는 신입 사원의 입장을 살펴보자. 신입 사원의 경우 과거의 경험이 현재 타인을 대하는 방식에 계속 영향을 주는 상황이다. 어릴 때 아버지로부터 받은 학대가 현재 상사를 이해하는 방식에 영향을 끼치고 있다. 상사는 아버지와 상관없는 사람인데도 말이다.

막상 상사는 꾸중하려는 의도가 전혀 없었을지 모른다. 말 그대로 작년 실적을 기재하지 않은 신입 사원 나름의 이유가 단순히 궁금해서 질문했을 수 있다. 실수였다면 신입 사원이니까 당연히 그럴 수 있으니 이제부터 차근차근 가르치는 것이 상사의 책무라고 생각했을 수도 있다. 어쩌면 그 자료가 안 보여 오히려 기뻤을지도 모른다. 작년 실적이 너무 나빠 내심 보고서에 넣지 않기를 바랐지만 차마 말은 못 하고 있었는데, 용케 눈치챈 신입 사원이 기특하다고 생각하며 말을 건넨 것이다. 그런데 갑자기 실신하니까 깜짝 놀랄 수밖에 없다.

이런 다양한 가능성에도 불구하고 신입 사원은 자동적으로 아버지를 떠올리게 된다. 그래서 어릴 적 고통받았을 때와 비슷한 방식으로 상사의 마음을 해석한다. 상사 입장에서는 황당하고 억울한 일이지만, 신입 사원 입장에서는 자신의 해석이 상사에게서 왔는지 아버지에게서 왔는지 구분하기가 쉽지 않다. 그리고 이런 심리를 아는 입장에서 보면 인간 사이에서 공정하게 이해받는다는 게 얼마나 불가능에 가까운 일인지 실감하게 된다.

한편으로는 이것도 일종의 정보 부족 때문이라고 볼 수 있다. 상사가 어떤 의도로 물어봤는지에 대한 정보가 부족해 더 긴장했기 때문이다. 그런 점에서 앞서 언급한 '과장님 수험생 자녀 서울대 합격'이나 '부장님 삼수생 자녀 올해도 낙방' 같은 정보의 연장선에 있는 셈이다. 하지만 그런 단편적인 정보가 아니라 더 전반적인 삶의 맥락이라는 점에서 차이

 타인이라는 세계

가 있다.

그래서 이 문제를 정보 수집으로 해결하기는 참으로 어렵다. 필요한 정보를 어디서 얻을 수 있을까? 신입 사원이 이해받기 위해 아버지 이야기를 떠벌리고 다니지는 않을 것이다. 애초에 인생에서 받은 상처가 그것 하나만 있는 것도 아니다. 삶의 맥락은 여러 가지 방식으로 해석될 수 있기에 설명하고 싶어도 뭐라고 해야 할지 모를 수 있다. 이처럼 삶의 맥락 정보는 쉽게 알 수도 없거니와 설령 알더라도 어떻게 대처해야 할지 여전히 애매하다.

상사도 마찬가지다. 꼭 인생의 깊은 상처까지 들먹이지 않더라도 고려해야 할 점이 많다. 신입 사원에게 피드백을 주는 게 좋을지 안 주는 게 좋을지, 준다면 언제 줘야 좋을지도 한번 생각해 봐야 한다. 얼마나 꼼꼼하게 피드백을 줘야 할지, 직접 얼굴을 보고 줄지 메일로 적어서 줄지 다른 중간 관리자에게 피드백을 주라고 시킬지 등 여러 선택지가 주어진다. 이것은 단지 개인 차원뿐 아니라 그가 속한 직장 문화에 따라서도 달라지고, 그 직장이 속해 있는 사회 문화에 따라서도 달라진다. 예를 들어 오늘날의 부장님과 과거 70년대의 부장님은 생각이 다를 수 있다. 또 우리나라 회사의 부장님과 미국이나 유럽 회사에서 비슷한 직위에 있는 사람이 각자

다를 수 있다. 서로 살아온 삶의 맥락이 다르기 때문이다.

이처럼 사람마다 살아온 맥락이 다르니 그에 따라 생각의 흐름도 달라지기 마련이다. 이 사실만으로도 타인의 이해를 기대하기가 어려운데, 하물며 자기가 살아온 맥락을 스스로마저 설명이 불가할 수도 있다. 그런데 나에 대한 단편적인 정보조차 부족한 사람들에게 이해를 바랄 수 있을까? 그러니 이해받기를 기대할 필요도, 이해받지 못했다고 실망할 필요도 없다. 남에게 이해를 기대하기 전에 우선 나부터 스스로가 살아온 삶의 맥락을 이해할 필요가 있다. 하지만 다음 내용을 보면 그것 또한 얼마나 어렵고 두려운 일인지 알게 된다.

용기의 차이

내 마음의 기원을 이해하고 설명하려 하는 것은 좋은 자세다. 그런데 여기서 주의해야 할 것은, 어쩌면 이해하거나 설명해야 할 마음의 기원 같은 게 없을 수도 있다는 사실이다. 내가 중요하게 기억하는 삶의 경험이 있더라도 그것이 꼭 내 마음의 기원이 되진 않기 때문이다. 앞에서 이야기한 그 신입 사원의 경우에는 뚜렷한 상처의 원인이 있었다. 하지만 누구나 그런 원인을 찾을 수는 없다.

한 청년이 이런 고백을 털어놓는다고 해보자. 자기는 가수가 꿈이었는데 부모가 허락하지 않아 꿈을 이루지 못했다며 부모를 원망한다. 이 고백을 듣고 어떤 부모의 모습이 떠오를까?

'자녀의 개성이나 적성은 무시하고 무조건 공부만 강요한 부모였나 보군.'

이렇게 생각하기 쉽다. 하지만 이것이야말로 머릿속에 생긴 정보의 빈 공간 위로 상상의 다리를 연결한 꼴이다. 별로 창의적이지도 않다. 이미 오래전부터 우리 사회에 만연한 상상이자 일종의 흔한 선입관이다.

많은 이가 공유하는 상상을 정말인지 확인하지 않고 계속해서 받아들이며 넘어갈 때, 그 상상은 사회의 선입관으로 뿌리내린다. 이 청년과 부모도 그렇다. 우리의 상상을 뒤집을 만한 새로운 정보가 더 추가되지 않으면 우리는 그냥 우리의 상상이 옳다고 생각하고 넘어갈 테고 그럴수록 선입관의 뿌리는 더 깊게 파고든다.

그런데 어쩌다 보니 이 청년의 부모님 이야기도 들어볼 기회가 생겼다. 사연은 이랬다. 이 청년은 중학교를 졸업할 때까지 부모에게 가수가 되고 싶다는 말을 한 적이 한 번도 없었다. 꼭 가수 이야기가 아니더라도 예술고등학교에 진학하고 싶다거나 음악 학원에 보내달라고 조른 적도 전혀 없었다. 어릴 적 친척 모임에 가서 또래 사촌들이 노래나 춤으로 재롱 부릴 때 아무리 권해도 앞에 나가 노래하지도 않았다. 오히려 부모가 먼저 악기 하나쯤은 배워 놓으라며 학원에 몇 차례 등록해 주었지만 그마저도 잘 가지 않아 흐지부지되었다.

물론 그래도 가수가 될 수 있다. 당장 내일이라도 가수 오디션에 합격할 수 있다. 하지만 적어도 부모 입장에서는 아이가 음악에 뜻이 있는지, 가수가 되고 싶은지 알 도리가 없었다. 그랬는데 고등학교 2학년 때 공부를 워낙 안 해서 잔소리를 했더니 뜬금없이 그 이야기가 튀어나왔다. 자기는 가수가 꿈이었는데 부모가 허락해 주지 않아 꿈을 이루지 못했다고 말이다. 부모가 기억하는 자녀 삶의 맥락이 사실이라면, 이 청년이 느끼는 부모에 대한 원망은 도대체 어디서 온 걸까?

여기까지 이야기를 듣고 보니 우리가 처음 떠올린 부모의 모습과 현재 모습이 다르다. 자녀의 개성이나 적성은 무시하고 무조건 공부만 강요한 부모는 어디로 간 걸까? 이렇듯 잘 모를 때는 선입관이나 상상이 정보의 빈자리를 쉽게 차지한다. 자녀에게 무슨 일이 생기면 무조건 부모 탓을 하는 사람들이 많은데, 원래 무지에서 비롯된 상상은 늘 똑 부러지고 명쾌하다.

그런데 정보를 얻으면 얻을수록 무엇이 원인인지 알기 어려울 때도 있다. 부모가 잘못해서 자녀에게 어떤 일이 생기는 경우도 있지만 아닌 경우도 있기 때문이다. 이렇게 경우마다 다른 것을 보면 인간의 마음이 반드시 경험이나 환경에서 비롯되지도 않는 듯하다. 때로는 타고나는 면이 더 클지 모른다.

타고나는 면에는 아기 때부터 보이는 성격적 기질도 포함된다. 하지만 타고난 것 중 한참 더 살다가 나중에 비로소 나타나는 것도 있다. 심지어 먼 훗날 발병하는 치매마저 타고난 유전자의 영향을 받는다. 치매에 걸린 분들이 아기 때부터 기억력이 나쁘지 않았다는 점을 생각해 보자. 마찬가지로 사춘기 때 시작되는 심리적 변화는 물론이고 이후 어른이 되어 나타나는 생각, 감정, 행동상의 여러 변화도 이미 태어날 때부터 타고났을 가능성이 있다. 과학이 위대한 이유는 이처럼 우리의 직관을 배신하기 때문이다.

이제 이 청년의 마음을 다른 관점에서 파악해 보자. 앞에서 우리는 다음과 같은 질문을 했다.

'이 청년이 느끼는 부모에 대한 원망은 도대체 어디서 왔을까?'

원인을 찾고자 그가 살면서 겪은 상처를 뒤지기보다, 질문을 바꿔볼 필요가 있다.

'가수가 되고 싶었다는 이 청년은 어떤 사고방식을 갖고 있을까?'

본인과 부모로부터 얻은 정보를 종합해 볼 때 어쩌면 청년은 다음과 같은 사고방식을 갖고 있을지 모른다.

'무언가를 이루기 위해 위험을 감수하고 힘들게 노력하기보다는, 노력하지 않고 실패한 후에 누군가를 탓하는 게 더 낫다.'

이것이 가수가 되겠다고 선언하거나 도전하지 않은 이유일까? 생각해 보면 부모가 반대하더라도 설득하고 협상하려고 노력할 수도 있다. 물론 그렇게 시도했다가 강한 반대에 부딪혀 좌절할 수도 있지만, 이 청년의 경우에는 애초에 그런 수고를 하지 않은 듯하다. 결과는 같아도 과정에서 차이가 보이는 것이다.

부모로서도 자녀가 무엇을 얼마나 원하는지 알아야 허락할 수 있다. 허락을 구하지 않는데 허락해 주는 일은 불가능하다. 적어도 내색이라도 해야 부모도 고민해 볼 것이다. 어차피 부모가 반대할 것이기 때문에 시도조차 안 했다고 변명할지도 모르지만, 막상 부모는 자식이 뭐라도 열심히 하겠다고 선언하고 도전하길 줄곧 기다렸을 수도 있다. 가수가 되지 못한 가장 큰 이유는 부모나 환경이 아닌 본인의 사고방식에 있지 않을까? 무언가를 이루기 위해 힘들게 노력하기보다 노력하지 않고 실패한 후에 누군가를 탓하는 사고방식 말이다.

그렇다고 이 청년이 일부러 그렇게 살아간다는 뜻은 아니다. 자기도 모르게 그럴 때가 많다. 그동안 자신이 살아온 삶의 맥락을 조금만 주의 깊게 돌아보면 곳곳에서 단서를 발견할 수 있기는 하다. 하지만 어떤 사람들 안에서는 그 단서를 보지 못하게 만드는 일종의 선택적 가림막이 생기기도 한다. 이 청년의 경우, 부모가 허락하지 않아서 꿈을 이루지 못했다는 믿음을 유지하기 위해 자기가 가수가 되기 위해 노력한 적이 없다는 사실을 보지 못하고 있다.

사람마다 꿈을 이루지 못한 이유는 다양하다. 그런데 그 사연이 무엇이든 각자의 진실을 보지 못하게 만드는 심리적 가림막을 치기도 하며, 당사자는 그 가림막이 벗겨지는 상황을 극도로 회피한다. 진실을 마주하기가 고통스럽기 때문이다. 하지만 고통스럽더라도 진실을 마주하려는 사람이 있고, 어떻게든 진실을 외면하려는 사람도 있다. 이 차이가 두 사람의 인생을 전혀 다른 방향으로 이끌어간다.

진실을 외면하는 방법은 여러 가지가 있다. 가장 치명적인 방법이 바로 자신의 고통스러운 감정을 남 탓으로 돌리는 것이다.

비극은 그 패턴이 반복된다는 점이다. 그렇게 함으로써 그 사람은 자기 인생을 점점 더 깊은 구렁으로 밀어 넣게 된다. 시간이 지날수록 같은 패턴이 여러 번 반복될 것이며 나중에는 진실을 돌아보는 일이 더더욱 고통스러워진다. 진실을 마주하기 두려워 외면했는데 시간이 지나자 그것이 눈덩이처럼 불어 있으니까 말이다. 그러면 이제는 진실을 절대 보지 않으려 한다. '나는 가수가 되는 것이 꿈이었는데 부모가 허락하지 않아서 꿈을 이루지 못했다.' 이런 자기만의 심리적 현실을 유지한다.

그렇다면 진실의 눈덩이가 불어나기 전에 마주했다면 별것 아니었을 텐데 왜 그토록 두려워했을까? 이 부분은 자존감으로 설명할 수 있다. 먼저 자존감이 높은 사람은 어떻게 할지 살펴보자.

'내가 가수가 되고 싶다고 말하지 않으면 부모님은 당연히 알 수 없지. 다음에 하고 싶은 일이 생기면 그땐 확실하게 말해야겠네.'

자존감이 높은 사람은 이렇게 감정적 소동 없이 그저 담담하게 현실을 받아들이고 대응책을 떠올린다. 이러면 애초

　　　　　　　　　　　　타인이라는 세계

에 부모를 탓할 일이 없다. 가수가 되기 위해 노력한 적 없다는 사실을 인정하며 본인을 약간 탓하지만 그 이상의 지나친 자책은 불필요하다. 현실을 직시하기 위한 정도면 충분하다. 가수가 되지 못한 결과에 대한 자신의 선택과 역할을 인정하는 것이다. 이렇게 되면 고통스러운 진실의 눈덩이가 계속 불어나는 상황을 막을 수 있다.

하지만 그 약간의 고통스러운 진실도 마주할 용기가 없어 눈앞에 가림막을 치기 시작하면 어떻게 될까? 자존감이 낮아 현실을 직시할 엄두를 내지 못하면 가림막 뒤에 숨어 현실과 동떨어진 심리적 현실에서 살아가기 십상이다. 이런 행동이 지속되면 점점 악순환에 빠질 테고 주변 사람들도 뭔가 이상하다고 느낄 것이다. 부모 탓만으로 설명이 안 된다고 느끼는 이들이 점점 늘어나고 일부는 이 청년의 그런 사고방식을 눈치챌 것이다. 하지만 정작 자신은 보지 못한다. 오히려 자기 삶이 악순환에 빠질수록 그것이야말로 부모가 자신에게 잘못한 증거이며 자신이 얼마나 억울한지가 증명된다고 착각한다. 자신의 선택과 역할을 빼고 생각하기 때문이다. 자신의 책임은 쏙 빼고 다른 사람들의 책임만 보려고 들면 처지가 어려워질수록 남을 탓할 구실이 늘어나기 마련이다. 따라서 악순환에서 벗어날 기회가 와도 벗어날 수 없다.

왜냐하면 그 기회를 잡기 위해서는 자신의 선택이 필요하며 스스로가 어떠한 역할을 해야 하기 때문이다. 하지만 이 사실을 받아들이는 대신 실패한 후 누군가를 탓하는 쪽이 마음 편한 것이다.

원망의 대상이 부모인 경우를 예로 들었지만 그 대상은 가족 외에 다른 사람도 가능하다. 책임 전가의 대상이 누가 될지는 알 수 없다. 우리는 얼마든지 현실과 동떨어진 이유로 타인을 비난하고 원망할 수 있기 때문이다.

이 청년처럼 누군가를 탓하기로 선택하고 그 사고방식을 오래 유지하면 한때의 실수로 끝날 일도 개선되지 않고 반복된다. 그래서 자기 자신과 주변 사람을 모두 힘들게 한다. 이런 사고방식은 세월이 지나도 잘 변하지 않는다. 나이가 들어서도 여전히 자신의 책임은 빼고 세상을 바라보게 된다. 하긴 이제 와서 바로 볼 수도 없다. 자신이 해야 하는 선택과 역할을 인정하고 돌아보는 순간 과거로부터 밀려드는 진실의 눈사태를 맞닥뜨려야 할 테니까. 그래서 자신만 보지 못하게 하는 심리적 가림막이 끝까지 지속되는 것이다.

진실을 외면하는 방법은 끝이 없다. 예를 들면 다음과 같은 논리로도 빠져나갈 수 있다.

'세상 사람이 내게 문제가 있다고 하는 건, 그게 사실이어

　　　　　　　　　타인이라는 세계

서가 아니라, 저들끼리 편을 먹어서 내 편은 아무도 없기 때문이야.'

물론 이런다고 정말로 진실이 사라지진 않는다. 그저 자신의 심리적 현실 안에서만 외면하는 것이다.

그렇다면 애초에 자존감이 낮은 이유는 무엇일까? 어릴 때 무슨 말만 해도 부모가 면박을 주고 화를 냈다면 아이는 자기가 원하는 바를 편히 말할 수 없게 되고, 그래서 자존감이 낮아졌을지도 모른다. 만약 그랬다면 부모의 육아 방식이 원인일 수 있다. 청년의 가정에서 정말 이런 일이 벌어졌을까? 그것은 모른다. 그랬을 수도 있고 아닐 수도 있다. 중요한 것은 살아온 환경에서 모든 마음의 원인을 찾을 수는 없다는 것이다.

때로는 어린 시절에 부모가 칭찬을 남발해도 비슷한 영향을 끼친다. 특히 머리가 좋다는 등 재능에 관한 칭찬이 과하면, 아이는 살면서 자신의 재능 부족이 들통날까 봐 노력이나 도전을 요하는 상황을 두려워하게 된다. 놀랍게도 면박과 칭찬이 비슷한 결과로 이어질 수 있는 것이다.

하지만 현실의 모습이 이처럼 다양하다면 애당초 자존감 문제로 설명하는 게 적절한지 의문이 든다. 자존감이 낮아서가 아니라 그냥 사고방식이 달라서일지도 모른다. 자기 인생은 자기가 결정하는 부분이 크다고 생각하면서 스스로의 책임에 더 주목하는 사고방식도 있는가 하면, 자기 인생이 남들과 환경의 영향에 달려 있다고 생각하면서 스스로의 책임은 외면하는 사고방식도 있을 것이다. 그럼 이것을 낮은 자존감 때문이라고 해야 할지, 사고방식이 달라서라고 해야 할지, 아예 다른 방식으로 설명해야 할지는 아무도 모른다. 그럼에도 자존감이라고 하면 왠지 살면서 환경의 영향을 받아 낮아졌을 것 같고, 사고방식이라고 하면 조금 더 선천적으로 그렇게 타고났을 것 같은 인상을 준다. 만일 여러분도 그런 느낌 때문에 어설프게 원인을 넘겨짚었다면 다시 생각해 봐야 할 것이다.

막상 현실에선 원인을 알 수 없는 경우가 더 많다. 어쩌면 상당 부분이 타고난 유전자의 장난일지 모른다. 그러나 원인은 알 수 없더라도 이 청년과 오래 교류하다 보면 그가 가진 사고방식의 패턴이나 심리적 현실이 점차 윤곽을 드러낼 것이다.

앞서 정보 부족을 이야기할 때, 세상 사람들은 나에 대한 정보가 부족하니 그들에게서 제대로 된 이해를 기대하기 어렵다고 했다. 하지만 꼭 그렇지만은 않다. 때로는 내 모습을 내가 가장 모를 수 있다. 매 순간 거울을 보면서 생활하지는

 타인이라는 세계

않으니 말이다. 면도하거나 화장할 때, 혹은 얼굴에 뭐가 묻었는지 확인할 때나 거울 속 내 모습을 들여다보지, 사람들을 만나는 동안에는 내 모습을 볼 기회가 거의 없다. 그래서 정작 남들이 쉽게 보는 내 모습을 나만 보지 못하거나, 내 진짜 모습을 남들이 더 잘 알고 있기도 하다.

따라서 누가 나를 이해 못 해줘서 속상할 때, 이렇게 생각해 보는 것은 어떨까. '저 사람이 나를 이해 못 하는 게 아니라, 어쩌면 내가 나를 잘못 알고 있는 것은 아닐까?'

우리는 마음의 존재를 가정하며 살아간다

마음 이해가 어려운 근본적 원인

지금까지 우리는 타인을 이해하고 타인에게 이해받는 일이 왜 그토록 힘든지 알아보았다. 이제 가장 근본적인 이유로 넘어가려 한다. 먼저 이전 내용을 짧게 정리해 보자.

첫째, 타인의 마음을 이해하는 능력을 마음이론이라고 한다. 그런데 이 능력은 사람마다 차이가 있다. 따라서 마음이론 능력이 부족하면 다른 사람을 이해 못 하는 일이 더 자주 생길 수 있다.

둘째, 우리는 살면서 타인의 마음을 이해해야 하는 상황을 끝없이 마주한다. 이런 상황들은 일종의 마음이론 과제인데, 상황마다 과제의 난이도가 다르다. 따라서 마음이론 능력이 뛰어나도 상황의 난이도에 따라 타인을 이해 못 하는 경우가 생길 수 있다.

셋째, 우리는 타인에 대한 정보가 별로 없다. 그런데 아주 사소한 정보 하나로도 인간의 마음은 달리 해석된다. 따라서 단순히 정보가 부족하거나 그 정보가 사실과 달라서 타인을 이해 못 하는 일이 생길 수 있다.

넷째, 우리는 살아온 환경이 각자 다르다. 그래서 자신이 인생에서 겪은 상처나 경험에 따라 타인의 마음도 달리 해석한다. 따라서 지금까지 살아온 삶의 맥락이 서로 달라 상대를 이해 못 할 수 있다.

다섯째, 우리는 자기 자신에 대해서도 모르는 면이 많다. 혹은 스스로를 있는 그대로 인정하기가 부끄럽거나 두려워서, 자신을 이해하지 않으려 하기도 한다. 그 결과 나의 어떤 면을 타인이 잘 이해했을 때 도리어 이해받지 못했다고 느낄 수 있다.

그리고 이제 여섯째 이유다. 어쩌면 이것이 본론일 수 있는데, 먼저 마음이론의 학술적 정의부터 살펴보자. 학자마다 표현이 조금씩 다르지만, 여기서는 다음과 같은 정의로 이야기를 나눠보면 좋겠다.

어떤 행동을 설명하거나 예측할 때, 그 행동의 주체에게 독립적인 정신 상태가 있기 때문에 그런 행동이 나온다고 설명할 수 있는 능력.[12]

복잡하지만 잘 뜯어보면 마음이론을 왜 '능력'이 아닌 '이론'으로 부르는지 더 잘 이해할 수 있다.

이 정의에서 말하는 '그 행동의 주체'를 인간이 아닌 다른 대상으로 지정해 보자. 예를 들어 오늘 밤에 소행성이 지구로 떨어진다고 가정하고 이 소행성에 마음이론의 정의를 적용하면 다음과 같은 질문을 만들 수 있다.

'여러분은 소행성이 떨어지는 행동을 설명하거나 예측할 때, 소행성에 독립적인 정신 상태가 있기 때문에 그런 행동이 나온다고 설명하나요?'

아닐 것이다. 그러면 무엇 때문에 그런 현상이 발생한다고 설명할 수 있을까? 맞다. 중력 때문이다. 우리가 소행성의 추락을 설명할 때는 소행성에 그러고 싶은 마음이 있어서가 아니라, 중력이라는 힘 때문에 그런 일이 벌어진다고 설명한다. 이렇게 소행성의 추락은 중력의 존재로 설명된다. 중력이라는 개념을 등장시켜 설명했으므로 중력이론이라고 부른다.

    타인이라는 세계

행동의 주체에 인간 대신 넣을 수 있는 대상이 소행성만 있는 것은 아니다. 길 위의 돌멩이, 거리에 주차된 자동차, 사무실의 책상과 의자, 각종 사무용품이나 주방용품 등을 대할 때도 우리는 그들에게 독립적인 정신 상태가 있다고 가정하지 않는다. 하지만 사람을 대할 때는, 가령 어떤 사람이 길 위의 돌멩이를 줍거나 자동차를 주차할 때는 어떤가? 그 사람에게 독립적인 정신 상태가 있기 때문에 그런 행동을 한다고 여긴다. 즉 우리는 그 행동의 주체에게 마음이 있다고 가정한다. 이렇게 마음이라는 개념을 등장시켜 설명하는 방법이 바로 마음이론이다. 중력이론과의 차이점 중 하나는, 중력이론은 과학자들이 세운 이론이지만, 마음이론은 보통 사람들이 자연스레 떠올리는 이론이라는 점이다.

우리는 일상에서 타인을 대할 때 끊임없이 마음의 존재를 가정한다. 왜 이렇게 하는 것일까? 솔직히 다른 사람에게 마음이 있는지 없는지를 증명하기란 무척 어렵다. 하지만 마음이 있다고 가정하면 모든 것이 쉬워진다. 중력이 있다고 가정하면 소행성 충돌을 설명하기가 쉬운 것과 같다. 그 밖에도 중력의 존재를 가정함으로써 수많은 자연 현상이 설명 가능해지고 예측 가능해진다. 인간의 행동 또한 의도나 감정 같은 독립적인 정신 상태, 즉 마음이 있다고 가정하면 설명과 예측이 가능해질 때가 많다.

그래서 우리는 타인의 행동을 설명하기 위해 마음의 존재를 가정하며 살아간다. 마음이 있어서 그런 행동이 나온다는 나름의 이론을 신봉하며 살아가는 셈이다. 이 이론은 꽤 유용해서 조상 대대로 아주 오랫동안 통용돼 왔다. 마치 특정 수학 문제를 만나면 특정 공식을 대입하듯, 사람을 대하는 문제에는 이 이론을 적용하는 것이 본능처럼 뿌리내렸다. 그래서 이제 우리는 타인을 대할 때 뇌의 마음이론 회로가 자동으로 작동한다.

언젠가는 소행성 충돌에 관해 중력보다 더 나은 설명 방법이 등장할지 모른다. 마찬가지로 인간관계에도 마음보다 더 나은 설명 방법이 등장할지도 모른다. 하지만 현재로서는 각각 중력의 존재와 마음의 존재를 가정하는 것이 가장 유용한 방법이다. 전자는 중력의 존재를 가정하니 중력이론, 후자는 마음의 존재를 가정하니 마음이론이다.

하지만 여전히 표현이 복잡하다. 행동의 주체에게 독립적인 정신 상태가 있기 때문에 그런 행동을 한다니, 왜 이렇게 어렵게 정의했을까? 여기에는 중요한 이유가 있다. 마음이론이 사람을 대상으로만 발휘되는 것이 아니기 때문이다.

애니메이션을 떠올려 보자. 작품에 등장하는 캐릭터에게

　　　　　　　　　　　　　　　　　　　타인이라는 세계

마음이 있을까? 애니메이션 속 캐릭터는 그저 여러 장의 그림에 불과하므로 그 안에 마음은 없다. 거기에 마음이 있냐는 질문은 그림의 재료들, 그러니까 종이나 물감에 마음이 있냐고 묻거나 혹은 극장에 걸린 스크린에 마음이 있는지 묻는 것과 같다. 거기에 중력은 있을지언정 마음은 없다.

그럼에도 우리는 애니메이션 속 캐릭터의 마음을 이해한다. 실제로는 존재하지 않는데도 이해하고 있는 것이다. 이것이 가능한 이유는 뭘까? 그 캐릭터의 마음은 그에게 있지 않고 우리 안에 있다. 그래서 우리는 단지 그림일 뿐인 캐릭터의 마음을 이해할 수 있다. 즉 우리 뇌가 상상한 마음인 것이다. 마음이론의 정의를 이용해 표현하면 다음과 같다.

애니메이션 속 캐릭터의 행동을 설명하거나 예측할 때, 그에게 독립적인 정신 상태가 있어 그런 행동이 나온다고 설명하는 능력.

만약 이 상상이 억지로 노력해야 가능하다면 우리는 애니메이션을 편히 즐길 수 없어 고역이 될 테다. 하지만 우리 뇌의 마음이론 회로가 자동으로 반응하는 덕분에 우리는 힘들이지 않고 작품을 감상할 수 있다.

물론 통상적인 애니메이션 속 캐릭터는 사람과 비슷하게 생긴 경우가 많다. 그래서 마음이론이 사람과 전혀 다른 존재에도 작동한다는 말이 실감 나지 않을 수도 있다. 그렇다면 다음과 같은 그림은 어떤가? 두 삼각형 캐릭터가 등장하는 다섯 장의 그림을 연속으로 보여주는 영상이라고 상상하면서, 이들 캐릭터가 무엇을 하고 있는지, 그래서 어떤 이야기가 담긴 장면인지 추론해 보길 바란다.

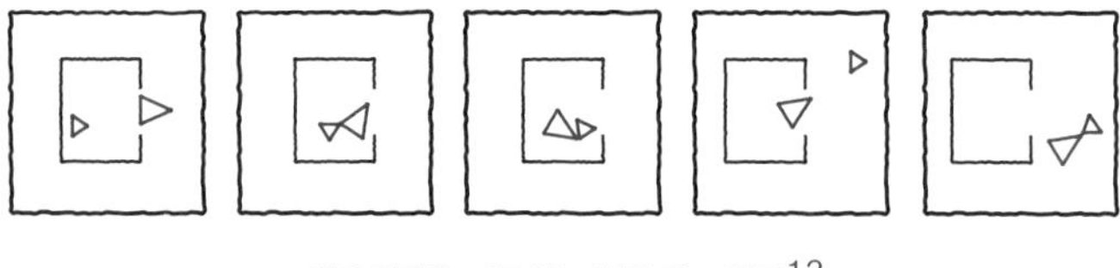

어떤 이야기가 떠올랐는가? 이것은 실제 연구에 사용된 마음이론 과제다.[14] 이 연구에서는 사람들이 삼각형 캐릭터의 의도를 얼마나 잘 설명하는지, 줄거리를 얼마나 적절하게 그리고 자신 있게 설명하는지, 설명의 길이가 얼마나 긴지 등을 토대로 점수를 매겼다. 내가 떠올린 내용은 이렇다.

엄마 삼각형이 일을 다녀왔다. 돌아와 보니 아이 삼각형이 방 구석에 외롭게 틀어박혀 있다. 일단 반갑게 뽀뽀를 한 다음, 엄마 삼각형이 아이 삼각형의 등을 떠밀어 마당으로 내보낸다. 그리고 둘이 즐겁게 손을 잡고 마당에서 함께 논다.

이 해석이 꼭 정답은 아니다. 이보다 더 나은 이야기를 떠올리는 분도 있을 것이다. 정답은 없다. 이 두 삼각형에 마음이 있을 리 만무하니 오히려 아무 이야기도 떠올리지 않는 게 정답일지도 모른다. 이 그림에 마음이 없다면, 마음을 떠올리지 않아야 정답일 테니 말이다.

그럼에도 우리 뇌는 그림을 보는 순간 자동으로 반응한다. 물론 이 다섯 장면만으로는 줄거리가 잘 떠오르지 않을 수도 있다. 하지만 이 그림 말고도 단순한 도형이 주인공으로 등장하는 더 정교한 영상 작품을 감상한 적이 있을 것이다. 그런 감상이 가능한 이유는 우리 뇌의 마음이론 회로 덕분이다. 요점은, 마음을 가진 대상이 아니라도 조건만 맞으면 우리 뇌의 마음이론 회로가 자동으로 반응한다는 것이다. 그렇다면 어떤 조건이 있어야 할까?

뇌의 마음이론 회로가 작동하는 방식을 다시 생각해 보자. 현실의 어떤 대상이 생물학적인 움직임을 연상시키면 우리 뇌는 그 대상에게서 마음이라고 하는 추상적 표상을 떠올린다. 방금 두 개의 삼각형도 생물학적인 움직임을 연상시켰기에 우리 뇌가 이들에게서 마음이라고 하는 추상적 표상을 떠올렸다. 실제로는 마음이 없는 도형이지만 우리의 마음이론이 저절로 반응한 것이다.

그런데 한 가지 의문이 생긴다. 불과 몇 개의 선으로 이루어진 단순한 도형을 보고도 실제로는 존재하지 않는 이들의 마음을 상상했다면, 실제 사람을 볼 때 느껴지는 마음은 과연 진실일까? 아니면 전부 우리의 상상에 불과한 것일까?

엄밀히 말하면 그 역시 우리 뇌가 만들어낸 것이다. 즉 현실이 아니다. 구체적인 현실 위로 별도의 추상적 표상을 떠올린 것이고, 그런 표상과 현실 사이에는 차이가 있다고 보는 편이 합리적이다.

앞에서 우리는 타인의 마음을 이해하기 어렵게 하는 여러 가지 요인을 살펴보았다. 하지만 이제 보니 그런 방해가 있지 않더라도 애초에 우리가 떠올리는 타인의 마음에 정답은 없으며, 진실과도 차이가 날 수밖에 없다.

정답도 진실도 아니라면 마음이론이 만들어내는 것은 무엇일까? 쓸데없는 상상일까? 상상은 맞지만 쓸데없지는 않다. 즉 타인에 대한 우리의 이해는 정답이나 진실이 아닌 도구로 보아야 옳다.

앞서 본 삼각형 과제를 삼각형 본연의 마음을 떠올리는 과제로 본다면 아무것도 안 떠올리는 편이 진실에 더 가깝다. 하지만 영상을 만든 사람의 의도를 파악하는 과제로 본다면 삼각형들의 마음을 떠올려야 한다.

이처럼 마음을 상상하는 능력은 비록 우리에게 진실을 가르쳐주지는 않을지라도 유용하다. 이 능력은 다른 사람과 함께 살아가는 데 쓸모 있는 도구이므로 잘 활용하면 된다. 이 도구가 얼마나 유용한지 혹은 위험한지는 도구를 사용하는 사람의 현명함에 달렸다.

정리하면 우리가 아는 타인의 마음이란 일종의 상상이다. 유용하게 쓰일 수 있으나, 엄밀히 말하면 거짓이다. 타인의 마음을 이해한다고 할 때, 그 이해는 내가 만든 가짜다.

그러므로 누군가에게 오해받아 괴로울 때 이 사실을 기억하자. 당신에 관한 그 사람의 마음도 가짜, 그 사람에 관한 당신의 마음도 가짜라는 사실을. 이 깨달음이 모든 고통을 날려버리지는 않겠지만, 적어도 덜 고민하는 길로 들어서는 첫걸음이 되어줄지도 모른다.

타인을 이해한다는 말의 진정한 의미

오해와 편견의 시작

오래전 일이다. 오후 진료를 시작한 지 얼마 되지 않아 한 아이와 아버지가 진료실로 들어왔다. 내게 처음 진료를 받는 분들이었다. 당시에는 첫 진료를 보기까지 보통 2년 넘게 기다려야 했다. 그런 만큼 그동안 쌓인 아이아버지의 궁금증도 다양했다. 나는 아이아버지의 질문에 모두 답을 드리고 몇 가지 추가 설명까지 한 후 상담을 마쳤다. 나로서는 별다를 바 없는 통상적인 진료였다. 그러고 나서 예약되어 있던 두어 가족을 더 상담한 뒤 다음 진료를 기다리고 있었다. 그때 진료실 밖 간호사분으로부터 연락이 왔다. 조금 전 상담을 받고 나간 아이의 어머니에게서 전화가 왔는데, 그 어머니가 나와 꼭 통화하고 싶어 한다는 말이었다. 그리고 몹시 화가 나 있다는 말도 덧붙였다.

가끔 진료가 끝났는데 미처 말하지 못한 무언가가 생각나서 되돌아오는 분들도 있다. 그렇게 직접 발걸음을 돌려 문의할 때는 잠깐 진료실에 들어와 추가로 상담하기도 한다. 하지만 병원에 오지 않은 분이 전화로 의사를 바꿔달라고 하는 경우는 매우 드물다. 원격 진료는 불법이기에 함부로 전화를 연결하기도 곤란하거니와, 연결하고 싶어도 대학에서 일하는 의사는 개업의와 달리 진료와 교육, 연구 등 다양한 업무를 보느라 돌아다니기 때문에 항시 응대가 어렵기도 하다. 만약 진료가 목적이 아니라 항의가 목적이라면 공식 민원 창구가 따로 마련되어 있으니 그리로 안내를 받을 것이다. 이런 여러 가지 이유로 꽤 이례적이었지만, 아이어머니의 항의가 워낙 거셌기에 그 기세에 밀려 간호사분이 내게 통화를 부탁한 모양이었다. 그래서 진료를 잠시 멈추고 전화를 받았다.

항의 요지는 이랬다. 유명한 의사라고 해서 몇 년을 대기했다가 이제야 진료실을 방문했는데 질문에 대답도 잘 해주지 않고 성의 없이 상담했다는 것이다. 다행히 항의는 길지 않았다. 그래서 짧고 굵은 비난을 성심껏 들어드리고 통화를 마쳤다. 다음 진료에 별 영향은 없었다.

그래도 아이어머니의 말을 들으면서 내가 아버님의 질문에 정말로 대답을 잘 하지 않고 무성의하게 상담했는지 돌아보았다. 그러지 않았다. 오히려 모든 질문에 나름대로 명쾌한 답을 드렸다고 생각했다. 상담 시간도 다른 분들에 비해 조금 길었던 것 같았다. 물론 그래도 사람에 따라 불만이 있을 수 있다. 하지만 나는 이미 20년 넘게 진료해 온 입장이었기에 모두를 만족시킬 수 없다는 사실을 잘 알고 있었다. 똑같은 방식으로 상담해도 어떤 이는 중요한 통찰을 발견하고 어떤 이는 이해할 수 없는 헛소리라고 느낀다. 어떤 이는 의사가 너무 젊어서 싫다고 하고 어떤 이는 의사가 나이 들어서 싫다고 한다. 의사가 어찌할 수 없는 부분이 불만족스러울 수 있다. 상담 시간도 마찬가지다. 똑같은 시간을 할애해도 어떤 이는 너무 짧다고 불평하고 또 어떤 이는 그만큼 할애해 줘서 고맙다고 한다. 물론 상담 시간을 더 늘릴 수도 있다. 하지만 그러면 예약 대기 기간도 늘어난다. 이분도 몇 년을 대기했는데 상담 시간이 너무 짧았다는 말씀 아닌가. 이는 상담 시간에 대한 항의일까, 대기 기간에 대한 항의일까? 나로서는 대기 기간은 줄이고 상담 시간을 늘리면 좋겠지만, 동전의 양면처럼 맞물려 있는 부분이어서 현실적으로 불가

 타인이라는 세계

능하다. 이런 한계 속에서 균형을 찾는 것이 내가 해야 하는 일이라고 지난 20년에 걸친 시행착오 끝에 결론을 내려서인지, 나는 항의 전화에 마음이 흔들리지 않았다.

그 전화를 받으며 동요하지 않은 또 하나의 이유는, 통화하는 동안 머릿속을 스친 어떤 생각 때문이었다. 바로 그 아이의 진료가 끝난 지 얼마 안 지났다는 생각이었다. 어머니는 오늘 병원에 오지 않았으니 아이아버지로부터 진료 내용을 전해 들어야 한다. 병원 근처에 사는 분들이라면 이미 직접 만나 진료 내용을 들었을 수 있지만, 대개는 몇 시간 걸리는 거리에서 오기 때문에 아직 어머니와 아버지가 만나서 대화를 나누지 않았을 것이다. 상담 내용이 궁금했던 어머니는 진료가 끝나자마자 바로 남편과 통화를 한 모양이었다. 그렇다면 아버지는 버스나 지하철, 혹은 운전 중인 차에서 이야기했을 것이다. 무엇보다 그 옆에 아이가 이야기를 다 듣고 있었을 것이다. 아버지는 집에 들어가 어머니와 단둘이 있을 때 진료 내용을 전달하고 싶지 않았을까? 혹여나 아이가 듣고 괜한 오해를 할 수도 있으니 일단 서둘러 통화를 종료하지는 않았을까? 그래서 대략 다음과 같은 말로 얼버무렸을지도 모른다.

"몰라, 의사가 별 얘기 없더라고."

사실 이것은 어머니 들으라고 하는 말이 아니라 옆에 있는 아이가 그 정도까지만 들었으면 해서 하는 말이었을 것이다. 하지만 이런 짤막하고 모호한 말 한마디가 마음이론에는 좋은 먹잇감이 된다. 그 순간 어머니의 마음이론 회로는 일평생 단 한 번도 만난 적 없는 어느 의사에 대해 상상의 나래를 펼치기 시작한다.

물론 이 또한 나의 상상이다. 나도 그 어머니를 만난 적이 없으니, 어떤 이유에서 그토록 화가 났는지 알 수가 없다. 그래도 진료를 마친 후 시간이 얼마 지나지 않은 것은 객관적 사실이니, 아직 남편으로부터 내용을 제대로 전해 듣지 못했으리란 추론은 꽤 합리적이긴 하다. 하지만 그 외의 많은 부분은 내가 상상한 내용이다. 그러니 이 상상 속 이야기를 사실이라고 믿을 필요는 없다. 다만 이런 상상이 항의 전화를 받는 동안 담담한 마음을 유지하는 데 도움이 되었다. 이처럼 상상이라는 도구를 이용하거나 내려놓으면 마음을 덜 힘들게 할 수 있다. 그 기술에 대해서는 3장에서 자세히 다룰 예정이다.

아무튼 그렇게 담담한 마음으로 그날의 진료를 잘 마쳤다. 진료실을 막 나가려는데 간호사분에게 또 연락이 왔다. 아까 그 어머니께서 꼭 한 번 더 통화를 원한다는 것이었다. 이렇

     타인이라는 세계

게 특별 대우를 해도 되나 싶었지만, 아직 자리를 뜨기 전이었고 통화를 연결해 준 간호사분도 나름의 생각이 있겠거니 싶어 전화를 받았다.

이번 통화의 요지는 앞의 항의에 대한 사과였다. 이후 남편이 집에 들어와 진료 내용을 자세히 알려주었는데, 궁금했던 모든 질문에 대답도 다 해주었고 충분한 시간을 들여 친절히 상담해 주었다는 사실을 알게 되었다는 것이다. 그런 줄도 모르고 흥분해서 전화했기에 꼭 사과하고 싶다는 말을 하셨다.

이렇듯 사람에 대한 이해와 오해는 모두 서툰 상상을 토대로 발생한다. 커다란 미움과 원망도 불과 두어 시간 뒤에는 부질없이 사라져 버릴 수도 있다. 하지만 아이아버지가 집에 가서도 설명을 제대로 하지 않았다면? 말솜씨가 부족해 충분히 전달하지 못했거나, 내 설명이 자기 생각과 달라 일부러 전달을 안 했다면 나는 아이어머니에게 평생 원수가 되었을지도 모른다.

반대로 남편으로부터 자세한 설명을 듣고도 아이어머니가 마음을 바꾸지 않을 수도 있다. 많은 분이 누군가를 한 번 미워하기 시작하면 반대 증거가 나와도 미워할 다른 이유를 새롭게 발굴해서 그 미움을 합리화한다. 자신의 오해나 실수를 인정하는 것보다 그게 더 쉽기 때문이다. 아니면 자신이 오해했다는 사실을 깨닫고 인정하더라도 이분처럼 전화까지는 다시 걸지 않을 수 있다. 혹은 전화를 걸었는데 간호사분이 두 번이나 연결할 수는 없다고, 담당 의사에게 질문이 있다면 (원격 진료는 불법이니) 다음 진료 때 말씀하시라거나, 항의할 내용이 있다면 공식 민원 창구를 이용하시라고 했을 수도 있다. 그러면 나는 그날을 누군가에게 미움받은 날로 기억할 테고, 이것이 나의 심리적 현실이 되었을 것이다. 실제 현실에서 그 어머니는 나를 더 이상 미워하지 않는데 말이다.

이렇듯 부족한 정보에 뇌가 자동으로 반응해 생겨난 상상이 타인에 대한 우리의 마음을 결정하곤 한다. 그것들이 쌓이면 우리 머릿속에는 별도의 현실이 하나 더 만들어지는데, 이것이 마음이론이 하는 일이다. 이렇게 자동으로 반응하다 보니 마음이론은 곧잘 오해와 편견이라는 오류를 저지른다.

타인을 온전히 바라볼 수 있는가

판타지 소설을 방불케 하는 이런 오해는 개인과 개인 간의 사적인 영역에서만 일어나지 않는다. 사회현상으로서의 오해도 흔하다. 가령 연예인만 해도 그렇다. 우리가 그토록 열

   타인이라는 세계

광적으로 좋아하고 지지하는 연예인에 대해 우리는 얼마나 알까? 사실 아는 내용이 거의 없다. 팬으로서 기분 나쁠지 모르지만 이것은 수없이 증명되었다. 많은 팬을 거느리던 인기 연예인이 어느 날 갑자기 터진 폭로 기사로 방송계에서 퇴출당하는 일이 수두룩하지 않은가. 불과 몇 개의 단어로 이루어진 짤막한 정보가 그 연예인에 대한 대중의 이해를 송두리째 뒤집어 버린다. 앞에서 예로 든 '과장님 수험생 자녀 서울대 합격'이나 '부장님 삼수생 자녀 올해도 낙방' 같은 정보가 상대의 마음을 이해하는 데 결정적인 역할을 했던 것과 마찬가지다. 스타 연예인에 대한 팬의 사랑과 지지도 이런 토막 정보에 좌우된다. 가령 '음주 운전', '가정 폭력', '마약 투여' 같은 몇 개의 불미스러운 단어만으로 팬은 등을 돌리니까 말이다. 이런 단편적인 정보의 유무가 그 연예인을 좋아하거나 싫어하는 데 결정적 역할을 한다. 하지만 우리는 그런 정보를 미리 알 수 없다. 처음부터 상상을 통해 좋아했던 것이다.

그런가 하면 한껏 인기를 누리던 연예인이 사소한 일 하나로 대중에게 밉보여 인기가 추락하기도 한다. 따지고 보면 그렇게 비난받을 일도 아닌데, 그 사소한 일이 대중의 뇌리에 박히는 순간 이미지가 나빠져 돌이킬 수 없게 된다. 그런 모습을 보면 별 상관없는 입장에서 보기에도 안타까운

데, 당사자는 얼마나 억울할까? 하지만 그렇다고 변호해 주기도 참 애매하다. 누군가가 변호해 준다고 한들 과거의 인기를 회복하기는 어려울 것이다. 왜냐하면 그 인기도 대중의 상상 덕분이었기 때문이다. 변호하려면 그 사람이 나쁜 사람이 아니라 보통 사람이라고, 그런 허물이야 누구나 있는 것 아니냐는 식으로 주장해야 한다. 그런데 애초의 엄청난 인기는 보통 사람 이상의 좋은 이미지를 대중이 상상했기에 가능했던 것이다. 따라서 보통 사람이라는 논리로는 인기 회복이 어렵다. 인기의 꼭대기와 밑바닥이 모두 상상의 산물이라는 딜레마에 부딪히게 된다.

정치인에 대한 지지도 마찬가지다. 대개는 마음이론의 오류다. 움직이는 삼각형을 보고 삼각형의 마음을 상상하는 일과 별로 다르지 않다. 평생 함께한 내 가족도 이해하기 어려운데, 변변한 정보도 없는 그 사람의 마음을 알기란 더더욱 어렵다. 하지만 상상은 정보가 없는 공간을 더 쉽게 채우기 때문에 오히려 정보가 부족할 때 그 사람에 대해 잘 안다고 착각한다. 그래서 우리는 일면식도 없는 정치인을 훌륭한 사람이라고 쉽게 결론 내린다. 내가 잘 아는 사람을 열렬하게 지지하는 경우보다 연예인이나 정치인처럼 모르는 사람을 열렬하게 지지하는 경우가 더 많은 이유가 여기에 있다.

선거에 출마한 정치인은 유권자에게 입버릇처럼 진심을 알아달라고 호소한다. 경쟁 후보를 비방할 때 흔히 하는 말도 비슷하다. 진정성이 없다고 한다. 그런데 타인의 진심이나 진정성을 확실히 알 방법은 없다. 그래서 진심이나 진정성을 알아달라는 말의 진정한 의미는 자기를 상상해 달라는 뜻이다. 그렇게 정치인은 유권자의 마음이론을 자기편으로 만들려고 한다.

이 문제의 해결책은 무엇일까? 아무도 지지하지 말아야 할까? 맞다. 정치인을 열렬히 지지할 필요는 없다. 그것은 대개 마음이론의 오류로 인한 해프닝이다. 이 오류를 피하는 방법은 정치인을 지지하지 않고 정치인이 하고자 하는 일을 지지하는 것이다. 사람이 아니라 그 사람이 구체적으로 하려는 일이 옳다고 생각될 때 그 일을 지지하면 된다. 이것이 핵심이다. 그 사람이 막연히 좋은 사람 같아서, 막연히 무슨 일이든 잘할 사람 같아서 지지하면 실망할 가능성이 높다. 애초에 상상에서 비롯한 헛된 기대, 즉 오해에서 비롯된 감정이니까 말이다. 반면 해야 하는 일을 판단해서 지지하면 특정인을 향한 상상에 덜 의존하게 된다. 그 일을 할 다른 사람을 찾아서 지지해도 무방하기 때문이다. 그 일을 할 사람은 이 세상에 얼마든지 있다. 단지 마음이론의 작은 구멍을 통해서만 세상을 바라보니 눈앞에 없는 사람들에게는 기회가 가지 않을 뿐이다.

연예인이나 정치인을 비롯한 유명인들에게 대중이 건네는 사랑과 지지, 그리고 손바닥 뒤집듯 바뀌는 실망과 분노가 얼핏 보기에는 서로 반대되는 반응처럼 보일지 모르지만 실상 뿌리는 같다. 우리 뇌의 마음이론에서 무성하게 뻗어나온 상상의 가지인 셈이다.

특히 현대사회는 우리의 마음이론이 오류를 저지르기 쉬운 환경이다. 숨 가쁘게 발달하는 기술은 사람들의 마음이론을 배려하지 않은 채 자기 갈 길을 재촉한다.

마음이론은 아주 오래전부터 인류의 뇌에 탑재되어 있었다. 하지만 과거 우리 조상은 마음이론을 실생활에서 대면하는 사람을 이해하는 데 주로 사용했다. 가족이나 친구, 이웃처럼 공동체에 속한 사람을 대할 때 그들에게 마음이 있다고 가정하는 것이 유용했기 때문이다. 때로는 신화나 전설, 혹은 소설 같은 문학작품 속 인물의 마음을 이해할 때도 마음이론을 활용했겠지만, 실제로 사람을 만날 때처럼 생생하게 반응하지는 않았을 것이다.

그런데 오늘날에는 영상 기술이 발달하면서, 실제로 사람을 만나지 않더라도 화면 속 인물을 실제로 만난 것처럼 생

          타인이라는 세계

생하게 느낄 수 있다. 그래서 영화라는 문물을 처음 접한 이들은 악역을 맡은 배우를 실제로도 나쁜 사람이라고 오해하기도 했다. 물론 영상물에 일상적으로 노출된 현대인은 그 정도로 현실과 영상을 구분 못 하지는 않는다. 그래도 방송으로만 접하는 연예인이나 정치인을 마치 실제로 아는 사람처럼, 때로는 친구보다도 더 가깝게 느끼는 것도 사실이다.

이런 일이 일어나는 이유는 속도의 차이 때문이다. 우리 몸은 우리 조상의 몸으로부터 크게 달라지지 않았다. 반면 기술 발전은 너무나 빠르게 이뤄졌다. 태곳적에 멋진 상대가 내게 다가와 얼굴을 들이밀며 눈을 그윽하게 바라봤다면 나는 유혹의 신호로 받아들였을 것이다. 노출이 심한 의상을 입고 내 앞에서 춤을 췄다면 그 역시 내게 보내는 구애의 신호라고 이해했을 것이다. 하지만 지금은 다르다. 영상 속 세상에는 화면 가득 얼굴을 들이밀며 내게 그윽한 시선을 고정한 채 관능적인 의상을 입고 춤을 추는 멋진 상대가 넘친다. 문제는 우리 뇌가 과거와 크게 달라지지 않았다는 점이다. 시대에 뒤떨어진 우리 뇌는 시청자를 향해 매력을 발산하는 그들을 보면서 헷갈리기 시작한다. 그런 영상을 보고 우리가 그들에게 호감을 느끼는 일은 당연하다. 하지만 그들이 보고 있는 것은 내가 아니다. 그저 카메라 렌즈를 보고 있을 뿐이다.

정치인도 마찬가지다. 그저 방송에 어울릴 만한 모습을 신경 써서 보여줄 뿐인데 현대 영상 기술에 적응하지 못한 우리의 뇌는 태곳적 방식으로 반응해 정치인이 마치 동일한 운명 공동체에 속한 사람 같은 인상을 받는다. 요컨대 같은 마을에 살고 있는 사람처럼 느끼는 것이다. 그런 친근한 느낌에 더하여 마음이론의 특기라고 할 수 있는 몇 가지 자의적 상상이 추가되면 우리는 그 사람에게 어떤 일을 맡겨도 우리 마을을 위해 열심히 봉사하리라는 착각에 빠진다. 실제로는 서로가 사는 세상이 다르고 그만큼 서로의 이해관계도 차이가 나는데도, 오래전에 우리 뇌에 탑재된 마음이론은 방송이라는 현대의 마법 앞에서 속수무책이다.

뇌의 적응 속도를 앞지른 기술 발달이 우리에게 어떤 미래를 선물할지 상상하는 일은 흥미롭다. 그런 취지에서 나는 몇 년 전부터 서울대학교 의과대학 학생들에게 이런 질문을 건네곤 했다.

"기술이 지금보다 더 발달하면 로봇을 인간처럼 대하는 시대가 올까요? 다시 말해 로봇을 사랑하고 로봇 나름의 권리도 인정하는 시대가 올까요?"

이 질문에 대다수 학생은 그런 시대가 오지 않을 것 같다고 대답했다. 하루하루 달라지는 인공지능 기술의 비약적인

　　　　　　　　　　　　타인이라는 세계

발전을 보면서 학생들의 대답도 앞으로 달라질지 모르겠지만, 불과 얼마 전까지도 학생들 대부분의 대답은 "아니요"였다. 나는 이어서 내 생각을 말했다. 로봇 기술이 충분히 발달하면 우리는 로봇과 친구가 되고, 로봇을 사랑할 것이며, 소중한 반려자가 된 로봇의 권리를 보호하려 노력할 것이라고. 이렇게 생각하는 이유는 우리의 마음이론 회로가 자동으로 반응할 것이기 때문이다.

다만 그렇게 되기 위해서는 로봇 기술이 충분히 발달해야 한다. 물론 '충분히 발달해야 한다'라는 말은 막연하다. 그래서 누가 내게 '로봇 기술이 구체적으로 어느 정도로 발달하면 될까?' 하고 묻는다면 나는 '우리 마음이론을 자극할 정도로 발달하면 된다'라고 대답할 것이다.

반론의 여지가 전혀 없지는 않다. 오늘날과 달리 과거 우리 인류는 노예를 잔인하게 부리기도 했고, 다른 인종이나 다른 동물 종을 말살시키는 데 거리낌이 없었으니까. 우리가 그 시대의 마음으로 돌아간다면 로봇을 상대할 때 연민과 공감의 스위치를 끈 상태로 대할 것이다.

오늘날 많은 이가 인공지능이나 로봇이 범접할 수 없는 인간 고유의 특징을 찾고자 애쓰는 것도 그런 시도와 무관하지 않을지 모른다. 과거 우리는 동물, 흑인, 여성이 범접할 수 없는 인간, 백인, 남성 고유의 특징이 있다는 논리를 만들어 그들에 대한 소유와 지배를 합리화한 이력이 있지 않은가.

당장 돌아봐야 할 사회문제도 있다. 바로 '혐오범죄'다. 혐오범죄란 특정 집단에 속한 이들에게 혐오감 또는 증오심을 품고 범죄를 저지르는 행위를 말한다. 이 문제에 마음이론을 적용하면 우리가 무심코 저지르는 오류가 얼마나 치명적인지 알 수 있다.

혐오범죄를 저지르는 사람의 혐오 또한 상상 속 인물에게서 비롯된 감정이다. 물론 그는 현실에 존재하는 어떤 인물에게 상처를 받았거나 분노를 느낀 적이 있을 수 있다. 하지만 혐오범죄는 그 인물에게 복수하는 것이 아니다. 실제 범죄의 대상은 다른 사람이다. 눈앞의 엉뚱한 사람에게 자신의 상상을 덧씌워 증오를 분출하는 것이다.

물론 둘 사이에 공통점은 있다. 피부색이나 성별 같은 어떤 특징이 자기가 미워하는 인물과 비슷해서 범죄 대상으로 삼았을 수 있다. 하지만 그것은 머릿속 연상을 촉발하는 자극에 불과하다. 과거 자신에게 상처를 준 여성과 단지 성별이 같다는 이유로 다른 여성을 대상으로 범죄를 저지르는 일은, 채점받은 시험지에 빨간 펜으로 빵점 표시가 적혀 있었다고 빨간불 신호등을 부수고 다니는 일과 비슷하다. 단지

　　　　　　　　　타인이라는 세계

빨갛다는 이유로 그런 일을 저지른다는 게 말도 안 되는 것 같지만, 인간 대상으로는 그런 말도 안 되는 마음을 쉽게 갖는다. 우리의 마음이론은 신호등에는 작동하지 않지만 인간에게는 작동하기 때문이다.

타인을 이해하기 위해 온갖 상상을 해대고, 구체적 현실 위에 추상적 표상을 덧씌워 연상하는 것이 우리의 마음이론이 하는 일이다. 연상을 자극하는 구체적인 현실이 고작 피부색이나 성별 같은 부분에 불과하더라도, 그것만으로도 상대방에 대한 자기 나름의 상상을 만들어 덧씌운다. 마음이론의 오류다.

칼은 요리나 수술 등 사람을 위한 유용한 도구로 쓰일 수 있지만, 반대로 사람을 죽일 수도 있다. 마음이론도 마찬가지다. 우리는 이 도구를 현명하게 사용하는 방법을 더 고민해 봐야 한다.

마음이 나에게 하는 거짓말

상상으로 타인을 대할 때 생기는 문제점

앞서 타인의 마음을 이해하기 어려운 이유 중 하나로 정보 부족을 꼽았다. 그래서 '서울대 합격'이나 '올해도 낙방'처럼 고작 몇 단어로 이루어진 짤막한 토막 정보를 아느냐 모르느냐가 상대의 마음을 이해하는 데 결정적인 역할을 했다. 그런데 타인에 관한 정보는 항상 부족하다. 남에 대해 알아봤자 얼마나 알겠는가. 하지만 뇌의 입장에선 이 점이 별로 문제가 되지 않는다. 정보가 없으면 없는 대로 정보의 빈자리를 진실 대신 상상으로 채우면 된다. 진실이든 상상이든 머릿속에 떠오르는 것은 비슷해 보이기 때문이다.

예를 들어 과거에 마트에서 보았던 사과를 떠올려 보자.

그런 다음 그냥 아무 사과를 떠올려 보자. 둘이 다른가? 똑같은 사과다. 하나는 현실에서 본 사과를 '기억'한 것이고, 다른 하나는 현실에 없는 사과를 '상상'한 것이다. 하지만 머릿속에서 두 사과는 뚜렷하게 구분되지 않는다. 그러니 진실이 있어야 할 자리를 상상으로 채우는 일은 우리 뇌에는 별로 특별하지도, 어렵지도 않은 것이다.

타인을 이해하려 할 때 우리 뇌는 그 사람에 대해 내가 모르는 수많은 정보의 빈 공간을 상상으로 메우면서 타인의 마음을 넘겨짚는다. 하지만 내 상상에서 비롯한 짐작이 맞았는지 틀렸는지는 확인이 어려울 때가 많다. 그럴 때는 '내 짐작과 다를지 몰라' 하고 확인이 안 된 정보에 의문 부호를 달아놓아야 마땅하다. 하지만 타인을 이해하는 문제에 있어 우리는 그 정도로 신중하지 않다. 왜냐하면 정보의 빈 공간에 상상의 조각을 넣음으로써 퍼즐이 맞춰졌기 때문이다. 그래서 우리는 함부로 상대를 이해했다고 판단하고 그 이해를 가능케 한 상상을 의심하지 않는다.

그렇다면 타인에 대해 알고 있는 거의 모든 것이 자신의 상상이라는 사실을 항상 인지하고 매번 의문 부호를 붙여야 할까? 너무나 번거롭지는 않을까? 선뜻 내키지 않는다면 다시 샐리-앤 과제로 돌아가 보자.

처음 샐리가 바구니에 공을 넣었다. 그리고 샐리가 없는 사이 앤이 그 공을 상자로 옮겼다. 앤은 샐리가 돌아오기 전에 방에서 나가버렸다. 우리는 앤의 행동이 의아했다. '도대체 왜 말도 없이 공을 옮겨놓고 자리를 뜬 걸까?' 이 의문에 대한 답으로 혹자는 남을 골탕 먹이기를 좋아하는 음흉하고 얄미운 아이를 상상했을지 모른다. 이렇게 상상하고 나면 앤의 행동에 대해 더 궁금하지 않다. 앤이 왜 그런 행동을 했는지 이해됐기 때문이다. 퍼즐이 완벽히 맞춰졌다. 그 결과 앤의 행동에 의문부호가 남기는커녕 그런 행동이 오히려 자연스럽게 느껴진다. 비록 상상이지만 그 상상으로 의문이 풀렸으니 진위는 더는 중요하지 않다.

여기서 끝이 아니다. 이후 우리는 앤을 조심해야 할 아이라고 경계하게 된다. 누군가 앤에 대해 좋은 말을 하더라도 쉽게 믿지 않을 것이다. 왜냐하면 우리는 앞서 앤의 짓궂고 음흉한 모습을 '경험'했기 때문이다. 그렇다. 우리는 앤의 마음을 상상한 게 아니라 경험했다고 '기억'한다. 우리가 실제로 경험한 것은 앤이 공을 옮기는 장면을 본 것뿐이지만 막상 기억하는 장면은 앤이 짓궂고 음흉한 아이라는 우리의 상상이다.

그렇다면 앤이 공을 바구니에서 상자로 옮긴 진짜 이유는

     타인이라는 세계

무엇일까? 어쩌면 짓궂은 장난이나 음흉한 심성과는 전혀 무관할지도 모른다. 예를 들어 바구니가 너무 낡아 샐리 어머니가 그 바구니를 버리려던 참이었다면? 이 사실을 알고 있던 앤이 바구니와 함께 샐리가 아끼는 공까지 버릴까 봐 미리 옮겨놓았는지도 모른다. 한마디로 앤의 세심한 배려가 돋보이는 행동이었던 것이다. 게다가 앤은 샐리가 공을 찾도록 방에서 나가자마자 이 모든 사실을 샐리에게 알려주었을 수도 있다.

상상이 얼마나 쉽게 진실의 자리를 차지할 수 있는지, 그리고 이런 과정이 우리로 하여금 얼마나 자연스럽게 타인을 오해하도록 만드는지 알 수 있는 좋은 예다. 이처럼 현실에서는 진실을 모르고 넘어가는 일이 수없이 많다. 영화나 소설이 현실과 다른 점 중 하나다. 영화나 소설이라면 우리가 알아야 할 진실이 대체로 작품 안에 설명되어 있어서, 설령 작품 속 등장인물은 진실을 모른 채 최후를 맞을지언정 적어도 관객과 독자는 무엇이 진실인지 알게 되는 경우가 많다. 예를 들어 샐리-앤 과제가 영화였다면 엔딩크레디트가 다 올라간 뒤, 그날 아침 샐리 어머니가 바구니를 버려야겠다고 말하는 소리를 앤이 듣는 쿠키영상이라도 넣을 수 있다. 이처럼 영화는 작품이 끝나기 전에 관객의 이해를 위해 꼭 필요한 정보를 어떻게든 전달한다. 하지만 현실에서는 진실이 영원히 묻혀 사라지곤 한다.

영화나 소설이라면 적어도 작품의 주요 인물을 이해할 수 없는 인간으로 남겨놓지는 않을 것이다. 창작자는 관객과 독자에게 작품을 이해시키려고 노력한다. 그가 왜 그런 말을 했고 그렇게 행동했는지 이야기 전개상 자연스럽게 전달이 되지 않는다면 별도의 내레이션을 넣어서라도 납득할 만한 설명을 제공한다. 관객과 독자가 이해 못 한 채 작품이 끝나면 작품을 만든 사람이 욕을 먹기 마련이니, 감독이든 배우든 작가든 욕을 먹지 않으려면 설명을 해야만 한다. 하지만 현실에서는 그런 친절한 내레이션이 없다. 실생활에서 겪는 일은 겉으로 보이는 것이 전부다. 우리의 이해를 돕기 위해 추가 정보를 제공할 전지전능한 해설자가 없다. 타인에게 이해받기가 훨씬 불리한 셈이다.

게다가 예술 작품에서야 어떤 정보를 언제 어떻게 공개할지 정할 수 있지만 현실에서는 그런 일이 불가능하다. 관객과 독자의 상상을 일부러 엉뚱한 방향으로 유도했다가 막판에 진실을 극적으로 밝히는 영화나 소설은 많지만, 현실에서는 정보 공개 시점을 의도적으로 배치하기 어렵다. 오히려 한번 오해가 시작되면 되돌릴 기회가 없는 것이 현실이다.

　　　　　　　　　　　타인이라는 세계

아무도 개개인의 이야기를 시시콜콜 설명해 주지 않는다. 따라서 처음부터 조심해야 한다. 언행도 그렇지만 그보다 더 주의해야 할 것이 있는데, 바로 상상이다. 각자 자신의 상상을 스스로 경계해야 한다.

아이러니하다. 영화나 소설 속 등장인물이 이해 안 되는 행동을 하면 관객이나 독자는 보통 개연성이 없다고 말하며, 현실에서 일어날 법하지 않다고 비판한다. 이 말을 다시 생각해 보면, 현실을 살아가는 우리는 모두 납득할 만한 이유가 있어 그렇게 행동한다는 것이다. 이렇게 전제할 때 비로소 예술 작품 속 인물에게 개연성이 없다거나 현실성이 떨어진다는 비판이 가능하다.

만약 그렇게 전제한다면, 왜 우리는 현실에서 남을 욕하는 걸까? 다들 납득할 만한 이유가 있어 그렇게 행동한다는 전제가 옳다면, 현실의 누군가가 이해 못 할 행동을 하더라도 욕할 일은 아니다. 그렇게 행동하는 나름의 이유가 분명 있는데 우리가 모를 뿐이기 때문이다.

물론 어떤 이유가 있더라도 그게 뭔지 모르면 답답함을 느낀다. 그래서 뭐라도 상상하지 않고는 못 견디는 걸까? 현실 속 사람들은 모두 나름의 이유가 있어 행동한다고 전제했는데, 막상 그 이유가 뭔지 모를 때가 많아 갑갑하니까 상상이

라도 해서 타인을 해석하려 하는 걸까? 그래서 우리는 일종
의 머릿속 쿠키영상처럼, 공을 옮겨놓고 방에서 나가는 앤
의 얼굴에 음흉한 미소가 번지는 장면을 만드는 것일지도 모
른다. 혹은 '짓궂은 장난으로 사람 골탕 먹이기 좋아하는 얄
미운 아이군' 하고 독백할 수도 있다. 진실을 알려주는 내레
이션이 없다 보니 이렇게 자신만을 위한 해설 방송을 스스로
만드는 것이다.

참을 수 없는 가십의 즐거움

사실 이런 머릿속 내레이션 말고 모두가 들을 수 있게 설명
해 주는 내레이션이 현실에도 있다. 소위 '가십'이라고 하는
내레이션이다.

이번에는 부장님이 과장님을 불러 꾸짖은 상황으로 돌아
가 보자. 회사 직원 사이에서 부장님의 행동을 설명하는 다
양한 내레이션이 들린다.

"과장님이 직원들에게 인기가 많아서 부장님이 과장님을
예전부터 질투했대."

"과장님이 사장님께 인정받아서 부장님이 과장님을 예전
부터 견제했대."

"과장님이 주식으로 대박이 나면서부터 부장님이 과장님

　　　　　　　　　　　

을 미워하기 시작했대."

이 내레이션 중 어디까지가 진실인지, 과연 진실이 있기는 한지 알 수 없다. 하지만 이런 내레이션이 머릿속에 들어오면 우리는 바로 그 순간부터 부장님의 행동이 이해된다. 이제야 앞뒤가 들어맞는 느낌이 들고, 그러니 그 내레이션의 진위에 대해서도 신뢰가 가기 시작한다.

그런가 하면 과장님의 행동에 관해서도 다양한 내레이션이 가능하다.

"과장님이 부장님께 혼나도 웃는 이유가, 자식이 이번에 서울대에 붙어서 기분이 좋은 거래."

"과장님이 부장님께 혼나도 웃는 이유가, 묻어둔 주식이 대박이 나서 곧 사표 낼 예정이라 그런 거래."

"과장님이 부장님께 혼나도 웃는 이유가, 실은 부장님의 사모님과 바람이 나서래."

현실에서도 이런 내레이션이 가십 형태로 생산된다. 다만 전지전능한 해설자의 친절한 내레이션이 아니라, 진실과 무관한 내레이션이라는 게 문제다. 때로는 누군가의 마음이론이 즉흥적으로 떠올린 문장일 것이다. 하지만 타인의 마음은 그리 쉽게 설명되지 않는다. 엄밀히 말하면 타인에게 마음이 존재하는지조차 확인하기 어렵다. 우리는 설명의 편의를 위해 타인의 마음을 가정할 뿐이다. 마음이론의 정의를 다시 떠올려 보자.

어떤 행동을 설명하거나 예측할 때, 그 행동의 주체에게 독립적인 정신 상태가 있기 때문에 그런 행동이 나온다고 설명할 수 있는 능력.

눈에도 보이지 않고 귀에도 들리지 않지만 순전히 어떤 행동을 설명하기 위해 그 행동의 주체에게 독립적인 정신 상태, 즉 마음이 있다고 가정하는 셈이다. 심지어 우리와 똑같이 생기고 똑같이 행동하는 로봇을 만나도, 그가 로봇이라는 사실을 모른다면 우리는 그와 인간과 그러하듯 똑같이 대화를 나눌 것이다. 그에게 마음이 있다고 가정하면서 말이다. 하지만 로봇에게 마음이 있을까? 인간이 말을 주고받는 모습을 그대로 모방해서 결과를 출력해 주는 복잡한 계산기일 뿐 마음은 없을 것이다. 그럼에도 그 모습이 인간과 구분이 가지 않는다면 우리는 마음의 존재를 가정한다.

가십을 듣는 일이 즐거운 이유는, 그 내용 자체가 재밌기도 하지만 이해할 수 없는 부분을 이해하게 해주기 때문이다. 가십의 내용이 사실인지 아닌지 모를 때도 우리는 설명의 편

    타인이라는 세계

의를 위해 그 내용이 사실이라고 가정하는 경향이 있다.

하지만 이런 섣부른 빈칸 채우기는 위험하다. 왜냐하면 첫째, 그것은 이해가 아니라 오해다. 둘째, 그렇게 빈칸을 채워버리면 앞으로 이해할 수 있는 가능성마저 닫게 된다. 그러니 처음부터 경계해야 한다. 현실에서 들리는 내레이션은 영화나 소설에서처럼 전지전능한 해설자가 제공하는 진실이 아님을 기억해야 한다.

그렇다면 가십을 경계하기 위해 구체적으로 어떤 일을 해야 할까? 먼저 가십의 출처를 생각해 보자. 출처는 당연히 누군가의 머릿속일 것이다. 세상을 떠도는 그 수많은 가십도 처음에는 누군가의 머릿속 내레이션이었을 테다. 인간의 머릿속에서 떠올린 상상의 이야기가 첫 시작점이다. 그런데 이 시작 단계는 경계한다고 없어지지 않는다. 저절로 떠오르기 때문이다. '상사에게 야단맞고 어쩜 저렇게 싱글벙글할 수 있지? 묻어둔 주식이 대박이라도 났나?' 이런 상상을 하게 되는 것은 잘못이 아니다. 잘못은 다음 단계에 있다. 머릿속에 떠오른 것을 섣불리 단정하는 것, 묻어둔 주식이 대박이 나서 그렇다고 별 근거 없이 믿거나 그 이야기를 남에게 소문내는 것이 잘못이다. 경계해야 할 부분은 바로 여기다. 우리에게는 떠오르는 생각을 곧이곧대로 믿지 않는 능력이 필요하다. 그리고 모르는 것은 모르는 대로 둘 수 있는 능력이 칭송받는 문화가 필요하다.

특히 사람에 관해 떠오르는 생각들에 주의해야 한다. 그곳은 마음이론의 관할이라 상상이 활개 치는 영역이다. 따라서 타인의 마음에 관한 거의 모든 내용이 자신의 상상일 뿐 확인된 정보가 아니라는 점을 항상 명심하고, 거기에 의문부호를 남겨놓을 필요가 있다.

타인을 이해하는 일은 종종 이해를 잘하고 말고의 문제가 아니라 오해를 안 해야 하는 문제인 경우가 있다. 사실이 아닌 상상만으로도 타인을 이해한다는 느낌을 받을 수 있기 때문에, 이해하는 데만 너무 몰두하면 근거 없는 상상의 유혹도 늘어날지 모른다. 물론 타인을 이해하기 위해서는 분명 상상력도 발휘해야 한다. 하지만 그 이야기가 어디까지나 상상의 산물이라는 사실도 기억해야 한다. 그 출처는 내 상상이거나, 혹은 다른 누군가의 상상이다.

따라서 이해가 되지 않는 답답함을 해소하기 위해 아무 이야기나 믿어서는 곤란하다. 섣부른 오해의 함정에 빠지지 않도록 노력해야 한다. 설령 누군가를 이해하지 못하더라도 괜찮다. 이해하지 못한 채 남겨놓는 것이 오히려 지혜로운 방법일 수 있다.

　　　　　　　타인이라는 세계

우리가 지닌 마음이론은 알 수 없는 정보의 빈 공간을 상상으로 채워 넣고, 보이지 않는 마음을 상상해서 상대의 행동을 설명하는 능력이다. 그리고 지금까지 그 상상이 얼마나 많은 변수에 의해 달라지는지에 대해 살펴보았다. 상상력이 중요하다고 말하지만 그만큼 상상을 잘 관리하는 능력도 중요하다는 점을 강조하고 싶다.

2장

마음의 오류

상상하는 마음, 오해하는 인간

불완전한 언어가 만드는 착각

사실이 꼭 진실은 아니다

지금까지 살펴본 이유 외에도 우리가 타인을 오해할 요인은 다양하다. 더 자세히 알아보기 위해 마음이론 밖으로도 시야를 넓혀보자. 타인에 대한 오해와 편견을 유발하는 흥미로운 요인이 실생활 곳곳에 숨어 있다. 얼마나 감쪽같이 숨어 있는지 알고 나면 아마 깜짝 놀랄 것이다.

우선 익숙한 내용에서 출발하자. 서울대학교 의과대학에서 진행하는 수업에서 나는 학생들에게 편견의 예시로 문장 몇 개를 보여주는데, 그중에는 이런 문장도 있다.

'그 인간은 쓰레기야.'

이 문장에 대해서는 딱히 질문하는 학생이 없다. 당연히 어떤 인간이 말 그대로 쓰레기일 리는 없으니까. 쓰레기는 어디까지나 비유고, 비유하는 과정에서 편견이 끼어들 소지가 있다는 사실을 학생들은 이해한다. 그런데 편견의 예시 중에는 이런 문장도 섞여 있다.

'그는 살인자야.'

그러면 한두 학생이 손을 들고 질문한다.

"저 문장이 왜 편견인가요?"

아마 그 자리에 있는 모든 학생이 궁금해했을 것이다. 실제로 전체 학생을 대상으로 이 문장이 왜 편견인지 설명해 보라고 하면 그럴듯한 답을 내놓는 사람이 없다. '그는 살인자야'라는 문장은 분명 앞에 나온 문장과 다르다. 이번 문장에는 빗대어 표현한 부분이 없다. 물론 살인자라는 단어도 비유로 쓰지만 이 경우는 아니다. 사실을 말한 문장이다. 그런데 이 문장에 어떤 편견이 있을까? 나는 학생의 질문에 반가운 미소를 지으며 묻는다.

"이 문장을 다음 문장과 비교해 보면 어때요?"

그리고 비교할 문장을 제시한다.

'그는 살인을 했어.'

여기서 몇몇 학생이 탄성을 지른다. 설명하려는 내용을 벌써 눈치챈 것인지 확실하지 않지만, 나의 마음이론은 적어도 학생들의 반응이 나쁘지 않다고 해석한다. 그리고 나는 이어서 이렇게 설명한다.

"여러분이 누군가로부터 이런 말을 듣는다고 해봅시다. '그는 살인을 했어.' 그러면 어떤 반응을 보일까요? '왜 그랬대? 어쩌다 그랬대? 대체 무슨 일이 있었던 거야?' 아마도 이런 반응을 보일 겁니다. 그럼 이제 문장을 바꿔봅시다. 누군가로부터 이런 말을 듣습니다. '그는 살인자야.' 이번에는 어떤 반응을 보일까요? 과연 앞에서 보인 반응과 비슷할까요? 그럴 수도 있겠지만, 그렇게 이유를 궁금해하는 빈도는 앞에서보다 훨씬 줄어들 겁니다. 왜 그럴까요? 살인자라는 단어는 살인을 한 사람을 뜻하니 두 문장의 의미는 같아 보입니다. 그런데 '살인을 했다'라는 말 대신 '살인자'라고 부르면 의미가 추가됩니다. 과거에 살인을 저지른 사람이라는 의미에 살인이 자연스러운 사람이라는 의미가 덧붙게 되지요. 응당 살인할 만한 사람이라는 의미가 생기는 것입니다. 오해는 마세요. 살인자를 옹호할 생각은 없습니다. 살인한 적이 있는 사람과 없는 사람을 비교하면, 아마도 이미 살인한 적 있는 사람이 앞으로도 살인을 저지를 확률이 높겠죠. 일반 인구에서 처음 범죄를 저지를 확률보다는 범죄자의 재범률이 더 높으니까요. 다만 여기서 짚고 넘어갈 부분은, 방금 말한

두 문장이 모두 사실이라는 것입니다. 어떤 사람이 살인을 했다고 말하건, 그 사람이 살인자라고 말하건 둘 다 사실이죠. 같은 사건에 대해 말했고, 양쪽 모두 틀린 말을 하지 않았습니다. 그런데 두 말을 듣고 보이는 반응은 다릅니다. 반응이 다르다는 건 전달되는 의미가 달랐다고 봐야죠. 즉 같은 사실을 말해도 다른 의미가 전달될 수 있습니다. 두 표현 사이 어딘가에 오해나 편견의 소지가 숨어 있었다는 얘기입니다. 사실에 대한 언급도 편견을 유발할 수 있습니다. 이것이 언어가 갖는 심리적 함정입니다.”

물론 가짜 뉴스가 난무하는 시대에 이런 통찰은 다소 무색해 보일지 모른다. 사실을 말해야 한다는 기준조차 충족하지 못하는 마당에, 사실을 말할 때 발생하는 오해와 편견까지 신경 쓰기는 어려우니까 말이다. 그렇지만 항상 이 기준을 충족하지는 못하더라도, 서로의 말에서 이런 실수를 알아볼 줄은 알아야 한다. 특히 오늘날에는 언론이 ‘아’ 다르고 ‘어’ 다르게 표현하는 기술을 능수능란하게 구사한다. 각종 미디어에서 고의인지 실수인지 모르게 파놓은 오해와 편견의 함정을 피할 수 있다면 유익할 것이다.

그런데 지금까지 읽으면서 찜찜한 점은 없었나? 전혀 찜찜하지 않았다면 언어의 함정에 빠진 것일지도 모른다. 앞에서 나는 이런 말을 했다.

"살인한 적이 있는 사람과 없는 사람을 비교하면, 아마도 이미 살인한 적 있는 사람이 앞으로도 살인을 저지를 확률이 높겠죠. 일반 인구에서 처음 범죄를 저지를 확률보다는 범죄자의 재범률이 더 높으니까요."

이 대목은 괜찮은가? 실제 수치는 어떨까? 이미 집계가 되어 있겠지만, 여기서 실제 수치가 어떤지 논하려는 것은 아니다. 그 수치가 어떻든 간에, 아마 저 문장을 읽으면서 막연하게 떠올렸을 수치와는 다를 것이다. 수치가 더 낮을 수도, 더 높을 수도 있다. 재범률에 관한 각자의 배경지식 등이 사람마다 다른 수치를 떠올리게 할 테니까 말이다. 요점은 구체적인 수치를 제시하는 방식으로 표현을 바꾸면 전달되는 의미도 바뀔 수 있다는 것이다. 물론 앞의 문장들도 모두 사실이다. 다만 실제 수치를 제시한 문장과 비교하면 다른 의미가 전달된다.

이렇게 같은 사실을 설명해도 표현에 따라 의미가 달라진다. 서로 다른 표현 사이 어딘가에 오해나 편견의 소지가 숨어 있게 된다. 이것이 언어가 갖는 심리적 함정이다. 표현 방법의 미묘한 차이에 따라 다양해지는 의미를 염두에 두면 더 현명한 언어 선택이 가능하다. 그렇게 해야만 우리가 언어를

　　　　타인이라는 세계

더 이롭게 사용할 수 있지 않을까?

행동만을 볼 때 진실에 더 가까워진다

마음이론의 정의를 다시 한번 생각해 보자. 마음이론이란 결국 행동을 설명하기 위해 마음을 떠올리는 능력이다. 그런데 행동 이면에 있는 독립적인 정신 상태, 즉 마음은 우리의 상상이다. 그렇다면 행동과 마음 중 사실에 가까운 것은 무엇일까? 다름 아닌 행동이다. 그러므로 사람의 마음에 대해 말할 때보다 그 사람의 행동에 대해 말할 때 대체로 오류가 적다. 어떤 행동의 이면에 고귀한 정신 상태가 있는지, 사악한 정신 상태가 있는지는 상상하기 나름이다. 그런 불확실한 상상이야말로 마음이론의 주특기다.

제삼자가 하는 말을 듣고 타인의 마음을 상상할 경우, 표현의 차이가 머릿속 상상의 방향을 교묘하게 조종한다. 특히 미디어가 생면부지의 사람들에 관한 이미지를 생산하고, 온갖 매체가 가상의 이야기를 전파하는 이 시대에는 섣부른 상상에 현혹되기가 너무나 쉽기 때문에 우리의 마음이론을 잘 단속해야 한다. 그러니 타인에 대한 상상의 호불호를 남발하지 말자. 가능한 한 오로지 사실, 즉 행동에 대해서만 평가하면 된다.

죄를 저지른 사람만이 아니라 훌륭한 사람에 대해 말할 때도 마찬가지다. 어떤 사람이 훌륭한지 훌륭하지 않은지 논쟁하는 일은 대개 아무 의미가 없다. 그보다는 그 사람이 행한 각각의 행동이 과연 훌륭한지 논쟁하는 것이 낫다. 물론 이마저도 쉽지 않다. 의료 분야에서 예를 들어보자.

의사 A는 담당하는 환자 중 절반이 사망한다. 반면 의사 B가 담당하는 환자는 아무도 사망하지 않는다. 둘 중 누가 진료를 더 잘하고 있을까? 의료 종사자가 아니라면 덜컥 의사 B가 더 진료를 잘한다고 말할지 모른다. 이 말이 맞을 수도 있지만 현실은 그런 섣부른 상상처럼 명쾌하지 않다. 가령 의사 A는 치료하기 어려운 환자를 열심히 진료했고 B는 치료하기 쉬운 환자만 가려서 받았다면, 나아가 그동안 B는 자신에게 온 난치 환자를 설득해 모두 A에게 보냈다면 어떨까? 누가 더 진료를 잘하고 있을까?

혹시 이제는 B에서 A로 답이 바뀌었을까? 그럼 이제 정답을 공개하겠다. 사실 이 질문에 대한 답은 '이것만으로는 알 수 없다'가 맞다. 여전히 알 수 없다. 방금 추가한 정보를 듣고 의사 A가 진료를 더 잘하고 있다고 판단했다면 이 또한 행동이 아닌 사람에 대해 상상한 것이다. 치료하기 어려운 환자를 받는다거나, 치료하기 쉬운 환자만 받는다는 설명은

타인이라는 세계

행동에 관한 설명이 맞지만, 이 설명만으로 A와 B라는 두 의사를 평가하는 것은 결국 다시 사람에 대한 상상으로 돌아가는 것이다. 사람에 대해 상상했기 때문에 '누가 더 진료를 잘하는가?' 같은 포괄적인 질문에 금방 답을 내릴 수 있었다.

만약 행동만으로 판단하려면 진료 행위의 복잡다단한 측면을 자세히 들여다봐야만 한다. 진료에 대해 물었으니 당연히 진료 행위를 일일이 검토해서 답해야 한다. 하지만 그러는 대신 사람에 대해 상상하여 쉽게 답을 구했다. 이것이 상상으로 문제를 푸는 방식의 매력이다. 골치가 덜 아프다.

쉽사리 납득이 가지 않는다면 계속 나아가 보자. 그렇게 마음에 드는 의사를 선택했고 진료 예약을 마쳤다. 그런데 예약을 마치자마자 새로운 정보가 들어왔다. 의사 A는 치료하기 힘든 환자를 많이 받아서 그런지 항상 바쁘다. 바쁜 만큼 퉁명스럽고 짜증스러울 때가 잦다. 의사 B는 치료하기 쉬운 환자만 받아서 그런지 항상 여유가 넘친다. 미소를 머금고 차근차근 친절하게 응대한다. 이 정보를 알게 된 시점에 위 질문을 받았다면 어떨까? 둘 중 누가 더 진료를 잘하고 있을까? 그렇다. 여전히 답을 알 수 없다. 누가 더 좋은 의사일지는 더더욱 모른다. 다만 치료하기 힘들더라도 환자를 열심히 치료하는 행동은 의사 A가 낫고, 항상 미소를 머금고 친절하게 응대하는 행동은 의사 B가 더 낫다.

그런데 이렇게 물을 수도 있다. '아무리 그래도 그저 친절한 의사보다는 생명을 구하기 위해 노력하는 의사가 더 괜찮지 않나요?' 이 생각이 틀렸다는 게 아니다. 다만 그렇게 판단하기에는 정보가 너무 부족하니 사람에 대한 판단을 보류하려는 것이다. 비록 우리의 마음이론은 호시탐탐 주특기를 발휘하려 하겠지만 언제 어떤 정보가 들어올지 알 수 없는 노릇이다. 예를 들어 이튿날 아침 의사 A의 다음과 같은 인터뷰 기사를 보았다고 생각해 보자.

"치료하지 못할 환자를 자꾸 받아서 데리고 있는 이유가 뭔가요?" 기자가 물었다.

"이 분야는 국내에 저보다 잘 아는 의사가 계시지 않는 듯합니다. 다른 의사들에게 보내기도 했었지만 어차피 받아주는 곳이 없어서 돌아오시더군요." 의사 A가 대답했다.

반면 의사 B는 사석에서 이렇게 말했다고 한다.

"치료하기 쉬운 환자를 빨리빨리 진료해야 돈을 벌지. 치료하기 힘든 환자 붙들고 있어봐야 나중에 멱살이나 잡히든가 소송당하기 딱 좋아."

역시 생명을 구하기 위해 노력하는 의사 A가 훌륭한 의사인 것 같다. 그런데 같은 날 오후에 다른 매체에서 의사 B의

인터뷰 기사를 보았다.

"치료하기 힘든 환자를 자꾸 다른 의사에게 보내는 이유가 뭔가요?" 기자가 질문했다.

"제가 잘 모를 때는 저보다 잘 아는 의사에게 빨리 보내드리는 게 환자를 위하는 길이라고 생각합니다. 저는 제가 자신 있는 분야에 집중하고요." 의사 B가 대답했다.

반면 의사 A는 사석에서 이렇게 말했다고 한다.

"난치병 연구를 진행하고 있는데 환자를 많이 데리고 있어야 국가 연구비를 많이 받지. 치료가 안 되더라도 절대 다른 데 보내지 마."

생명을 구하기 위해 노력하는 의사는 둘 중 누구인가?

사람에 대한 상상에서 답을 찾을 때의 장점은 골치가 덜 아프고 노력이 덜 든다는 것이다. 하지만 방금 살펴보았듯이 이는 참 황당한 방법이다. 오랜 기간 겪었거나 여러 차례 행실을 목격했다면 몰라도 생면부지인데 몇 마디 귀동냥한 정보만으로 누군가를 판단한다니 말이다.

그러나 만약 시간을 거슬러 올라가 우리 사회에 이렇다 할 제도나 문화가 갖춰지기 전, 과거 철저한 약육강식의 시대였다면 이 방법은 꽤 유효했을 것이다. 태곳적 광야에서 생면부지의 낯선 이를 마주쳤을 때 조금만 의심이 가도 곧장 피하거나 죽이는 게 생존에 유리했을 것이다. 제대로 판단하겠다고 상대의 행동을 꼼꼼히 들여다보며 시간을 지체하기보다 즉각적으로 조치해야 내 가족의 생존 가능성이 높은 시대였기 때문이다. 그 조치가 설령 상대에게 부당하고 억울하더라도 말이다.

하지만 이제는 약육강식의 위험이 과거에 비해 많이 줄었다. 물론 여전히 그런 면이 없지 않지만 과거에 비해서는 많이 줄어든 것이 사실이다. 현대 사회에선 낯선 이를 즉각 피하거나 먼저 죽이지 않아도 감수해야 하는 위험이 낮아졌다. 그 결과 섣부른 상상으로 사람을 평가하는 일이 이제는 바람직하지 않게 되었다. 대신에 개개인을 공정하게 평가하고 대우하는 행위가 중요해졌다. 주변을 둘러보면 역사상 가장 불공정한 시대를 사는 느낌이 들지도 모르지만, 냉정하게 따지면 우리는 여전히 이익과 공정 사이에서 줄다리기를 하고 있다. 하지만 현대 사회는 과거에 비해 개개인에 대한 공정한 평가와 대우를 더 중요시한다. 그리고 그것이 더 큰 이익의 문을 열어줄 때도 많다.

그런데 우리 뇌는 사회가 공정을 중요시하는 방향으로 변화한 만큼 변화하지 못했다. 인류는 그토록 빠르게 변화하지 못한다. 내가 아무리 열심히 운동해도 튼튼한 몸을 자식에

　타인이라는 세계

게 물려줄 수는 없다. 뇌도 마찬가지다. 내가 아무리 뛰어난 식견을 갖추어도 그 식견을 자식에게 그대로 물려줄 수는 없다. 반면 사회는 세대교체에 따라 초기화되지 않고 그 경험을 누적하며 변화한다. 그래서 인류의 뇌는 사회 변화에 발맞춰 따라가기가 어렵다. 우리 뇌의 마음이론 회로는 여전히 약육강식 시대에 작동하던 대로 조급하게 타인에 대해 상상하게 된다.

이런 이유로 우리는 지금 시대에는 의식적으로 행동에 초점을 맞출 필요가 있다는 것을 반복해서 배우고 기억해야 한다. 성급하게 사람을 상상하는 것보다 행동을 바라보는 것이 오류를 줄이는 길이다. 문제는 행동을 평가하는 일도 말처럼 쉽지 않다는 점이다.

역시 의료 분야에서 예를 들어보자. 의사 C는 오진이 전혀 없다. 의사 D의 환자는 합병증이 전혀 없다. 의사 E는 오진을 더러 하고 그가 보는 환자에게 합병증도 더러 생긴다. 세 의사 중 누가 일을 가장 잘하고 있을까? 의료 종사자가 아니라면 아마도 E를 제외하고 C와 D 중에서 한 사람을 고를 것이다.

나의 책 『인턴일기: 초보의사의 서울대병원 생존기』에서 설명한 내용을 간략히 소개하겠다. 급성충수염은 초기 진단이 애매하다. 그러다가 시간이 지나 증상이 뚜렷해지면 비로소 진단이 쉬워진다. 일단 진단을 내리고 나면 수술을 바로 해야 한다. 그러니 해야 할 일은 간단하다. 수술을 섣불리 시작하면 곤란하니, 그 전에 충분히 기다려서 진단을 확실히 하고 수술하는 게 좋다. 그런데 문제는 시간이 지나면서 증상만 뚜렷해지는 게 아니라 복막염이라는 심각한 합병증 위험도 증가한다는 사실이다. 즉 수술을 미루고 기다리면 오진 가능성은 줄지만 합병증 발생 가능성은 늘어난다.

의사 C는 오진이 전혀 없다. 이 의사가 급성충수염이라고 판단하고 수술을 하면 항상 급성충수염이 맞았다. 그렇다면 수술을 결정하기까지 오래 기다렸다는 의미니 그의 환자들에게는 합병증이 상대적으로 많이 발생했을 것이다.

의사 D의 환자에게는 합병증이 전혀 없다. 언제나 복막염이 발생하기 전에 급성충수염 진단을 내리고 수술을 시작했다. 그렇다면 수술을 조기에 시작했다는 의미다. 막상 배를 열어보니 급성충수염이 아닌 경우가 상대적으로 많았을 것이다.

의사 E는 오진도 조금 하고 환자에게서 합병증도 조금 발생한다. 어쩌면 가장 실력이 좋은 의사일 수도 있다. 급성 충수염을 진단하는 실력만 놓고 본다면 말이다.

특수한 경우라고 생각할 수 있지만 현실에는 이보다 더 복잡한 경우가 많다. 하나의 행동만 놓고도 그것이 바람직한 행동인지 아닌지 평가하기 쉽지 않다. 그런데 그 모든 것을 건너뛰고 사람을 평가한다는 일이 가능할까? 물론 파면 팔수록 더 훌륭한 행동이 드러나거나, 파면 팔수록 더 실망스러운 행동이 드러나는 사람도 있다. 그런 경우 그 모든 행동 평가의 총합으로 당사자에 대한 평가도 자연스럽게 따라올지 모른다. 하지만 그 정도로 잘 아는 사람은 우리 인생에 몇 없다. 일생을 통틀어도 손에 꼽는다. 매우 가까운 사람이거나 매우 깊이 조사한 인물이어야 한다. 그러고도 잘 모르겠는 존재가 사람이다. 그러니 한 사람에 대해 충분히 알고 이야기하기란 무척 어렵다. 따라서 사람에 대한 평가는 보류하고, 그 대신 행동에 대해서만 이야기 나누면 된다.

지금까지 가상의 의사들을 예로 들었지만 비단 의료에만 해당하는 이야기는 아니다. 가령 보수나 진보로 사람들을 구분 짓거나 무슨 세대, 무슨 족族, 무슨 주의자 등으로 누군가를 규정하고 있을 때도 이 점을 떠올려 보자. 사람보다는 각각의 행동에 대해서만 평가하고, 타인의 마음을 통째로 규정하는 대신 각 사안마다 의견과 입장을 놓고서 차분히 대화를 나눠봐야 한다.

현실에 발붙이려는 노력

인간의 생명은 소중하다. 사람의 목숨을 살리기 위해서라면 최선을 다해야 한다. 이 말에 반대할 사람이 몇이나 있을까? 아마 많은 분이 동의하리라. 그래서일까? 병원에서 환자가 사망하면 왠지 모를 의구심이 들곤 한다. 혹시 의료진이 최선을 다하지 않은 것은 아닐까? 실수를 저질렀거나 게으름을 피워 환자가 사망한 것은 아닐까? 자연재해로 사망자가 발생해도 역시 비슷한 의구심이 든다. 담당 공무원이 과연 최선을 다했을까? 막을 수 있는 불행인데 누군가의 실수나 게으름 탓에 대비를 소홀히 하지는 않았을까? 소위 인재人災가 아닐까 하는 의심이 들곤 한다.

물론 결과를 알고 나서 돌아보면 그래 보일지 모른다. 막을 수 있었는데 놓친 기회가 잘 드러날 테니까 말이다. 하지만 이미 일어난 일을 모두 알고서 봤으니 그렇게 보이는 것뿐이다. 어디 사람 목숨이 달린 일만 그런가. 결과를 다 알고 돌아보면 부자가 될 기회는 또 얼마나 많았나. 지나고 나서 돌아보면 누구나 어떤 주식에 투자했으면 돈을 벌었을지 알 수 있다. 마찬가지로 지나고 나서 보면 어디 땅을 사놓았으면 가격이 많이 올랐을지 다 알 수 있다. 어떤 전공을 선택하고 어떤 직업을 가졌어야 지금보다 더 넉넉한 삶을 살고 있

　　　　　　　　　타인이라는 세계

을지, 다 지난 후에 돌아보면 알기 어려울 게 있을까?

이렇게 결과를 다 알고 보면 놓친 기회가 잘 드러난다. 이역시 전부 상상에서 오는 고통이다. 상상 속에서는 과거의내가 있던 자리에 현재의 나를 대입할 수 있기 때문이다. 물론 현재의 나는 과거로부터 지금까지 일어난 일을 다 알고있다. 그래서 '그때 내가 이렇게 했더라면' 하고 후회한다.이 착각이 나를 향하면 자책이 되고, 의료진이나 공무원 같은 타인을 향하면 비난이 된다.

반면 상상하지 않아서 생기는 오류도 있다. 다시 앞의 명제로 돌아가 보자. 인간의 생명은 소중하며, 사람의 목숨을살리기 위해서라면 최선을 다해야 한다고 말했다. 그럼 목숨을 살리기 위해 구체적으로 무엇을 어떻게 해야 할까?

음주 운전을 예로 들어보자. 음주 운전으로 인해 소중한생명을 잃는 일이 빈번하니 많은 목숨을 살리기 위해 음주운전의 뿌리를 뽑으려 한다. 어떻게 하면 좋을까?

혹자가 이런 아이디어를 낸다. 음주 운전이란 음주와 운전을 동시에 하거나 바로 이어서 하는 행위니, 둘 중 하나를 원천 금지하면 자연스럽게 음주 운전도 사라질 것이라는 의견이다. 맞는 말이다. 우리 사회에서 음주나 운전 중 하나가 사라지면 음주 운전으로 인해 소중한 생명을 잃는 일이 분명 크게 줄 것이다. 최선을 다하기로 했으니 그럼 그렇게 할까?

하지만 어찌 된 일인지 반대가 심하다. 무조건적인 반대는 아니고 나름의 이유는 있다. 가령 운전을 금지하면 응급 환자 이송마저 어려워져, 그로 인해 목숨을 잃는 이들도 생긴다. 그러니 만약 음주와 운전 둘 중 하나를 금지한다면 운전보다 음주를 금지해야 할 듯하다.

그런데 여기에도 반대가 만만치 않다. 대체 어찌 된 일일까? 사람의 목숨을 살리기 위해서는 최선을 다할 줄 알았는데, 운전과 음주는 건드리지 않는 선에서 최선을 다하자는 의미였을까?

괜찮다. 다른 아이디어도 있다. 이번 아이디어는 모든 자동차의 운전석에 음주 측정기를 설치하여, 운전자의 알코올 농도가 기준치 이하로 측정되어야만 시동이 걸리게 하자는 내용이다. 역시 좋은 의견이다. 현재 기술로 충분히 가능하다. 아니, 이미 오래전부터 가능한 기술이었다. 그런데 왜 아직도 적극적으로 시행하지 않는지 의아하다. 물론 모든 자동차에 그런 장치를 설치하면 자동차 가격이 인상되겠지만, 역시 소중한 생명을 지키기 위해서라면 모두가 그런 비용 정도는 감수할 것이다.

아닌가? 이번에도 최선을 다한다는 말이 그런 의미는 아

　타인이라는 세계

니었던가? 번거로움과 비용은 건드리지 않는 선에서 최선을 다하자는 의미였을까?

구체적으로 상상해 보기 전에는 사람의 목숨을 살리기 위해 최선을 다한다는 문장이 무슨 이견이 있을까 싶을 정도로 맞는 말 같아 보였다. 그런데 이제는 그 말이 무슨 의미였는지가 모호해지기 시작한다. 피상적으로 전달되던 언어가 구체적인 현실로 다가오는 순간, 그 의미는 상당히 초라해진다.

더불어 앞서 의료진과 공무원을 비난했던 행동도 무색해진다. 환자의 생명을 살리거나 자연재해에 대비하는 일은 병원이나 관청에서 근무하는 누군가의 일일 뿐, 나하고는 상관없는 일 같으니까 쉽게 비난했던 것은 아닐까? 하지만 전체를 놓고 보면 어떻게 나와 상관이 없겠는가. 상관있지만 외면하는 것이다. 그리고 그렇게 외면하니 생명과 목숨을 살리기 위해 최선을 다해야 한다고 쉽게 말할 수 있다. 그 생명과 목숨이 나와 관계있음을 깨닫는 순간 그것은 참으로 무거운 말이 된다. 그 관계의 고리를 상상하지 않는 동안에만 부담 없이 가볍게 말할 수 있는 것이다.

'최선을 다한다'라는 말을 우리는 금방 이해한다. 하지만 단지 말을 이해하는 것만으로는 충분하지 않다. 그 최선이 실제 현실에서 무엇인지를 구체적으로 상상해야 한다. 그리고 머릿속 상상과 머리 밖 현실 사이의 간극을 줄이기 위해 더 나아가야 한다. 그래야 듣기에는 그럴싸하지만 막상 따지고 들면 알맹이가 비어 있는 말들의 실상이 드러난다.

언어 사용의 어려움

마음이론은 일종의 상상력 공장이다. 언어는 이 공장에 들어가는 재료다. 마음이론이라는 공장은 공급되는 재료에 따라 현실과 전혀 동떨어진 상상도 아주 그럴듯하게 만들어낸다. 이 같은 언어와 마음이론 간의 관계를 알면 언어 사용을 더 조심하게 된다.

물론 아무리 조심해도 충분치 않다. 지금 이 책을 쓰면서도 그렇다. 문장을 몇 번씩 고치는지 모른다. 분명 더 이상 고칠 데가 없는 문장이라고 생각했는데 다음 날 보면 또 고칠 부분이 눈에 들어온다. 예술적 명문장을 쓰려는 것도 아니고 그저 편하게 읽히면서 오해의 소지가 없는 문장이면 충분한데, 그것이 쉽지 않다.

다행히도 글로 쓰는 문장은 세상에 내놓기 전에 여러 번 고칠 수 있다. 하지만 말은 그럴 수 없다. 그렇기에 말에는 미처 다 따질 수 없을 만큼 오해의 씨앗이 많이 숨어 있다.

그래서 언어 표현은 늘 신중해야 하지만, 아무리 신중해도

 타인이라는 세계

부족하다는 사실을 깨닫게 된다. 이 사실에 생각이 닿으면 말이 참 무서워진다. 말한다는 것은 글로 치면 초고를 쓰자마자 바로 공개하는 셈이다. 글을 써본 사람은 알겠지만 처음 쓴 글을 고치지 않는 경우는 드물다. 조금 더 책임질 수 있을 만한 표현에 다가가기 위해 여러 번 고치기 마련이다. 하지만 말은 고칠 기회도 없이 한달음에 입 밖으로 나가 버린다.

'어차피 완벽하게 말할 수 없는 거, 아무 말이나 내뱉어도 되잖아' 하고 생각하는 사람이 있을지 모르겠다. 하지만 다른 방향, 그러니까 책임을 회피하는 대신 잘못을 인정하는 방향으로 생각할 수도 있다. 그래서 자기가 뱉은 말에 대해 사과하고 정정하는 것이다.

그러면 또 '어차피 사과하고 정정하면 되는 거, 아무 말이나 내뱉어도 무슨 상관이야' 하는 사람이 있을지도 모른다. 하지만 우리는 가능한 한 진실만을 말해야 한다. 물론 최선을 다해도 거짓에서 완전히 자유로워지기란 어렵다. 그래도 가능한 한 진실만을 말한다는 원칙이 지켜질 때, 우리는 실수를 인정하고 정정하는 선에서 가치 있는 말을 이어갈 수 있다.

실수는 언어를 사용하는 우리 인간의 숙명이다. 말하는 사람도, 말을 듣는 사람도 이 사실을 늘 기억해야 한다. 그래야 내 말이 틀렸을 때 과하게 수치스러워하지 않을 수 있고, 남의 말이 틀렸을 때 과하게 비난하지 않을 수 있다. 실수를 인정하고 오해와 편견을 건설적으로 바로잡아 나가는 방식이 바람직한 문화로 정착되면, 우리가 내뱉은 말이 진실을 비껴 갔을 때 제대로 사과하고 정정할 수 있다. 그런 사회가 실수를 덮기 위해 침묵하거나 거짓말을 늘어놓는 사회보다 훨씬 건강할 것이다.

   타인이라는 세계

기억은 어떻게 오염되는가

내가 교통사고 목격자라면

이번에는 기억이라는 영역을 살펴보자. 내 기억에 오류가 있다는 사실을 순순히 받아들이기란 쉽지 않다. 그래서 과학자들이 진행한 여러 실험을 통해 증명된 결과부터 함께 보려고 한다.

가장 먼저 소개할 실험은 심리학 분야에서 유명한 교통사고 목격 실험이다.[1] 이 실험에서는 실험에 참여한 학생들에게 자동차 사고 영상을 보여주고 영상 속 자동차의 속도를 추정해 보라고 했다. 방금 본 영상을 기억해서 속도를 알아맞히게 한 것이다. 그런데 질문의 표현을 다양하게 바꿔보았다.

"자동차가 부딪쳤을 때 속도가 대략 얼마나 되었나요?"

“자동차가 충돌했을 때 속도가 대략 얼마나 되었나요?”

“자동차가 접촉했을 때 속도가 대략 얼마나 되었나요?”

질문의 차이를 눈치챘을 것이다. 각각 ‘부딪치다’, ‘충돌하다’, ‘접촉하다’라는 다른 단어를 사용했다. 위 질문 중 하나를 골라 학생들에게 묻는 실험이었다. 결과는 어땠을까? 이 글을 읽고 있는 독자라면 실험 결과를 예상했을 듯하다. 맞다. 질문에 따라 답이 달라졌다.

자동차가 ‘접촉’했다고 들은 학생들이 대답한 속도가 가장 느렸다. 자동차가 ‘충돌’했다고 들은 학생들이 대답한 속도가 가장 빨랐다. 자동차가 ‘부딪쳤’다고 들은 학생들이 말한 속도는 그 중간이었다. 단어 하나만 바뀌었을 뿐인데 실험 참가자들의 답이 달라졌다.[2]

이것만으로도 흥미롭다. 그런데 이 실험 결과가 질문에 쓰인 단어에 따라 자동차의 속도를 다르게 기억한다는 사실을 보여주는 것일까? 그렇게 결론 내리기는 이르다. 어쩌면 기억과 무관한 다른 요인에 의해 답이 달라졌을 수도 있기 때문이다. 예를 들어 각 질문이 암시하는 바에 자기도 모르게 반응했을 수 있다. 이를테면 ‘시속 50~60킬로미터쯤 되겠네’라고 생각한 사람 중에 자동차가 ‘접촉’했다고 들은 이는 시속 50킬로미터였다고 속도를 낮춰 대답하고, ‘충돌’했다고 들은 이는 시속 60킬로미터라고 속도를 높여 대답했을 수 있다. 이런 경우라면 이 실험은 기억과 무관하다.

연구자들도 그렇게 생각했기에 다음 실험을 이어갔다. 비슷한 방식으로 자동차 사고 영상을 보여주고 나서 이번에는 표현이 다른 질문 두 개를 준비했다.

"자동차가 부딪쳤을 때 속도가 대략 얼마나 되었나요?"

"자동차가 충돌했을 때 속도가 대략 얼마나 되었나요?"

여기까지는 앞의 실험과 비슷하다. 그리고 일주일 뒤에 참가자들을 다시 만나 새로운 질문을 했다.

"지난번 영상에서 깨진 유리를 보았나요?"

참고로 그 사고 영상에 깨진 유리는 없었다. 그런데 일주일 전에 자동차가 '충돌'했다고 들은 사람들이 '부딪쳤'다고 들은 사람들보다 월등히 높은 비율로 깨진 유리를 보았다고 대답했다. 다시 말해 일주일 전에 들은 단어가 기억에 영향을 준 것이다. 자동차가 느리게 부딪칠 때보다 빠르게 충돌할 때 유리가 깨질 가능성이 높으니, 각자가 들은 단어에 더 어울리는 방향으로 기억이 달라졌다고 연구자들은 해석했다.[3]

이후 비슷한 연구가 많이 이루어졌다. 교통사고를 내는 대신 안전 운전을 하는 실험도 있다.[4] 이 실험에서는 자동차가 정지 표지판 또는 양보 표지판 앞에 멈추는 장면을 실험 참가자들에게 보여주었다. 그런 다음 참가자들에게 설문지를 작성하도록 했다. 설문에는 다음 두 질문 중 하나가 포함되어 있었다.

"자동차가 정지 표지판 앞에 멈추었을 때 다른 차가 지나갔나요?"

"자동차가 양보 표지판 앞에 멈추었을 때 다른 차가 지나갔나요?"

질문의 요지는 다른 차가 지나갔는지를 묻는 것이지만 그와 별개로 표지판의 종류를 콕 집어서 언급했다. 어떤 표지판이었는지 암시하는 단어를 슬쩍 끼워 넣은 것이다. 이때 참가자들이 본 장면 속 표지판을 올바로 지칭한 질문도 했고, 일부러 틀리게 언급한 질문도 했다. 그러고 나서 어느 정도 시간이 지난 후 참가자들에게 다시 자동차가 멈추는 장면을 보여주었다. 이번에는 정지 표지판 앞에 자동차가 멈추는 장면과 양보 표지판 앞에 자동차가 멈추는 장면을 나란히 제시하면서 둘 중 실제로 보았던 장면을 고르게 했다. 결과는 어땠을까? 예상하다시피 실제로 등장한 표지판이 아니라 자기가 설문지에서 읽은 표지판을 고르는 비율이 높았다.

그런데 이번에도 기억과 무관한 결과일 가능성이 있다. 그저 질문에 담긴 암시에 순응했을 수도 있지 않은가. 예를 들

    타인이라는 세계

어 어떤 이는 분명 정지 표지판을 보았다고 기억했는데, 질문에선 양보 표지판이라고 하니 그냥 양보 표지판을 골랐다. 이런 경우라면 자신감이 부족해 대답을 달리했다고 볼 수 있다.

이 가능성을 배제하기 위해 후속 실험에서는 속임수를 모두 밝히고 질문했다. 표지판 종류를 일부러 틀리게 질문했을 수도 있으니, 직접 본 장면의 표지판과 설문지에서 읽은 표지판을 구분해서 말해달라고 한 것이다. 이렇게 바로잡을 기회를 주었음에도 불구하고, 올바른 기억을 떠올려 답을 정정하는 참가자는 극히 드물었다.[5]

이제 보니 마음이론만 상상력 공장이 아니었다. 기억 또한 언어를 재료로 사실과 다른 무언가를 만들어내는 상상력 공장이었다.

우리의 상상은 현실이 된다

언어 말고도 기억의 상상력 공장에서 사용하는 다른 재료가 더 있을까? 이번에 소개하는 실험에서는 연구의 목적을 모르는 학생들에게 한 사무실에 들어가 잠시 기다리도록 했다. 그런 다음 자리를 옮겨 방금 본 사무실에 대한 기억을 떠올리는 검사를 진행했다. 학생들이 대기했던 장소는 대체로 평범한 사무실이었지만, 실험을 위해 몇 가지 사전 준비가 이루어졌다. 일반적인 사무실에는 책상, 달력, 연필, 지우개처럼 사무실에서 볼 것이라고 기대할 만한 물건들이 있을 것이다. 그런데 이번 실험에서는 그중 몇 가지를 일부러 치워놓았다. 가령 책 같은 물건을 없앴다. 반면 해골이나 나무껍질처럼 일반적인 사무실에서 보기 힘든 물건을 갖다 놓았다. 참가자들은 사무실에서 나올 때까지 이것이 무슨 연구인지 몰랐으니, 거기 있는 물건들을 딱히 눈여겨봐 둬야 하는지도 몰랐다. 연구자들은 참가자들을 다른 장소로 이동시킨 다음 사무실을 기억해 내게 했다.

그 결과 사람들은 일반적으로 사무실에 있을 만한 물건들을 더 잘 기억했다. 그런데 실제로 있었던 물건들만 잘 기억한 게 아니었다. 거기 없었더라도 일반적으로 사무실에 있을 만한 물건이면 기억을 해냈다. 예를 들어 책이 없었는데 있었다고 기억한 것이다.[6]

엄밀히 말하면 기억이 아니라 일종의 상상이다. 없는 것을 떠올렸으니까 말이다. 굳이 기억으로 분류하자면 아마도 다른 사무실에서 보았던 물건을 잘못 기억했을 것이다.

이 경우에는 언어의 암시를 받지 않았다. 앞의 실험에서처럼 누군가가 사실이 아닌 단어를 슬쩍 흘려서 기억에 오류가 생긴 게 아니다. 그럼 어떤 이유로 사무실에 없던 물건을 기

 타인이라는 세계

억한 걸까? 언어 말고 다른 종류의 암시라도 받은 걸까? 그렇게 볼 수도 있겠다. 바로 자신의 경험과 지식으로부터 암시를 받은 것이다. 일반적인 사무실에는 대개 어떤 물건들이 있더라는 경험 내지 지식이 있다. 참가자들에게도 그런 경험이나 지식이 있었을 테고, 그것이 기억을 만들어냈다고 연구자들은 해석했다. 다르게 말하면 고정관념이 기억에 영향을 준다고 할 수 있다.

비슷한 다른 연구에서는 학생들로 하여금 강의를 들은 후 강사의 행동을 기억해 보도록 했다. 강사는 일부러 강의에 어울리는 행동도 하고 어울리지 않는 행동도 했다. 예를 들어 칠판을 가리키거나 칠판에 기대는 행동, 책을 펼치는 행동, 학생에게 종이를 나눠 주는 행동은 강의에 어울린다. 반면 머리를 긁거나, 안경을 닦거나, 커피를 홀짝이거나, 손목시계를 풀거나, 바닥에서 연필을 줍는 행동은 덜 어울린다. 강의 중에 해도 이상하진 않지만 일반적으로 기대할 만한 행동은 아니다.

실험 결과 학생들의 기억에서 오류가 발견되었다. 강의에 어울리는 행동의 경우, 실제로는 일어나지 않았는데 일어났다고 기억하는 경우가 많았다. 앞의 사무실 연구와 비슷한 결과다. 강사의 행동에 대해 학생들이 일반적으로 가지고 있는

경험과 지식이 기억을 만들어냈다고 연구자들은 해석했다.[7]

일반적인 사무실에서 볼 것이라고 기대하는 물건이 있는 것처럼 일반적인 강의실에서 볼 것이라고 기대하는 행동도 있다. 이런 기대나 고정관념도 언어 못지않게 속임수에 능한 모양이다. 슬쩍 흘려들은 단어에 부합하는 방향으로 기억이 달라지듯, 이미 갖고 있던 고정관념에 부합하도록 기억이 달라지는 것이다.

거짓 기억이 이토록 쉽게 만들어진다면 기억을 일부러 주입하는 일도 가능하지 않을까? 맞다. 충분히 가능하다. 한 연구에서는 대학생 참가자들의 동의를 얻어 그들의 어린 시절에 대한 정보를 부모로부터 얻었다. 이를 토대로 참가자들이 실제로 겪었던 일의 목록을 만든 다음, 거기에 거짓 정보를 끼워 넣었다. 예를 들어 생일 파티에 광대가 왔던 일이라든지, 귓병이 의심되어 병원에서 하룻밤을 보낸 일처럼 각자가 겪은 일과 겪지 않은 일이 섞인 목록을 만들었다. 그런 다음 참가자들에게는 그들의 부모로부터 모든 정보를 얻었는데, 그 일들을 당사자는 얼마나 기억하는지 알아보려 한다고 설명했다. 그리고 며칠 간격을 두고 두 번에 걸쳐 만나 해당 목록에 대해 얼마나 기억하는지 질문했다.

첫 만남 때는 아무도 거짓 사건을 기억하지 못했다. 두 번

　　　　　　　　　　타인이라는 세계

째 만남 때는 어떻게 되었을까? 우선 실제 일어났던 일들에 대한 기억도 늘어났고, 일어나지 않은 거짓 사건들도 참가자 중 5분의 1이 기억했다. 며칠 전에 처음 들은 거짓 사건이 어느새 기억의 일부가 되어버린 것이다.[8]

이 밖에도 연구자들은 다양한 내용의 거짓 기억을 만들어 내는 데 성공했다. 어릴 적 쇼핑몰에서 길을 잃은 일이라든지, 지인의 결혼식에서 뛰어놀다가 그릇을 엎지른 일, 혹은 사나운 동물에게 심하게 공격당한 일 등 실제로는 경험하지 않았는데도 기억하게 만들 수 있었다.[9] 영국 어린이를 대상으로 한 실험에서는 심지어 찰스 왕세자와 차를 마신 기억까지 만들어내기도 했다.[10]

사실 이런 연구에서도 언어가 약간의 장난을 친 셈이다. 참가자들의 기억을 묻기 전에 부모나 가까운 지인으로부터 정보를 얻었다고 설명했기 때문이다. 그러니까 실제로 일어난 일이라는 암시를 준 것이다. 만약 그런 암시를 주지 않는다면 어떻게 될까? 그래도 거짓 기억이 쉽게 만들어질까? 그렇다. 단순히 어떤 일을 상상해 보도록 한 뒤에도 그것을 실제 겪은 일이라고 믿는 사람들이 있었다. 개인차가 있긴 하지만 상상은 기억이 될 수 있다.[11]

한 가지 짚고 넘어 가야 할 부분이 있다. 일어난 일을 기억하는 것과, 기억은 안 나지만 그 일이 일어났다고 믿는 것은 매우 다른 현상이다. 물론 기억이 생생하면 그 일이 실제로 일어났다고 믿을 가능성이 높다. 하지만 그 반대는 성립하지 않는다. 어떤 일이 일어났다고 굳게 믿더라도 그것을 기억하지 못할 수 있다. 대표적인 예로 내가 태어난 사실이 그렇다. 기억이 전혀 없지만 그 일이 분명 일어났다고 우리는 굳게 믿는다.[12]

이처럼 기억과 믿음, 혹은 기억과 지식은 별개다. 하지만 앞에서 소개한 연구들도 이 둘을 항상 잘 구분해서 연구하지는 않았으므로, 이 책에서도 둘 사이의 구분을 깊게 파고들지는 않겠다.

인생 왜곡

어떤 물건이나 간단한 사건만 상상해서 기억하는 것을 넘어서서 살아온 인생의 핵심 줄거리를 왜곡해서 기억할 수도 있을까? 앞에서 이런 이야기를 잠깐 소개했다.

"부모가 허락해 주지 않아서 가수가 되지 못했어."

물론 이런 말들도 사실일 수 있다. 하지만 부모의 말을 들어 보면 사실 여부가 의심스러운 경우도 있다. 만약 사실이 아니라면 어떻게 이런 믿음이 생기게 되었을까?

지금까지 우리는 다양한 암시가 기억을 만들어낸다는 사실을 확인했다. 자동차가 '접촉'했다거나 '부딪쳤'다거나 '충돌'했다고 듣는 데서 오는 언어의 암시, 일반적인 사무실이나 강의실에 어울린다고 기대하는 각자의 경험과 고정관념이 주는 암시가 거짓 기억을 만들어냈다. 그런데 일상에서 만나는 사람들에 대해서도 비슷한 암시가 작동하고 있지 않을까? 그러니까 가족이나 친구 같은 가까운 사람들에 대한 고정관념이나 선입견이 기억에 영향을 주지 않을까? 어느 우연한 기회에 생각이 특정한 방향으로 한 번 자리 잡으면, 이후로는 자신의 고정관념과 선입견에 부합하는 기억만 살아남을지도 모른다. 앞서 소개한 실험에 참가한 많은 사람처럼 자기도 모르게 그런 일이 벌어지는 것이다.

이처럼 인생에서 소중한 관계에 대해 왜곡된 해석과 기억이 맞물려 돌아가다 보면 자신의 인생사 전체를 그렇게 정의 내릴 수도 있다. '나는 사랑받지 못했어.' '나는 버림받았어.' '나는 매번 이용만 당하지.' '나는 너무 억울해.' '나는 남들에게 부담스러운 존재야.' 이런 자기 인생의 왜곡이야말로 몹시 까다로운 문제다. 직접 겪은 기억들이 왜곡된 고정관념을 뒷받침하기 때문이다. 비록 사실과 다른 기억들이지만 의심하는 마음을 갖게 되더라도 대항하기가 어렵다. 고정관념과 선입견이 가짜 기억 내지 선별된 기억을 만들어내고, 그 기억들이 다시 고정관념과 선입견을 강화하는 악순환 속에 갇히고 만다. 어쩌면 이것이 근본적인 심리 치료가 쉽지 않은 이유일지 모른다.

직접 겪은 일에 대한 기억에는 한 가지 맹점이 더 있다. 그 기억에 자기 자신은 없다는 점이다. 기억 속에서는 자신의 모습을 볼 수가 없다. 대개 자신 '이' 본 기억이지 자신 '을' 본 기억이 아니므로 자기 모습에 대한 정보는 별로 없다. 예를 들어 누가 나를 경멸의 눈초리로 본 기억이 있다고 해보자. 나는 상대방의 그런 태도를 부당하다고 기억한다. 하지만 당시 내 모습이 어땠는지는 알기 어렵다. 혹시라도 당시 내 모습이 떠오른다면, 그 모습은 내가 눈으로 본 장면이 아니라 내가 상상한 내 모습일 것이니 사실과 다를 수 있다. 다행인지 불행인지 만약 누군가 그때의 내 모습을 동영상으로 찍어 보여준다면 어떨까? 어쩌면 상대방이 보인 경멸 등의 반응이 그리 부당하게 느껴지지 않을지도 모른다.

간혹 해외에 나가서도 그런 느낌이 들 때가 있다. 현지인에게 어떤 안 좋은 대우를 받고 나서 그게 인종차별인지 아닌지 애매할 때가 있다. 혹시 인종차별이 아니라 그냥 답답하고 어리바리한 사람에 대한 일반적인 반응은 아니었을까?

그곳에 갓 도착한 나는 분명 현지 언어도 서툴고 현지 문화에 대해서도 모르는 게 많았을 테니 말이다.

일반적이라고 해서 바람직한 반응이라는 뜻은 물론 아니다. 상대가 설령 서툴고 답답하더라도 그런 식으로 대하는 것은 품위 없고 미성숙한 태도가 맞다. 하지만 적어도 인종과 관련 없는 반응이었을지 모른다.

하지만 이미 지나간 일을 나중에 새롭게 바라볼 기회는 별로 없으니, 대개 처음 받은 인상을 그대로 유지하는 경우가 많다. 한 번 인종차별이라는 인상을 받고 나면 그 사건은 평생 인종차별을 당한 경험으로 기억될 가능성이 높다.

해외라는 낯선 환경에서 겪는 경험 말고 인간이라면 모두가 반드시 겪는 낯선 경험도 있다. 바로 어린 시절이다. 누구나 어릴 적에는 이 세상이 새롭고 신기한 일로 가득하게 느껴진다. 그 시절에는 일상생활 자체가 낯설었던 셈이다. 그래서 주변에서 일어나는 일을 충분히 이해하지 못하거나, 사람들의 반응이 당황스럽거나 이해할 수 없을 때도 많았을 것이다.

예를 들어 부모가 다투는 모습을 보는 아이는 그 일이 왜 벌어졌는지, 성격 차이 때문인지, 경제적 곤궁 때문인지, 양가 친척들로 인한 갈등인지, 부모 중 한 명이 외도했는지, 혹은 자기가 잘못해서 부모가 갈등을 빚게 된 것인지 제대로 이해하기 힘들다. 부모가 자주 화를 내는 경우에도 마찬가지다. 아이는 부모가 화난 이유가 다른 일로 스트레스를 받아 신경이 날카로워진 탓인지, 요즘 건강이 안 좋아 몸이 힘들다 보니 짜증이 늘어난 것인지, 혹은 자기가 잘못했기 때문인지, 만약 잘못했다면 그 정도로 화낼 일이 맞는지, 아니면 부모가 자기를 미워해서 더 심하게 화내는 것은 아닌지 혼란스러울 수 있다. 부모가 슬퍼하거나, 헤어지거나, 심지어 부모 중 한 명이 병으로 사망하기라도 하면 아이는 왜 그렇게 되었는지, 자기가 부모를 힘들게 해서 그렇게 된 것은 아닌지, 자기가 착하지 않아서 부모가 슬퍼했고 그런 자기를 부모가 사랑하지 않아서 멀리 떠난 게 아닌지 오해할 수 있다. 어릴 때는 세상이 이해하기 힘든 낯선 곳으로 느껴지기 때문이다.

그런 시절에 부모나 가족 중 누군가에 대한 어떤 생각이 뇌리에 꽂히게 되면, 설령 아직 어려서 그 상황을 제대로 이해 못 해 떠올린 엉뚱한 생각일지라도, 이후로는 그 고정관념과 선입견에 부합하는 기억만 강화된다. 그러다 보면 나중에 성인이 되었을 때 사실로부터 상당히 거리가 먼 지점까지 마음이 떠내려갈 수도 있다.

                          타인이라는 세계

“부모가 허락해 주지 않아서 가수가 되지 못했어.”

이런 기억이 개인 역사의 왜곡이자 자기 삶에 관한 거짓말인 경우가 있기도 하지만, 그렇다고 일부러 하는 거짓말이 아니라 자기도 모르게 벌어지는 기억의 장난일 수도 있다.

게다가 기억은 한 번 저장되고 끝나지 않는다. 한 번 경험한 일도 여러 번 새롭게 저장된다. 왜냐하면 우리는 기억을 곱씹기 때문이다. 그런 식으로 기억은 단단해진다. 공부할 때 재차 복습하면 기억에 오래 남는 것과 마찬가지다.

또한 어떤 사건에 대해 떠올릴 때 우리는 사건 전체를 다 떠올리지 않고, 특정 부분만 집중적으로 떠올린다. 그러다 보면 특정 부분만 더 잘 기억하게 된다. 예를 들어 부모가 혼낸 장면만 더 잘 기억할 수 있다. 그 장면 직전에 자신이 어떤 행동을 했는지는 떠올리지 않으면서 말이다. 그러다 보면 반복해서 떠올리는 부분은 단단해지지만 그 주변 기억은 희미해진다. 그 결과 혼난 이유는 모른 채, 혹은 혼날 이유가 없었다고 생각한 채 혼난 지점만 기억할 수 있다.

사무실의 물건을 기억하거나 강의 중 강사가 한 행동을 기억할 때처럼 기억이 희미해진 자리는 이미 가지고 있던 고정관념이나 선입견에 들어맞는 가짜 기억이 차지할 수 있다. 예를 들어 ‘엄마가 나를 미워했어’라는 선입견이 생긴 아이라면 엄마에게 억울하게 야단맞은 장면들이 그 자리를 차지할 수 있다. 게다가 우리는 없던 깨진 유리도 만드는 존재다. 그러니 가족 관계에서도 선입견이 있으면 실제로는 없었던 세부 사항이 기억에 추가될 수 있다. 이에 자신의 믿음을 뒷받침하는 장면들은 더 생생해진다.

이 세부 사항들이 실제 경험과 차이가 나더라도 우리는 이 기억을 좀처럼 의심하기 어렵다. 엄연히 기억하고 있는 내용이기 때문이다. 심지어 더 생생하다. 하물며 고정관념과 선입견에 잘 들어맞으니 의심할 이유가 없다.

앞에서 말했듯이 우리는 기억을 곱씹곤 한다. 그런데 기억을 떠올릴 때마다 매번 똑같이 떠올릴까? 아무래도 원래 일어난 일을 그대로 떠올리기는 힘들다. 떠올릴 때마다 조금씩 변형된다. 때로는 약간의 변명이나 합리화도 덧붙여진다. 다들 이런 경험이 있을 것이다. ‘그때 내가 왜 그렇게 말했지?’ 하고 자괴감이 들던 일도 계속 생각하다 보면 ‘맞아. 내가 그래서 그렇게 말했지’ 하고 이유를 떠올리게 된다. 그것은 원래 있던 이유를 기억해 낸 것일까, 아니면 당시에는 없던 이유를 새롭게 덧붙인 것일까? 적어도 일부는 새롭게 창조한 변명과 합리화일지 모른다. 그러다 보면 어떤 기억은 그 변명과 합리화에 따라 달라진다. 소소한 암시와 고정관념, 선입견이 얼마나 쉽게 우리의 기억을 바꿀 수 있던가. 그러니 꺼냈다 집어넣기를 반복하는 기억의 반추 과정 중에 본래의 기억이 왜곡될 가능성은 얼마든지 있다. 게다가 어디까지가 일부러 하는 거짓말이고, 어디서부터가 본의 아니게 휘말린 기억의 왜곡일지 알아채는 일은 대단히 어려울 것이다.

마지막으로 걱정되는 점이 하나 있다. 낯선 세상을 이해하기 어려운 어린아이들은 왜곡된 기억에 더 취약할 수 있다는 이야기를 읽은 부모님들이, '아이가 부모를 원망하는 건 거짓 기억 때문이니까 너무 진지하게 받아들일 필요는 없겠구나'라고 생각하면 곤란하다. 그보다는 '아이의 머릿속에 어떤 고정관념이나 선입견이 일단 한 번 들어서면 이후에 되돌리기가 쉽지 않겠구나'라고 생각해야 한다. 회복이 불가능하지는 않지만 거기에는 큰 노력과 희생이 따른다. 그러니 애초에 그런 고정관념과 선입견이 생기지 않도록 주의해야 한다. 같은 글을 읽고도 내용을 영 다르게 기억하는 분들이 있어 다시 한번 명확히 이야기해 본다.

범죄의 재구성

기억의 오류에 대해 알고 나니 걱정되는 분야가 있다. 바로 범죄 재판이다. 재판에서는 피해자나 목격자의 증언이 중요하다. 그런데 그 증언의 출발점이 바로 기억이다. 이제 우리는 기억이 얼마나 오류에 취약한지 알게 되었다. 기억이란 신뢰할 수 없는 녀석이자 일종의 사기꾼이라고도 할 수 있다. 그런 기억에 의존한 증언을 법정에서 중요하게 취급해도 될까? 아예 무시할 수는 없겠지만, 과연 어느 정도로 중요하게 다뤄야 할까?

흥미로운 연구를 하나 소개한다. 연구자가 정체를 숨긴 채 은행을 방문했다. 그리고 허술하게 위조된 서류를 은행 직원에게 제시하고 현금을 인출하려 시도했다. 척 봐도 위조된 것이 분명한 서류였기에 여러 은행 직원이 현금 지급을 거부했다. 재차 요구해도 거부당하자 연구자는 크게 화를 낸 뒤 위조 서류를 챙겨 황급히 은행 밖으로 나가버렸다. 그러고 나서 몇 시간 뒤에 다른 연구자가 경찰 행세를 하며 은행을 방문했다. 참고로 창구 직원은 이 상황이 실험이라는 사실을 몰랐지만, 각 은행의 지점장들과는 미리 상의가 되어 있었다. 그래서 지점장을 통해 몇 시간 전 용의자를 응대했던 직원을 만나 면담했다. 면담 말미에서는 총 여섯 명의 사진을 보여주며 용의자를 지목해 달라고 했는데, 그 여섯 명 중에는 아까 왔던 사람이 포함되어 있을 때도 있었고 없을 때도 있었다.

　　　　　　　　　　　　　　　타인이라는 세계

마치 실제 범죄 수사 과정처럼 보이는 이 실험에서 과연 은행 직원들은 용의자를 잘 기억했을까? 먼저 사진에 용의자가 포함되어 있는 경우에는 제대로 기억해 지목한 빈도가 약 절반 정도였다. 사진에 용의자가 포함되지 않은 경우에는 그중에 용의자가 없다고 제대로 말한 빈도가 약 3분의 2 정도였다. 그리고 대부분의 직원이 자신의 기억에 꽤 자신 있다고 답했다.[13]

사실 우리가 궁금한 것은 기억의 정확성보다 부정확성이다. 그러니까 사진에 실제 용의자가 있든 없든 그 사람 대신 엉뚱한 사람을 지목하는 경우가 얼마나 되는가가 중요히다. 잘못된 기억으로 심각한 결과를 초래할 수도 있기 때문이다.

그런데 대다수가 자신의 기억에 꽤 자신 있다고 답한 것에 비하면 정확도가 그리 높지 않다. 불과 몇 시간 전에 바로 코앞에서 용의자를 대면했다는 점을 감안하면 더더욱 그렇다. 실제로는 이보다 더 오래된 사건을 기억해야 하거나 더 멀리서 본 용의자를 기억해야 하는 일도 많을 테고, 더 정신없이 혼란스러운 범죄 현장에서 더 짧은 시간 동안 스치듯이 본 용의자를 기억해야 할 때도 많다. 이 연구에서 보듯 기억의 오류는 단지 연구실에서만 끝나는 게 아니다. 한 사람의 인생에 심각한 영향을 끼칠 수 있다.

형사나 탐정이 주인공인 드라마에서는 에피소드마다 새로운 범죄 사건을 수사할 때가 많다. 그렇게 다양한 사건을 다루다 보면 범인을 잡는 과정이 항상 만족스럽지는 않다. 별 증거 없이 주인공의 추리만으로 범인을 지목할 때가 특히 그렇다. 그럼에도 이 드라마들은 나름 개운하게 사건을 마무리한다. 그럴 수 있는 이유는 결국 범인이 자백하기 때문이다. 주인공의 기발하고 날카로운 추리 앞에 더 이상 빠져나갈 구멍이 없다고 느낀 범인은 정해진 방송 시간에 맞춰 모든 것을 포기한다. 현실의 범인이라면 증거를 대라고 요구하며 뻔뻔하게 버틸 법도 한데 말이다. 하지만 재미로 보는 드라마니까 시청자도 대개 그 정도 결말에 큰 불만 없이 넘어간다. 그러나 이와 비슷한 일이 현실에서 일어난다면 어떨까? 그때도 역시 사건을 개운하게 마무리할 수 있을까?

지금까지 우리는 여러 연구를 통해 인간의 기억이 얼마나 취약한지 알아보았다. 그중에서 특히 은행에서 했던 연구는 범죄 사건에 관한 증언의 신뢰성에 직접적인 의문을 제기한다. 아무래도 기억에 의존한 증언을 법정에서 지나치게 신뢰하는 것은 위험해 보인다. 하지만 증언을 단지 참고 자료로만 활용한다면, 그러니까 곧 범죄를 입증하는 증거가 되는 대신 증언을 토대로 용의자를 지목하는 데 활용한다면, 용의

　타인이라는 세계

자를 붙잡아 심문할 수 있을 것이다. 그 결과 용의자가 범행을 자백하면 설령 다른 증거가 없더라도 괜찮다. 본인이 자기 입으로 자기가 죄를 저질렀다고 하니 이 사람을 용의자로 지목한 증언이 설령 기억의 오류였다고 해도 이제는 문제 될 것이 없다. 드라마로 치면 사건이 개운하게 마무리되었다고 볼 수 있다.

하지만 이런 개운함을 송두리째 뒤흔들 연구 결과도 있어 소개한다. 먼저 대학생 참가자들의 동의를 얻어 그들의 부모로부터 자녀가 10대 초반에 겪은 일에 대한 자세한 정보를 수집했다. 한편 연구진은 그들이 10대 시절에 겪지 않은 일도 준비했는데, 이를테면 폭행이나 절도를 저질러 경찰 조사를 받은 이야기를 자세하게 지어냈다. 그러고 나서 참가자가 당시 실제로 겪었던 일과 겪지 않았던 일을 각각 선정했다. 이후 연구진은 참가자들을 약 일주일 간격으로 세 번에 걸쳐 만나 선정한 정보들을 제시하면서, 모든 정보를 부모로부터 얻었으니 잘 기억해 보라고 요구했다. 그중 꾸며낸 사건이 포함되어 있다는 사실은 말하지 않았다. 그러니까 '정보는 모두 사실인데 문제는 당신이 그것을 기억하느냐 못 하느냐이다'라고 암시한 셈이다. 결과는 어땠을까?

첫 만남 때는 아무도 꾸며낸 가짜 사건을 기억하지 못했다. 당연한 결과다. 정말로 그런 경험이 없는 참가자만 골라서 실험을 진행했기 때문이다. 그런데 마지막 만남에서는 70퍼센트의 대학생이 자백했다. 그중 일부는 당시 경찰 조사를 받은 일에 대해 자세하게 설명했다. 가령 폭행 경험을 자백한 사람들은 당시 경찰관이 어떻게 생겼는지와 같은 세부 사항을 평균적으로 약 12가지나 털어놓았다. 절도 경험을 자백한 사람들은 경찰 조사에 관한 세부 사항을 평균적으로 4가지씩 털어놓았다. 물론 실제로는 겪은 적이 없는 일인데 말이다.[14]

사실 이 연구에 대해서는 비판이 제기된 바 있다. 무려 70퍼센트에 달하는 대학생이 엉뚱한 자백을 한 이유는 거짓 기억보다는 거짓 믿음 때문이라는 비판이다. 기억은 나지 않지만 그 일이 일어났다고 믿게 되었다는 것이다. 그래서 거짓 기억이 생긴 경우와 거짓 기억은 없이 거짓 믿음만 생긴 경우로 구분해야 한다는 주장이었다.

그래서 다른 연구진이 거짓 기억이 생긴 경우로만 국한해 결과를 다시 산출했다. 그러자 30퍼센트 이하의 대학생에게서 거짓 기억이 만들어졌다는 결과가 나왔다.[15]

70퍼센트라는 숫자가 너무 충격적이긴 했지만 30퍼센트도 안심할 숫자는 아니다. 게다가 누군가가 자신의 범죄를

 타인이라는 세계

털어놓을 때, 그것이 기억인지 믿음인지 아무도 자세히 따져
보지 않는다. 자백했다는 사실이 중요하지, 그 자백의 출처
가 기억인지 믿음인지는 별로 관심 없다. 구분하기도 어렵
다. 따라서 취조가 이루어지는 현장에서는 두 숫자 모두 무
시할 수 없는 셈이다.

아무리 그래도 멀쩡한 성인 열 명 중 셋이 자기가 저지르
지 않은 범행을 자백한다는 사실이 믿기지 않을 수 있다. 어
디까지나 연구 결과일 뿐 현실의 멀쩡한 성인과는 동떨어진
느낌을 받을 수도 있다. 그런데 현실의 '멀쩡한 성인'이란 대
체 어떤 사람일까? 참으로 모호하다. 어쩌면 멀쩡한 성인이
란 실존하는 인물이 아닐지도 모른다.

아마 우리 대부분은 자기가 저지르지 않은 범행에 대해 경
찰 취조를 받는 이를 실제로 만난 적이 없을 것이다. 취조실
에 출입하는 직원이 아닌 이상 현실에서는 그런 상황에 놓인
사람을 만나기 쉽지 않다. 그럼 내 머릿속 그 장면은 어디서
온 걸까? 여기 적힌 글을 읽으면서 내가 방금 떠올린 머릿속
취조 장면은 무엇이고 그 장면 안에 등장한 '멀쩡한 성인'은
대체 누구일까? 이때껏 영화나 드라마에서 본 인물들이 두
서없이 뒤섞여 탄생한 누군가일지 모른다. 무심결에 떠올리
는 취조 상황은 아마도 영화나 드라마에서 본 가상의 장면에

서 비롯되었을 테다. 그런 영화나 드라마 속 취조 장면을 화면 밖에서 느긋하게 관람할 때는 멀쩡한 정신을 유지하는 일이 어렵지 않다. 하지만 막상 그 상황에 직접 놓여 다양한 압박과 암시를 받으면 우리 뇌리에 어떤 거짓 기억과 거짓 믿음이 생기기 시작할지 알 수 없다.

인간 심리의 이런 취약성을 고려할 때, 검사와 변호사로 편을 나눠 한쪽에서는 죄를 묻고 다른 쪽에서는 그것을 방어하는 방식이 과연 최선일지 고민된다. 그렇게 편을 나누면 죄를 묻는 입장에선 죄가 있다고 주장하는 역할에 최선을 다할 것이다. 그런 일에 능숙한 전문가가 그토록 열심히 죄를 묻고 근거를 들이대다 보면, 어떤 사람은 자기가 죄를 지었다는 기억이나 믿음이 생길지도 모른다.

물론 기억의 왜곡은 없는 일을 있게 만들기만 하지는 않는다. 있는 일을 기억에서 사라지게 만들기도 한다. 그래서 저지른 범죄를 기억하지 못하는 것 또한 문제가 될 수 있다. 범죄 사실을 통째로 망각하는 경우를 말하는 것이 아니다. 자신이 저지른 범행을 기억은 하는데 그 기억의 몇몇 부분이 조금씩 왜곡되는 경우다. 이때 범행 당사자가 죄책감을 느끼지 않을 정도로만 기억이 살짝 바뀐다면 어떨까? 그러고 보니 끔찍한 범죄를 저지르고도 기억의 왜곡으로 인해 죄책감

　　　　　　　　　타인이라는 세계

을 느끼지 않게 되는 비율이 얼마나 될지 또한 궁금하다.

　법정에서 편을 나눠 승부를 가르고 그 승패가 각자의 실적이 될 때, 자기 쪽 역할에만 몰두하게 되는 것은 공격하는 쪽이나 방어하는 쪽이나 마찬가지다. 다만 변호할 때는 단지 행위의 유무만이 아니라 행위의 맥락을 좀 더 헤아리게 될 것 같다. 왜냐하면 행위의 맥락이 충분히 이해되는 사건이란 일어날 만한 사건이라는 뜻이 되기 때문이다. 물론 맥락을 이해한다고 다 용서가 되는 것은 아니지만, 대개 이런 상황은 검사보다 변호사에게 유리하다.

진실을 위한 뇌는 없다

편견이 우리 마음의 일부가 된 이유

지금까지 기억의 영역에서 발생하는 다양한 오류에 대해 알아보았다. 그런데 어떤 대상을 기억하려면, 우선 그 대상을 내가 경험해야 한다. 그렇다면 이 경험의 단계에서 발생하는 오류는 없을까?

이에 관해 에드워드 애덜슨Edward H. Adelson 교수의 유명한 착시 현상 그림을 가지고 이야기해 보자. 다음 그림을 보면 바닥에 각각 A와 B라고 표시된 네모가 보인다. 그 둘의 색깔을 비교해 보자. 두 네모의 색깔이 같은가, 다른가?

사실 두 네모의 색깔은 같다. 하지만 그림을 아무리 들여다봐도 내 눈에는 다르게 보인다. 분명 A는 진하고 어둡다. B

　　　　　　　　　　　　　　

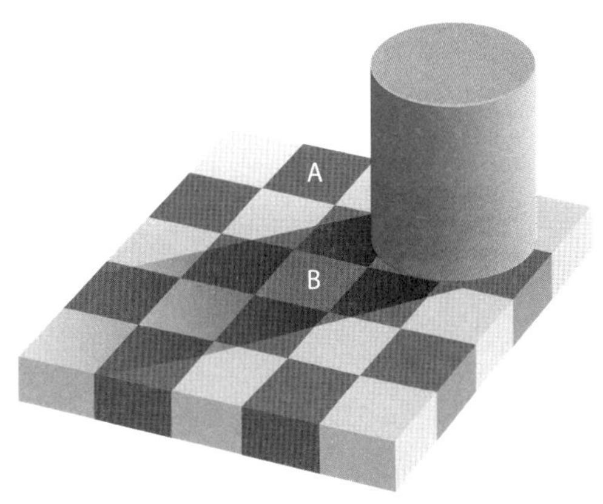

A와 B의 색깔을 비교해 보자[16]

는 연하고 밝다. 적어도 내 눈에는 그렇게 보인다.

나처럼 두 네모의 색깔이 다르게 보인다면, 이번에는 다음 그림을 보자.

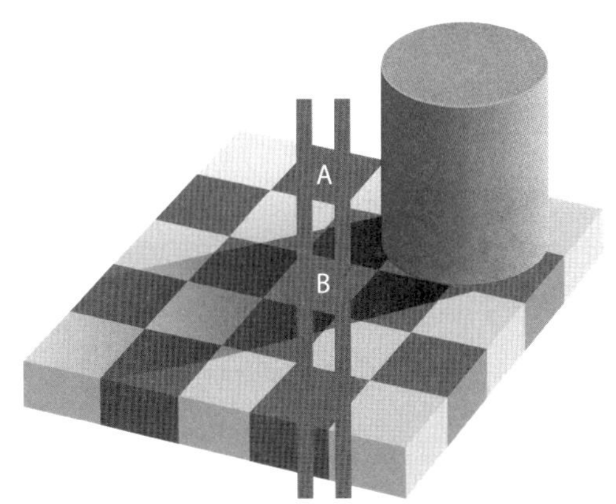

A, B와 세로선의 색깔을 비교해 보자[17]

두 네모의 색깔을 비교하기 위해 세로로 단색의 선을 그려 넣었다. 이 세로선의 색깔을 네모 A와 비교하면 같은 색처럼 보인다. 그런데 이 세로선을 네모 B와 비교해도 색깔이 같다. 그러므로 A와 B는 같은 색깔이다.

하지만 세로선을 치우면 두 네모는 여전히 다른 색으로 보인다. 같다는 사실을 알았으니 같게 보려고 노력했지만 소용없다. 도저히 같은 색으로 보이지 않는다.

왜 이런 일이 벌어질까? 우리 뇌는 두 네모의 색이 같은지 다른지 별로 관심이 없기 때문이다. 즉 사실을 있는 그대로 지각하는 일에는 관심이 없고, 그보다는 전체적인 상황을 이해하는 일에 집중하기 때문이다. 색깔을 있는 그대로 지각한다면 두 네모는 같은 색으로 보여야 한다. 하지만 정확한 색깔을 알아맞히는 대신 전체적인 상황을 이해하려면, 예를 들어 A 네모는 어두운색 타일의 연속된 배열 중 하나고 B 네모는 밝은색 타일의 연속된 배열 중 하나임을 파악하는 것이 목적이라면, 두 네모의 색이 같아 보이는 게 오히려 방해가 된다.

즉 개별 사실로 보면 두 네모는 같은 색깔로 분류해야 맞다. 하지만 전체 상황을 이해하려면 A 네모는 다른 어두운색 타일과 묶고, B 네모는 다른 밝은색 타일과 묶어야 한다. 물

   타인이라는 세계

론 개별 사실과 전체 상황을 모두 올바르게 이해할 수 있으면 좋을 것이다. 일단 두 네모의 색깔을 사실대로 (같게) 인식한 다음, 이어서 전체 상황을 추론하는 방법이다. 그러니까 지각 단계에서는 뇌가 두 네모의 색깔을 같다고 인식하지만, 곧이어 우리 뇌의 더 똑똑한 부분에서 한 번 더 생각하는 것이다.

'아니야. 비록 두 색깔이 같아 보이지만, 잘 살펴보면 옆에 있는 기둥에서 그림자가 내려와 있잖아. 따라서 B 네모는 원래의 색보다 한결 어둡게 보이고 있을 거야. 그렇다면 대체 얼마나 어두워 보이는 걸까? 그림자가 없을 때 B 네모의 원래 색은 어떤 색깔인 걸까? 가만, 이제 보니 바닥 무늬에 일정한 패턴이 있는 모양인데? 한 네모의 대각선 방향으로 이어지는 다른 네모들은 줄줄이 같은 색깔이잖아? 그러니까 A 네모는 그것과 대각선으로 이어지는 다른 네모들처럼 어두운색이고, B 네모는 그것과 대각선으로 이어지는 다른 네모들처럼 밝은 색깔이 아닐까?'

이런 식으로 한 번 더 생각해서 상황을 파악하도록 우리 뇌가 진화하는 것도 가능했을지 모른다. 하지만 복잡하다. 뇌가 할 일이 많아진다. 물론 뇌는 이 과정을 비교적 순식간에 처리할 테지만, 그래도 한눈에 색깔을 지각하는 단계에서 파악해 버리는 게 더 효율적이다. 그래야 뇌의 부담이 준다.

우리 뇌는 왜 이렇게 진화했을까? 이렇게 설명할 수 있다. 만약 우리의 조상이 굶주린 호랑이에게 쫓기던 중 바닥에 이런 음영이 깔린 구간을 만난다고 치자. 인공 타일이 아닌 자연 상태의 바닥에서 이런 음영은 아마도 발 디딜 곳을 알려 줄 것이다. 가령 일련의 밝은 부분은 발을 디딜 만한 돌출부고, 군데군데 어두운 부분은 발이 빠지거나 걸릴 만한 구덩이일 수 있다. 이런 급박한 순간에는 어떤 사람이 유리할까? 한눈에 바닥 전체를 파악해서 자동으로 딛고 넘어가는 사람이 유리할까, 아니면 개별 사실부터 먼저 파악한 다음 다시 전체를 추론하느라 발걸음을 잠깐 멈추는 사람이 유리할까? 이런 상황에서 살아남으려면 더 고민할 필요 없이 즉각 두 네모의 색깔을 다르게 지각하는 편이 생존에 유리할 것이다. 그래서 사실을 왜곡하는 게 있는 그대로를 지각하는 것보다 훨씬 중요하다고 뇌는 판단한다.

이처럼 우리 뇌는 사실보다 설명을 원한다. 꼭 사실에 부합하는 설명이 아니어도 된다. 그보다는 이익을 주는 설명이면 된다. 즉 진화의 과정에서 생존과 번식에 유리한 설명이면 되는 것이다.

　　　　　　　　　　　　타인이라는 세계

선입견을 극복해야 하는 이유

우리가 편견에 저항하기 힘든 이유 중 하나는 그것이 현실을 이해한 듯한 느낌을 주기 때문이다. 설령 사실과 다르더라도 현실을 이해한 느낌을 받아버리면 더 이상 사실을 확인할 필요를 느끼지 못한다. 대신 그 편견을 유리한 방향으로 이용하면 그만이다.

우리의 태곳적 조상은 어땠을까? 가령 동굴 밖으로 나가 식량을 찾던 중 낯선 이를 맞닥뜨려 당혹감과 경계심이 밀려온다면? 바로 상대를 죽이거나 도망가는 게 생존에 유리했을 것이다. 그 낯선 상대가 실은 착한 사람인지, 어떤 사람인지 확인하는 일은 중요하지 않다. 바닥의 네모 색깔에 따라 디딤돌과 낭떠러지를 구분해야 한다면, 묻지도 따지지도 말고 두 네모의 색깔을 다르게 인식해야 유리한 것과 비슷하다. 우리는 현실을 이용 가능한 방식으로 인식하기 위해 사실을 재구성해서 본다.

이 능력으로 얻을 수 있는 이익은 지금보다 과거가 훨씬 컸을 것이다. 태곳적에는 편견에서 비롯한 행동이 생존에 도움을 주었을 가능성이 있다. 하지만 문명사회에서 살아가는 오늘날에는 편견이나 선입견으로 인한 이익이 훨씬 줄었고 생존에도 별 도움이 되지 않는다. 낯선 이방인을 내가 먼저 죽이지 않는다고 해서 반대로 그가 나를 죽일 가능성은 매우 낮으니까 말이다.

게다가 지금 시대에는 낯선 사람이 주변에 좀 많은가? 태곳적과 달리 오늘날에는 집 밖으로 몇 발짝만 나가도 낯선 사람 천지다. 어떻게 그 많은 이를 일일이 생명의 위협으로 간주하고 살겠는가. 이제는 그런 단순한 편견이나 선입견으로 대응하는 데 한계가 있다. 그보다는 차분히 사실을 파악해서 대응하는 편이 유리하다. 사실을 제대로 파악하기 전이라면 섣부른 대응을 보류하고 말이다.

낯선 사람을 대하는 방식만 달라진 것은 아니다. 과학과 기술이 발전하면서 우리는 지각에 의존하는 대신 추론에 의존하는 부분이 크게 늘었다. 단지 눈에 보이는 대로만 이해하려 들었다면 인류의 생활환경은 지금과 아주 다를 것이다. 눈에 보이지 않거나 보이더라도 실제와 다르게 보이는 현상 앞에서도 사실을 사실대로 이해하고, 그것을 토대로 지식과 추론을 확장해 나감으로써 우리는 지금에 이르렀다. 과거에는 공기나 중력의 존재를 지각 못 한 채로도 잘 살았지만, 눈에 보이지 않는 것들에 대한 지식과 추론을 확장해 나간 끝에 이제 우리는 우주 공간에서도 살 수 있게 되었다. 굳이 우주까지 거론하지 않더라도 오늘날의 생활환경은 과거 우리

     타인이라는 세계

조상들이 살던 환경과는 많이 달라졌다. 이전에 써먹던 선입견으로 살아가기 힘든 세상이 된 것이다.

지금까지 이 책을 읽어온 분들은 사람이 언어나 기억을 활용하는 과정에서 선입견이 끼어들 수 있다는 사실을 알고 있을 것이다. 그런데 이제 보니 우리는 세상을 지각하는 단계에서부터 이미 선입견의 안경을 끼고 있다. 이처럼 선입견은 우리가 세상을 바라보는 방식의 아주 기본적인 바탕에 속한다.

이는 선입견을 옹호하기 위한 발언이 아니다. 오히려 그 반대다. 선입견을 제대로 알아야 그것을 더 효과적으로 다스릴 수 있기 때문이다. 그런 점에서 우리에게 주어진 과제가 편견이나 선입견의 발생을 아예 막는 일인지, 혹은 이미 있는 편견과 선입견을 잘 관리하는 일인지 아는 것은 중요하다. 물론 새로운 편견과 선입견의 발생을 막는 노력도 필요하다. 하지만 어쩌면 우리가 해야 할 더 중요한 일은 당연하게 발생하는 편견과 선입견을 반복해서 바로잡는 것일지도 모른다.

아직도 우리 사회는 선입견을 드러낸 사람을 무작정 부정하고 비난한다. 하지만 이렇게 생각해 보자. 만약 선입견이 우리 모두에게 탑재되어 있는 기본 특징이라면, 그것이 겉으로 드러난 사람과 아직 드러나지 않은 사람 간에 차이가 있을까? 어차피 우리 모두는 교묘하게 뿌리 내린 선입견을 가지고 있다. 잘 숨어 있어 쉽게 보이지 않을 뿐이다. 하지만 이제는 선입견의 특성을 알게 되었으니, 눈을 감거나 시선을 돌려 피하는 대신 있는 그대로 직시해 보자. 그러면 오히려 선입견으로부터 자유로워질 수 있다.

　　　　　　　　　　　　　　타인이라는 세계

감정은 느끼는 것이 아니라
해석되는 것이다

위험한 사랑에 끌리는 이유

지금까지 우리는 과거를 기억할 때는 물론이고 당장 일어나는 일을 지각할 때마저도 사실을 왜곡해 받아들이고 있음을 알게 되었다. 감정의 오류는 이보다는 덜 충격적이니 안심해도 된다. 대신 실생활에는 더 유용할 수도 있다.

이번 연구는 매우 유명해 들어본 분도 있을지 모르겠다. 다리를 건너는 보행자에게 설문을 진행한 연구다.[18] 연구에 사용된 다리는 두 종류로, 하나는 건널 때 공포를 느끼는 다리, 다른 하나는 안전한 다리를 준비했다. 건널 때 공포를 느끼는 다리는 건너는 동안 다리가 흔들렸다. 난간도 낮고 약 70미터 아래에는 급류에 부딪치는 바위들도 보였다. 반면 안전한 다리는 흔들리지도 않고, 난간도 높았으며, 다리 아래 시냇물과의 거리가 약 3미터 정도에 불과했다. 연구진은 이 두 다리를 건너는 남성들을 실험 대상으로 삼고 그들이 다리를 건널 때 매력적인 여성이 다가가 설문을 요청하도록 했다. 설문 내용 중 가장 중요한 문항은, 한 젊은 여성이 모호한 동작을 취하고 있는 사진을 보여주며 그 장면에 관한 짧은 이야기를 작성해 보라는 것이었다. 설문이 끝난 뒤에는 설문을 요청한 매력적인 여성이 자신의 이름과 전화번호를 적어주면서, 만약 그 번호로 전화하면 연구에 대해 더 자세히 설명해 주겠다고 제안했다.

이 연구를 통해 연구진이 보려고 했던 것은 두 가지였다. 설문 중 사진을 보고 즉석에서 지어낸 남성들의 이야기에 성적인 내용이 얼마나 많이 포함되는가, 그리고 설문 후 건네받은 전화번호로 얼마나 많은 남성이 전화를 거는가. 그럼 결과는 어땠을까? 공포를 느끼는 다리 위에서 설문에 응한 남성들이 안전한 다리 위에서 응한 남성들보다 성적인 내용이 더 많았고, 설문을 진행한 매력적인 여성에게 전화도 더 많이 걸었다. 연구진의 풀이에 따르면 다리를 건널 때의 흥분 내지 긴장 상태가 눈앞의 이성에게 성적으로 끌리는 느낌으로 해석되었다는 것이다.

참고로 이 연구의 설문 요청 역할을 여성 대신 남성이 담당해 보기도 했다. 그러나 그때는 이야기 속 성적인 내용의 비율도, 설문 후에 전화를 거는 비율도 위험한 다리나 안전한 다리나 차이가 없었다. 이때도 공포심을 유발하는 다리를 건너는 남성 참가자들은 앞에서와 똑같이 흥분하고 긴장했겠지만, 그 반응이 설문을 들고 다가온 남성에게 반했기 때문이라고 착각하지는 않은 모양이다.

이 결과를 토대로 애타게 짝을 찾는 솔로들에게 해줄 수 있는 조언은 무엇일까? 흔들리는 다리를 찾아 그 위를 뻔질나게 돌아다니라는 것일까? 그보다는 이성과 함께 놀이공원을 가라는 조언이 나아 보인다. 실제로 이런 조언이 널리 유행하기도 했는데, 이 연구를 토대로 생긴 이야기일지 모른다. 위험한 다리 위를 걸을 때처럼 스릴이 넘치는 놀이기구를 함께 탑승하면 서로를 매력적으로 느끼는 데 도움이 될 것이라는 조언이었다.

그런데 이 연구에는 중요한 허점이 있다. 이미 의문을 품은 분도 있을 것이다. 두 다리를 건너는 사람의 성향이 처음부터 달랐을지도 모른다는 점이다. 그리고 이러한 성향 차이로 인해 그들이 연구에 임한 방식 또한 달라졌을 수 있다. 예를 들어 위험한 다리를 건너기 좋아하는 사람은 평소에도 모험을 즐기는 부류일 수 있다. 그렇다면 낯선 이성에게 전화를 거는 모험에도 더 적극적일 가능성이 있다. 반대로 안전한 다리를 건넌 사람은 평소에도 안전한 선택을 선호할 수 있다. 따라서 이성에게 전화를 거는 일에서도 더 신중한 경향을 보일 것이다. 이처럼 이 연구는 각자의 성향에 따른 차이를 발견했을 뿐, 다리 위에서 느낀 흥분이나 긴장과는 아무 관련이 없을지도 모른다.

이 허점을 보완하기 위해 후속 실험이 진행되었다. 이번에는 위험한 다리로만 연구하면서 설문 요청 시점에 차이를 두었다. 다리를 건너는 도중에 설문을 요청하기도 하고, 다리를 건넌 뒤 10분 이상 지난 다음에 설문을 요청하기도 했다. 어느 쪽이든 흔들거리는 다리 위로 기꺼이 걸음을 내디딘 사람들이므로, 앞서 우려한 성향 차이는 해소된 셈이다.

그러나 결과는 달라지지 않았다. 공포를 유발하는 다리 위에서 설문에 응한 남성들이 다리를 건넌 뒤 충분히 안정된 상태에서 응한 남성들보다 성적인 내용도 더 많이 작성했고, 전화도 더 많이 걸었다. 다리를 건널 때의 흥분 내지 긴장 상태가 눈앞에 있는 이성에게 성적으로 끌리는 감정으로 해석되었을 가능성이 있다는 의미다.

물론 이 두 번째 실험에도 여전히 해결해야 할 허점이 남

　　　　　　　　　　　타인이라는 세계

아 있다. 예를 들어 설문을 요청한 매력적인 여성의 입장을 생각해 보자. 이 여성도 사람이므로 당연히 무서움을 느낀다. 즉 위험한 장소에서 설문을 청할 때와 위험하지 않은 장소에서 설문을 청할 때 태도가 달랐을 가능성이 있다. 겉으로는 숨기려 했더라도 공포를 느낄 만한 다리 위에서 설문을 청할 때 긴장하거나 겁을 먹고 있었다면, 그러한 인상이 남성에게 전해져 성적인 끌림에 영향을 미쳤을 수 있다. 혹은 이 여성도 자신이 참여한 이 연구 결과를 직접 체감했을 가능성이 있다. 흔들거리는 다리 위에서 느끼는 흥분과 긴장을 상대에 대한 끌림으로 착각하는 경험 말이다. 만약 이러한 끌림이 은연중에 겉으로 드러나 설문을 요청받은 남성에게까지 전달되었다면, 이 남성이 나중에 전화를 걸 가능성을 더욱 높였을 수 있다. 외로운 이들이 놀이공원에 기대를 거는 이유도 바로 이러한 상호작용을 희망하기 때문이지 않은가.

이런 우려를 해소하기 위해 연구진은 또 다른 후속 실험을 진행했지만 여기에서 모든 내용을 소개하지는 않겠다. 요점은 약간의 불안이나 공포가 성적인 끌림으로 해석될 수 있다는 것이다. 다만 여기에는 조건이 있다. 그 불안과 공포의 원인이 무엇 때문인지 모를 때, 혹은 그 원인을 그다지 의식하지 않을 때 착각이 발생한다는 조건이다. 이처럼 다소 무심한 상태에서 약간의 불안 혹은 공포를 느낄 때 매력적인 상대가 나타나 주의를 끌면 그 감정의 원인을 달리 해석할 수 있다. 한마디로 감정의 원인을 착각하는 것이다. 하지만 원인이 너무 뚜렷하면 착각의 여지가 없으므로 무작정 불안과 공포를 조성한다고 해서 되는 일은 아니다. 이 점을 부디 오해하지 않기를 바란다.

혹시 누군가에게 운명적인 사랑을 느낀 적이 있는가? 있다면 과연 그 순간의 느낌을 올바르게 해석한 것일까? 글쎄, 우리는 마음에 드는 대상 앞에서 긴장할 가능성만 생각하지, 반대로 긴장이 되어서 그 상대가 마음에 든다고 착각할 가능성은 고려하지 않는다. 어쩌면 일부 여성들이 나쁜 이에게 끌리는 경향도 이 결과를 통해 설명할 수 있을지 모른다. 소위 '나쁜 남자'라는 말이 있지 않은가. '저 사람은 나쁜 남자다. 가까워지면 위험하다. 그러니 조심하자'라는 긴장감이 상대에 대한 성적 끌림으로 해석될 수 있는 것이다. 이쯤 되면 사랑에 빠졌을 때는 전문 상담사를 찾아가 그 감정의 정체에 관해 먼저 이야기를 나눠봐야 하는 것이 아닐까?

방금 소개한 연구가 암시하는 바를 다소 과장해서 표현하자면, 감정이란 해석하기 나름일지 모른다.

그런데 학계에서는 방금 소개한 연구보다 더 유명한 연구가 있었다. 참가자들에게 약물을 투여한 후, 그 약물로 인한 신체 반응과 그들이 느끼는 감정 사이의 관계를 살펴본 연구다.[19] 실험에 사용한 약물은 심장이 두근거리고, 얼굴이 상기되고, 손발이 떨리는 등의 반응을 일으키는 약물이었다. 그런데 똑같은 약물을 투여한 두 그룹의 참가자들에게 약물에 대한 설명은 다르게 했다. 한쪽에는 약물의 효과를 제대로 설명했고, 다른 한쪽에는 아무 설명도 하지 않거나 엉터리로 설명했다. 약간의 두통, 몸이 가려운 느낌, 발에 감각이 안 느껴지는 현상 등 약물의 효과와 무관한 정보를 제공한 것이다.

이렇게 참가자들에게 약물 주입과 설명을 마친 다음, 새로운 참가자 한 명을 더 데려와 같은 공간에 대기하도록 했다. 사실 이 새로운 참가자는 미리 연습한 대로 행동하는 연기자였다. 이 가짜 참가자는 기분 좋게 들떠 장난을 치거나, 혹은 연구에 대한 짜증과 불만을 토로하거나 둘 중 한 가지를 연기했다. 진짜 참가자에게 비슷한 기분을 전염시키는 일종의 조작 역할을 맡은 것이다. 그리고 연구진은 이때 진짜 참가자들이 어떤 기분을 느끼는지 알아보려 했다.

옆에서 가짜 참가자의 연기가 진행되는 동안, 참가자들의 몸에서는 미리 주입된 약물의 효과가 나타나기 시작했다. 심장이 두근거리고, 얼굴이 상기되고, 손발이 떨렸다. 일반적으로 약물에 의한 이런 신체 반응을 감정이라고 부르지는 않는다. 그러나 참가자 중에는 약물에 대해 제대로 설명을 들은 사람과 듣지 못한 사람이 섞여 있어서, 자신이 느끼는 신체 반응이 약물 때문이라고 알고 있는 이와 모르고 있는 이로 나뉘게 되었다.

약물 때문이라고 알고 있는 이들은 옆 사람이 기분이 좋거나 나쁠 때 그와 비슷한 기분을 느낄 가능성이 낮았다. 반면 약물에 대한 설명을 듣지 못했거나 엉터리 설명을 들은 이들은 옆에 있는 사람의 기분과 비슷한 기분을 느끼는 경향이 증가했다. 즉 약물 때문이라 알고 있는 경우에는 자신의 신체 반응을 감정으로 보지 않았고, 반대로 약물 때문임을 모르는 경우에는 그 반응을 감정으로 해석했다.

앞서 흔들거리는 다리 연구를 설명한 방식과 유사하다. 다시 말해 감정의 원인을 착각하는 것이다. 진짜 원인을 확실히 알고 있으면 착각할 일이 줄지만, 모르고 있으면 착각하여 신체 반응을 감정이라고 오해하게 된다.

그리고 약물에 대한 설명을 듣지 못한 사람과 엉터리 설명을 들은 사람 사이에서도 차이가 발생했다. 엉터리 설명을 들은 쪽이 신체 반응을 감정으로 해석하는 경향이 더 컸다.

   타인이라는 세계

왜일까? 아무것도 모르면 이것이 약물 반응일 가능성을 고려해 볼 수 있다. 그러나 잘못 알고 있으면 그러한 의심마저 차단된다. 어느 쪽이든 간에 원인을 모를 때 우리는 무엇이라도 걸리면 원인으로 지목하려 한다.

진실이 너희를 (아마도) 자유롭게 하리라

감정은 내면의 진실을 깨닫게 도와주는 귀중한 신호일 수 있다. 하지만 언제나 그렇지만은 않은 모양이다. 가장 극적인 예시 중 하나가 공황발작이다. 공황발작이란 심한 불안이나 공포가 갑작스럽게 밀려오는 현상으로, 가슴이 두근거리거나, 숨 쉬기가 답답하거나, 식은땀이 나거나, 몸이 떨리거나, 메스껍고 어지러운 증상이 동반되기도 한다. 얼굴이 화끈거리거나 감각이 마비되는 듯한 느낌이 들 수도 있고, 급기야 이러다 미치거나 죽을 것 같다는 공포를 느끼기도 한다.

공황발작 치료를 시작할 때 중요한 사항 중 하나는 증상을 보이는 사람에게 정말로 심각한 위험은 없다고 설명하는 일이다. 이 설명을 당사자가 잘 이해하고 신뢰하면 증상 완화에 도움이 된다. 이를 위해 처음에는 검사가 필요할 수 있다. 혹시 모를 신체 질환 유무를 확인하기 위해서도 필요하지만, 검사 결과 신체 이상이 발견되지 않으면 그 사실을 기반으로 이 증상을 안심할 수 있게 설명할 수 있다. 처음부터 위험하지 않다는 말만 듣는 것보다 검사 결과로 별 이상이 없다고 확인될 때 더 신뢰가 생기기 때문이다.

그럼에도 당사자는 바로 납득하기 어려울 수 있다. 공황발작을 겪을 때 죽을 것 같은 느낌이 드는데, 어떻게 심각한 위험이 없다고 믿겠는가. 그래서 최근 내가 진료실에서 사용하고 있는 설명 방법을 소개한다.

"놀이공원에서 무서운 놀이기구를 타본 적 있으신가요?"

공황발작으로 내원한 분께 이렇게 물으면 대개는 그런 경험이 있다고 대답한다. 무서워하는 놀이기구의 종류는 사람마다 다르지만, 무서운 이유는 대개 비슷하다. 십중팔구 높이 올라가거나 갑자기 내려가는 기구다.

"사람들은 그런 기구들을 왜 타려고 할까요? 강제로 타는 것이 아니라 자발적으로, 심지어 돈까지 내고 긴 줄을 기다려 가면서까지 그런 기구들을 탑니다. 왜 그럴까요?"

이렇다 할 대답이 없으면 질문을 바꾼다.

"그 기구들이 정말로 위험하다면 사람들이 그렇게 타려고 할까요?"

대부분은 바로 고개를 젓는다.

"안 그러겠죠. 위험하지 않으니까 그렇게 탈 수 있는 겁니

 타인이라는 세계

다. 실제로는 안전하다는 사실을 알고 있으니까요. 그런데 안전하다고 알고 있는데도 왜 무서울까요? 가슴이 두근거리고, 손발에 식은땀이 나고, 어떤 사람들은 비명까지 지릅니다. 이상하지 않은가요? 이유가 무엇일까요?”

잠시 시간을 두고 다음과 같이 설명한다.

“왜냐하면 이 공포라는 감정은 우리가 오늘날처럼 이성적으로 똑똑하지 않았던 시절부터 존재하던 감정이기 때문입니다. 다른 동물들도 공포를 느낍니다. 인간만큼 똑똑하지 않더라도 공포를 느낄 수 있습니다. 물론 다른 동물들도 그들 나름의 방식으로 똑똑하지만, 인간과는 방식이 다르죠. 우리 조상들도 과거에는 다른 동물들과 비슷했을 거예요. 아주 먼 시절로 거슬러 올라간다면 적어도 오늘날처럼 이성적인 방식으로 똑똑하지는 않았을 텐데, 그 시절에도 공포는 느꼈을 겁니다. 그 시절에 높은 곳에서 갑자기 아래로 떨어지는 일은 죽음을 의미했습니다. 설령 즉사하지 않더라도 크게 다쳤을 테고, 치료 기술이 부족하던 시대였으므로 심한 고통 끝에 죽었을 겁니다. 그러니 그 순간 조상들 입장에선 공포를 느끼는 것이 자연스러웠겠죠. 하지만 현대 사회에선 어떤가요? 우리는 원시시대에는 없던 놀이기구를 만들었고, 그런 놀이기구를 만들 이성적 판단 능력도 있습니다. 그리고 이 똑똑한 머리로 판단하기에 그 놀이기구들은 안전합니다. 다치거나 죽을 가능성이 매우 낮다는 판단을 내리고 있죠. 그러나 감정으로는 그러한 판단이 어렵습니다. 높은 곳에서 갑자기 아래로 떨어지는 순간 공포 신호는 과거 우리 조상들이 느꼈던 것과 똑같이 작동합니다. 이렇게 이성과 감정 간에 차이가 발생한 데는 세상이 너무 빨리 변해버린 탓도 큽니다. 최근 몇백 년 동안 이전 시대에는 없던 것들이 많이 생겼어요. 몇백 년이 길고 긴 시간 같지만, 공포라는 신호는 그보다 비교할 수 없이 긴 세월 동안 작동해 왔거든요. 그 세월에 비하면 너무 잠깐 사이에 세상이 바뀐 것이고, 우리의 오랜 수호신인 공포 신호는 여전히 자기 역할을 하고 있는 겁니다.”

앞서 바닥의 타일 색깔을 비교하며 설명했던 착시 현상과 비슷하다. 진료실에서 굳이 이러한 이야기를 하는 이유는, 우리가 놀이공원에서 당황하지 않는 방식을 공황발작에도 적용하기 위해서다.

“따라서 앞으로 공황 증상이 찾아올 때는 놀이기구를 타는 상황을 떠올려 보시기 바랍니다. 놀이기구를 탈 때 우리의 감정은 무섭다는 신호를 보내지만 이성은 위험하지 않다는 사실을 알고 있습니다. 이성과 감정이 갈등하는 상황에서

　　　　　　　　　　　　　타인이라는 세계

놀이기구를 타는 일은 어느 쪽 판단을 따르는 걸까요? 이성적 판단을 따르는 겁니다. 이성적 판단이 없다면 아마 무서워서 타지 못하겠죠. 이성적 판단이 균형을 잡아주기 때문에 공포에 압도되지 않는 겁니다. 그렇다고 아예 무섭지 않게 느끼는 건 아닙니다. 이성적 판단을 따르지만 약간의 공포는 여전히 남아 있습니다. 그것마저 없다면 굳이 놀이기구를 탈 이유가 없죠. 그 약간의 공포가 재미를 주니까요. 즉 도저히 감당하지 못할 공포가 아니라 충분히 감당 가능한 공포로 바뀌는 겁니다. 이 차이를 무엇이 만드는 걸까요? 바로 이성적 판단이 만듭니다. 우리가 놀이기구에 대한 이성적 판단을 내리고 그 판단을 따르기 때문에 가능한 일입니다.”

마지막에는 기억할 내용을 정리한다.

“그러니까 앞으로 공황 증상이 느껴지면 이성적으로 판단하고 그 판단을 따라보세요. 여기서 이성적 판단이란 공황 증상은 위험하지 않다는 사실, 놀이기구를 탈 때처럼 무섭긴 하지만 실제로는 나를 위험에 빠뜨리지 못한다는 사실, 그리고 역시 놀이기구처럼 얼마 안 가 끝난다는 사실입니다. 놀이기구가 곧 멈추듯 공황 증상도 곧 잠잠해질 거예요.”

때로는 다음과 같이 덧붙이기도 한다.

“물론 이 방법이 잘되지 않을 수 있습니다. 정말 힘든 순간이 닥치면 이성의 방패를 붙드는 일이 쉽지는 않아요. 감정의 폭풍에 휩쓸리다 보면 이성의 방패가 어디론가 날아가 버릴 수도 있죠. 그렇다고 자책하면서 '나는 비이성적인가?' 하고 스스로를 괴롭힐 필요는 없습니다. 그냥 우리 뇌의 작동 방식이 그러합니다. 아무리 이성적인 사람이라도 놀이기구를 탈 때 공포심이 '0'이 되진 않으니까요. 감정이라는 건 본래 이성으로 완벽하게 통제되지 않습니다. 그래도 일정 부분 도움이 되고 연습을 통해 향상할 수 있는 기술이니, 공황 증상이 느껴질 때 이 생각의 기술을 실천해 보길 바랍니다."

나는 이 설명이 도움이 된다고 생각해 언제부턴가 진료실에서 사용하고 있다. 물론 더 좋은 설명이 있다면 다른 설명을 써도 무방하다. 어쨌든 핵심은 신체 반응에 대한 해석이 중요하다는 것이다.

어떤 사람을 대하거나 어떤 상황에 처했을 때 우리는 일어나는 감정에 중요한 의미를 부여한다. 그러나 과연 이것이 항상 현명한 행동일까? 감정을 무시하라는 말은 아니다. 앞서 기억의 오류를 지적한 것이 기억을 죄다 무시하라는 말이 아니었듯, 감정의 오류를 알게 되었다고 감정을 모두 무시해서도 곤란하다. 감정은 중요한 신호다. 다만 얼마나 믿을 만한 신호인가가 문제다.

　타인이라는 세계

우리는 감정이라는 신호를 잘못 해석할 수 있다. 그 결과 아름다운 감정이 오히려 거짓과 불행의 근원이 되기도 한다. 이는 개인에게만 국한되지 않는다. 공동체의 사회적 오만과 역사적 편견 또한 아름다운 감정에 뿌리를 두는 경우도 많다. 그러나 그것을 찾아 드러내려고 할 때 과연 사람들이 환영할까. 어쩌면 사람들은 아름답다고 느끼는 감정에 상처를 입느니 차라리 거짓과 편견, 오만과 불행 속에 머물기를 선택할지도 모른다. 그로부터 벗어나 더 아름다운 진실과 행복의 자리로 나아가는 데 이 책이 도움이 되기를 바란다.

집단이라는 프레임 깨뜨리기

각각의 수많은 별

다양한 선입견과 편견, 그리고 우리가 알게 모르게 저지르는 여러 가지 오류에 대해 알아보았다. 그런데 일상에서 가장 자주 목격하는 편견이 있다. 바로 집단에 대한 편견이다.

집단에 대한 편견에는 그만큼 많은 사람이 쉽게 사로잡힌다. 편견이라는 말 자체가 집단에 대한 편견과 거의 동의어로 쓰이는 경우도 잦다. 사회에서 문제 되는 것은 주로 특정 부류의 사람에 대한 편견이다. 백인은 어떻고, 흑인은 어떻고, 남자는 어떻고, 여자는 어떻고, 좌파는 어떻고, 우파는 어떻고, 신세대는 어떻고, 구세대는 어떻고, 한국인은 어떻고, 일본인은 어떻고……. 그 편견의 적용 대상은 비록 개인일지

언정 사실은 그 사람이 속한 집단 전체를 향하고 있다.

집단에 대한 편견이야말로 우리가 일상에서 말하는 편견의 대표 주자다. 하지만 집단에 대한 편견은 이제까지 우리가 앞에서 본 내용보다 훨씬 간단하게 설명이 가능하다.

누군가 이런 말을 한다고 해보자.

"A 대학 출신들은 개인주의 성향이 강해."

편견일까, 아닐까? 물론 당사자는 이 생각을 편견이 아니라 충분한 경험에 근거한 사실이라 여길 것이다. 다음과 같이 풀어서 설명할 수도 있다.

"내가 직장 생활을 오래 하면서 다양한 대학 출신들을 겪어 보았는데, A 대학을 나온 사람들은 개인주의 성향이 강하더라고."

그럴 수 있다. 누구나 살면서 각자의 경험을 쌓기 마련이며, 이런 자기만의 경험도 나름의 근거가 된다. 물론 이 책의 독자라면 직장 생활에서 겪은 그 기억이 얼마나 오염되어 있을지 걱정이 들겠지만, 이번에는 기억의 오류는 배제하고 그 경험이 사실이라는 전제하에 계속 들여다보겠다.

그런데 이 사람이 겪은 경험의 범위를 넘어 실제 현실에 존재하는 A 대학 출신들의 성향이 궁금해서 A 대학 출신을 전부 조사해 봤다. 그리고 다음 그래프와 같은 결과를 얻었다.

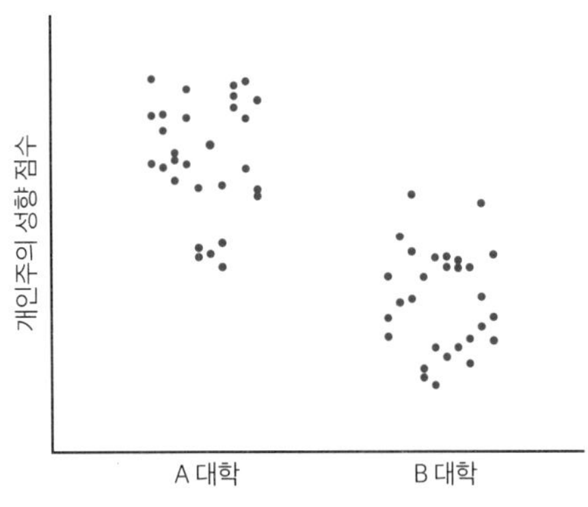

A, B 대학 출신의 개인주의 성향 점수

A 대학 출신과 B 대학 출신의 개인주의 성향을 그래프로 나타낸 그림이다. 가로축은 A 대학 출신과 B 대학 출신으로 나뉘어 있다. 여기서 B 대학을 A 대학 외의 나머지 대학이라고 해도 무방하다. 그리고 세로축은 개인주의 성향의 점수인데, 이 점수를 어떻게 측정했느냐는 논외로 하자. 객관적으로 정확한 측정이 어려울 것이라는 의견에는 동의한다. 어디까지나 측정의 신뢰성을 보장할 수 없는 주관적이고 자의적인 점수겠지만, 어차피 사람들은 평소 머릿속에서 각자의 기준에 따라 이런 점수를 매길 것이다.

그럼 다시 그래프를 살펴보자. 그림 한복판에 찍힌 각각의 점은 사람이다. 그러니까 A 대학 출신과 B 대학 출신을 모두 모아 각자의 개인주의 성향 점수에 해당하는 위치에 점을 찍은 것이다. 물론 점의 개수가 훨씬 많아야겠지만, 설명의 편의를 위해 이 정도만 그려놓고 이야기를 진행하자.

자, 이 그래프를 보고 무엇을 알 수 있는가? 앞에서 말한 생각이 사실임을 알 수 있다. 실제로 A 대학 출신의 개인주의 성향은 B 대학 출신에 비해 높은 점수를 받았다. 조사 결과를 보고 나니 터무니없는 주장이 아니었다. 그렇다면 그 주장은 편견이 아닌 것일까? 결론을 내리기 전에 해당 문장을 다시 한번 보자.

"A 대학 출신들은 개인주의 성향이 강해."

이 문장의 정확한 의미는 무엇일까? A 대학 출신의 '평균적인' 개인주의 성향이 타 대학 출신에 비해 높다는 의미일까, 아니면 A 대학 출신은 '모두' 개인주의 성향이 강하다는 의미일까? 조사 결과를 보았을 때 전자라면 맞는 말이고, 후자라면 틀린 말이다. A 대학 출신 중 일부는 타 대학 출신과 비슷한 점수를 보였기 때문이다.

물론 발언한 당사자는 둘 중 후자의 의미는 아니었다고 해명할 수 있다. 아마 그 해명은 진심일 것이다. A 대학 출신들을 '모두' 만나보지는 않았을 테니 말이다. 하지만 일단 입 밖에 나온 그 말은 타인에게 어떤 의미로 전달될까? 그 말이 모든 A 대학 출신에 대한 이야기가 아니라 단지 평균값에 대

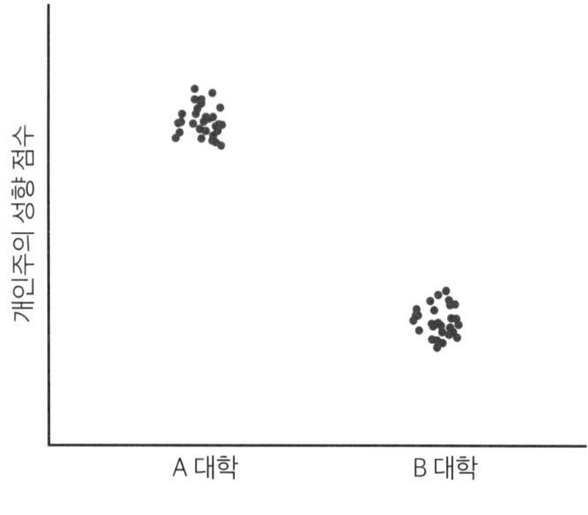

우리 머릿속에 그려질 편견의 그래프

한 이야기라는 의미로 전달이 될까? 아마 그렇지 않을 것이다. 막상 일상에서는 다음에 마주칠 A 대학 출신자가 누가 되었든 그 사람은 개인주의 성향이 강할 것이라는 예언의 의미로 전달되기 십상이다. 마치 모든 점이 평균값 근처에 몰려 있는 위 그래프처럼 상황을 왜곡하는 셈이다.

우리가 어떤 집단에 대해 말하거나 생각할 때, 우리는 그 집단의 성격을 단순화하는 경향이 있다. 따라서 그런 말을 듣거나 그런 생각이 떠오를 때 우리는 방금 본 두 그래프 중에서 처음 것과 비슷한 무언가를 의식적으로 떠올리는 편이 좋다. 모든 점이 하나의 개인처럼 한곳에 뭉쳐 있는 이미지가 아니라, 수많은 점이 여기저기 흩어져 있는 이미지 말이다.

실은 그 점 하나하나가 각각 한 사람의 인간을 가리킨다는 자체만으로도 매우 단순화한 셈이다. 이런 그래프조차 상황을 엄청나게 단순화한 것인데, 우리가 일상에서 주고받는 말들은 그런 단순한 그래프조차 더욱 단순화해 전달한다. 이렇게 단순하게 만들다 보면 정보가 소실되기 쉽다. 정보가 없는 자리는 상상이 대신한다. 현실에 존재하는 각양각색의 다양한 사람이 사라져 버리고 '개인주의 성향이 강한 A 대학 출신자'라는 이미지가 그 자리를 점령하게 된다. 이것이 얼마나 단순화한 상상인지는 그래프를 보면 금방 드러난다. 그래프로 치면 단 하나의 점이 찍히는 꼴이기 때문이다. 따라서 앞으로는 누군가가 어떤 집단에 대한 의견을 말할 때 여러 개의 점이 다양한 위치에 찍혀 있어 개인차가 충분히 반영된 그래프를 떠올려 보자. 아니면 밤하늘에 뜬 수많은 별을 봐도 좋다.

물론 그래프 형태는 다양할 수 있다. A 대학 출신의 개인주의 성향을 조사해 그래프로 나타내 보니 이번에는 다음과 같은 그림이 나왔다고 해보자.

"A 대학 출신들은 개인주의 성향이 강해."

이제 이 말은 틀린 말이 되었다. 그래프를 보면 모든 A 대학 출신의 개인주의 성향이 강하지 않은 것은 물론이고, 평균 점수로도 타 대학 출신들에 비해 높지 않다. 그런데 이 그

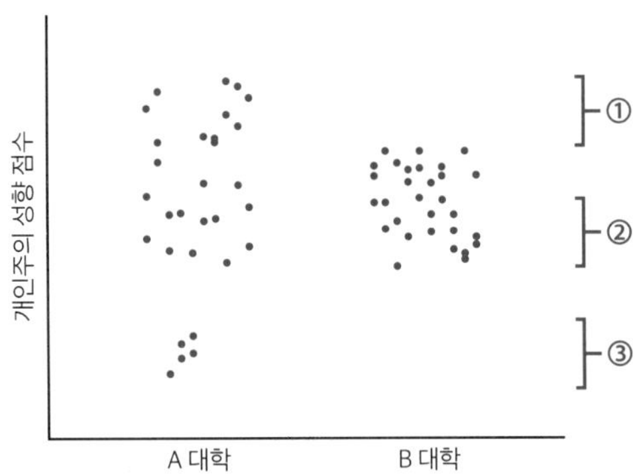

A, B 대학 출신의 개인주의 성향 점수와 세 가지 경험의 폭

래프와 같은 현실에서도 우리는 A 대학 출신은 개인주의 성향이 강하다고 생각할 수 있다. 왜냐하면 각 개인은 전체의 일부분만 경험하기 때문이다.

위 그래프에는 오른쪽에 세 개의 번호가 적혀 있다. 각각은 개인별 경험의 폭을 의미한다. 예를 들어 어떤 사람은 주로 ①에 해당하는 경험을 했을 수 있다. 그 사람이 다니는 직장에는 각 대학 출신 중 주로 이 범위에 속하는 졸업생이 취직하기 때문이다. 그럼 이 사람은 A 대학 출신의 신입 사원이 타 대학 출신보다 개인주의 성향이 강한 현실을 경험했을 것이다. 반면 어떤 사람은 ③에 해당하는 경험을 주로 했을 수 있다. 이 사람의 직장은 채용 기준이나 급여 등 여러 가지 조건의 차이로 인해 앞의 회사와는 다른 부류의 졸업생이 들

    타인이라는 세계

어온다. 그럼 이 사람은 A 대학 출신이 타 대학 출신에 비해 개인주의 성향이 오히려 약하다고 느낄 것이다.

앞서 말했듯 그래프는 다양한 형태가 가능하다. 무슨 형태의 그래프가 어떤 집단에 관한 실제 현실을 더 잘 반영하는지는 엄청난 비용과 시간을 들여 대규모 조사를 해보기 전에는 알기 어렵다. 그럼에도 우리가 알 수 있는 사실이 하나 있다. 그것은 바로 우리가 현실의 전체 모습을 알지 못한다는 사실이다.

알고 보니 개인주의 성향에 관한 그 의견은 당사자의 상상에 불과했다. 'A 대학 출신'이라는 특정 집단을 당사자가 상상한 것이다. 물론 본인은 선뜻 인정하지 않으려 할 수 있다. 내가 분명 직접 경험해서 얻은 의견을 그저 상상이라고 의심하기는 어렵기 때문이다. 그래도 그것은 상상이다. 우연히 입수한 단편적 정보로부터 나머지 방대한 정보의 빈 공간을 상상으로 채운, 가상의 현실이다.

어차피 상상이라면 좋은 상상을 해볼 수도 있다. 현실을 올바로 이해하는 데 도움이 되고 오해나 편견에 사로잡혀 누군가를 괴롭힐 가능성이 적은 상상이면 좋을 것이다. 이를 위한 방편으로 여러 개의 점이 찍힌 그래프를 떠올려 볼 것을 추천한다. 집단이 있어야 할 자리를 개인에 관한 상상으로 채우지 말자. 집단을 논하려면 집단에 걸맞은 표상을 떠올려야 마땅하다. 동시에 내가 가진 정보의 한계를 인정하면서, 과연 실제 현실은 어떨까 하는 호기심을 유지할 필요가 있다.

이는 편견을 경계하는 데 도움이 된다. 별처럼 흩어진 점들이 상징하는 개인차를 떠올린다면, 심지어 어느 정도 편견에 사로잡혀 있더라도 그 편견을 섣불리 특정 개인에게 적용하는 실수를 예방할 수 있다.

우물 안에서 별 보기

우연한 경험을 바탕으로 떠오른 생각이 마치 전체에 관한 진실인 양 느껴질 수 있다. 하지만 전체와 개인은 다르다. 전체의 경향성은 말 한마디로 요약 가능할지 모르지만, 그 안에 속한 개개인을 전부 한 줄로 꿸 수는 없다. 이 점을 혼동하면 전체에 관해서는 맞는 생각도 개인 차원에서는 편견이 된다.

전체와 개인을 혼동하는 실수는 내가 잘 모르는 분야에서 발생하기가 더 쉽다. 만약 잘 아는 분야라면 어떨까? 예를 들어 운전이라고 해보자. 누군가 이런 주장을 한다.

"운동 신경이 좋으면 운전할 때 사고를 덜 낸다더라."

그럴 수도 있겠다는 생각이 든다. 하지만 집단의 경향성에

     타인이라는 세계

관한 이런 지식을 개인에게 기계적으로 적용하지는 않을 것이다. 가령 운동 신경만 보고 그 사람이 운전하는 차는 무조건 안전할 것이라 기대하거나, 운전 중에 사고가 났다고 해서 그 사람은 무조건 운동 신경이 부족하다고 단정하지 않을 것이다. 얼마나 황당한 생각인가. 설령 전체적인 경향성이 존재한다고 해도 그것을 개인에게 함부로 적용할 수는 없다.

이처럼 우리가 잘 아는 분야에서는 편견이 금방 드러난다. 잘 아는 분야라서 개인차에 대한 감이 이미 자연스레 생겨 있기 때문이다. 전체에 대한 요약문이 그 안에 속한 개개인을 사려 깊게 설명하진 않는다는 사실을 우리는 이미 잘 알고 있다. 하지만 잘 모르는 분야에 관해서는 별것 아닌 지식도 굉장히 커 보인다. 그래서 그런 지식 하나로 그 분야의 전체적인 양상과 그 안에 속한 개개인을 모두 이해할 수 있을 것 같은 착각이 들곤 한다. 하지만 전체에 관해서는 맞는 생각이라 해도, 개인에게 적용했을 때는 편견이 될 수 있다. 이것을 혼동하면 이후로 만나는 사람들을 편견의 틀에 끼워 맞추게 된다. 그럼 그 경험이 다시 왜곡된 기억으로 쌓이면서 편견은 점점 더 단단해진다.

우리가 특정 집단에 대해 하는 말들이 있다. 백인은 어떻고, 흑인은 어떻고, 남자는 어떻고, 여자는 어떻고, 좌파는 어

떻고, 우파는 어떻고, 신세대는 어떻고, 구세대는 어떻고, 한
국인은 어떻고, 일본인은 어떻고 등. 이런 말이나 믿음은 어
디까지가 진실일까? 언뜻 보기엔 그 집단을 설명하기에 적
절해 보이는 말이라 해도 그것이 개개인을 설명해 주지는 않
는다. 이것을 혼동하는 사람은 그만큼 백인에 대한 경험, 흑
인에 대한 경험, 남자에 대한 경험, 여자에 대한 경험, 좌파에
대한 경험, 우파에 대한 경험, 신세대에 대한 경험, 구세대에
대한 경험 등이 부족한 사람일지도 모른다. 그런 여러 개인
에 대한 경험이 늘다 보면 미리 가지고 있던 집단에 대한 지
식이 놓치고 있던 부분을 깨닫게 된다. 이처럼 집단의 경향
성을 아는 것과 개인을 아는 것은 다르다.

방 안에 틀어박힌 채 온라인에 넘치는 각종 '썰(說)'을
통해 세상을 배우는 사람들이 많다. 이와 맞물려 온라인에서
는 단정적으로 말하는 사람들이 인기를 얻는다. 하지만 그
분야를 잘 아는 사람은 오히려 단정 지어 말하기를 어려워한
다. 개인차의 그래프가 머릿속에 있기 때문이다. 그런 그래
프가 머릿속에 없는 사람, 혹은 그래프가 있지만 지나치게
단순한 상상의 그래프가 머릿속에 있는 사람이 설명도 더 간
결하게, 더 자신 있게 말한다. 설명이 명쾌해서 인기를 얻는
지도 모르겠다. 하지만 단순하고 명쾌할수록 현실과의 간극

　　　　　　　　　　타인이라는 세계

이 큰 경우가 많다.

"운동 신경이 좋으면 운전할 때 사고를 덜 낸다더라."

앞에서 우리는 이 말이 사실이라고 가정했다. 그래프로 나타낸다면 어떤 모양일까? 가로축에서 운동 신경이 증가할수록 세로축에서 사고 건수가 감소하는 그림이 떠오른다.

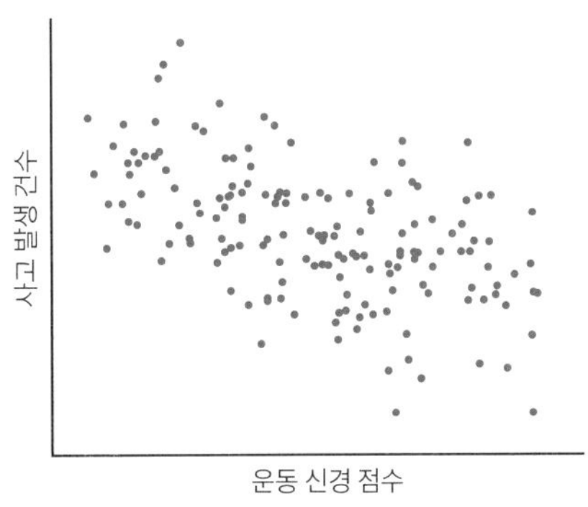

운동 신경과 사고 건수 관계 1

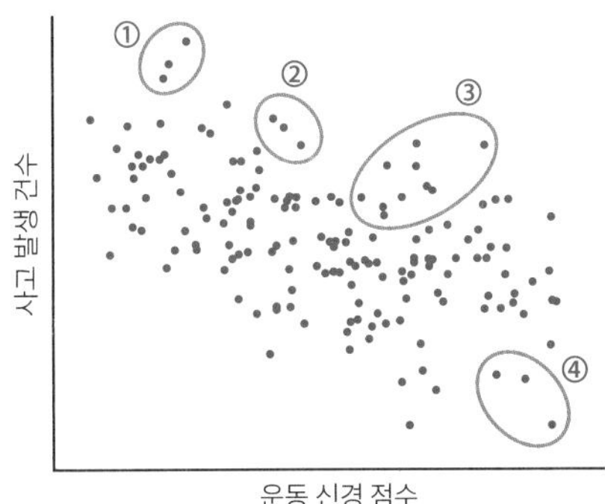

운동 신경과 사고 건수 관계 2

물론 이 경우에도 각자의 경험은 다른 이야기를 들려줄 수 있다. 가령 두 번째 그래프처럼 개인별 사회생활의 범위를 동그라미로 묶어 표시해 보자. ①번 동그라미 안의 3명만 놓고 보면 운동 신경 점수가 높을수록 사고 발생 건수가 증가한다. 반대로 ②번 동그라미 안의 3명만 놓고 보면 운동 신경 점수가 높을수록 사고 발생 건수가 감소한다. 이렇게 보면 ①이나 ③의 지인들은 운동 신경이 좋을수록 사고를 많이 내고, ②나 ④의 지인들은 그 반대다. 따라서 각자의 경험만 가지고는 현실의 전체 모습을 알 수가 없다.

말하자면 각자의 경험은 모두 우연에 불과하다. 사회 전체가 보이는 경향과 무관하게 우연히 몇몇 특정한 사람들과 인연이 닿았다는 점에서 그렇다. 개인의 소박한 경험이 전체를 대변하지 못하는 것이다. 따라서 현실에서의 정확한 그림은 자신의 사적인 경험과 분리해서 생각할 필요가 있다. 그래야 큰 그림에 도달할 수 있다. 방금 본 그래프와 같이 운동 신경이 좋을수록 사고 건수가 감소하는 현실의 전체적인 모습을 알 수가 있다.

그런데 정말로 그럴까? 막상 조사해 보면 정반대의 그래프를 보게 될지도 모른다. 그 이유에 대한 여러 가지 설명도 가능하다. 예를 들어 운동 신경이 부족한 사람들은 그런 자신

     타인이라는 세계

의 약점을 알고 운전을 더 조심해서 한다. 그러니 사고가 덜 난다. 혹은 운동 신경이 부족한 사람들은 운전을 좋아하지 않아 운전 자체를 덜 하니까 사고 날 일도 적다. 이 밖에도 우리가 미처 생각하지 못한 다양한 이유가 숨어 있을 수 있다.

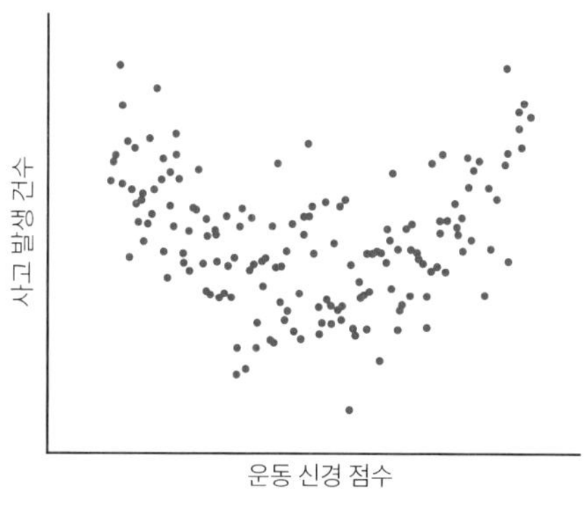

운동 신경과 사고 건수 관계 3

혹은 완전 다른 그래프가 나오는 일도 가능하다. 꼭 한쪽으로 기울어진 그래프일 필요도 없다. 예를 들어 운동 신경과 사고 발생이 위 그래프처럼 얽혀 있을지도 모른다.

그러니까 운동 신경이 부족한 사람들도 사고를 잘 내지만, 운동 신경이 뛰어난 사람들도 사고를 잘 내더라는 결과를 얻을 수도 있다. 이유가 무엇일까? 운동 신경이 뛰어난 사람들은 웬만한 돌발 상황에 잘 대처하다 보니 지나치게 자신감이 붙는 경향이 있다. 그러다 보니 도로에서 임기응변의 스릴을 즐기다가 결국 사고로 이어질지도 모른다. 혹은 운동 신경이 뛰어난 사람 중에는 아무래도 젊은 층이 많이 포함되기 마련인데, 아직 운전 경험이 부족한 마당에 안전 의식이 중장년에 비해 미흡한 경향이 있어 사고가 많이 날지도 모른다. 이 밖에도 다양한 가설을 떠올려 볼 수 있지만, 무엇이 맞는지는 제대로 조사해 보기 전엔 알 수가 없다. 실제 현실은 내 머릿속 표상과 차이가 있기 때문이다.

이는 전문가가 말을 아끼게 되는 이유기도 하다. 첫 번째 이유는 앞에서 언급했듯 개인차를 염두에 두고 있기 때문이다. 개인차를 무시하지 않으면서 전체적인 경향성을 말로 표현하는 일은 쉽지 않다. 그리고 두 번째 이유는 전체에 관한 대규모 조사 결과가 없거나 부족할 경우다. 그럴 때 내 경험만으로 말하기가 꺼림칙하다. 전체는 내가 경험한 부분적 진실과 다를 수도 있기 때문이다. 이 사실을 알면 함부로 말이 나오지 않는다. 그래서 가장 잘 아는 사람들이 말을 아끼는 사이에 온라인 세상에서 적당히 아는 사람들이 쉽게 말하고 쉽게 전문가 소리를 듣는 것 아닌가 싶기도 하다.

물론 전체를 알기 쉽게 요약하는 일도 중요하다. 전체를 설명하는 표상을 개인에게 함부로 적용하는 것이 문제일 뿐, 그런 표상이 불필요하다는 의미는 아니다. 반대로 꼭 필요하

 타인이라는 세계

다. '가만 보니 운동 신경이 뛰어난 사람들이 오히려 사고를 잘 내는 거 아니야?' 이런 의문이 떠올라야 과연 실제로는 어떤지 조사도 해보게 된다. 머릿속에 뭐라도 떠올라야 그다음 단계로 나아갈 수 있기 마련이다. 따라서 표상을 떠올리는 것은 잘못이 아니다. 다만 그것을 함부로 믿는 일은 잘못이다.

떠오른 표상을 남에게 말할 때도 마찬가지다. 우리는 각자의 심리적 현실을 말하는데, 그마저도 지극히 편향된 요약본으로 말한다. 개인의 경험은 너무나도 폭이 좁기 때문이다. 반면에 전체를 조사해서 확인하는 일은 혼자 힘으로 하기가 어렵다. 남에게 털어놓고 상의하지 않고서는 이루어질 수가 없다. 이처럼 소통하고 협력하기 위해서는 내 표상을 남에게 말해야만 한다. 그것을 잘못이라 할 수는 없을 것이다.

그러니 말을 하기는 해야 한다. 다만 항상 사실에 매우 가깝게 말하고자 노력해야 한다. 그래야 소통할 수 있는 기반이 생긴다. 그러지 않으면 각자의 다중우주에서 따로따로 거짓말을 하는 셈이 된다. 서로가 사실에 가까운 말을 하고자 노력할 때, 그러면서도 그것이 각자의 심리적 현실일 수밖에 없음을 알고 말을 주고받을 때, 비로소 우리는 자유롭게 이야기를 나눌 수 있을지도 모른다. 오류의 위험을 기꺼이 감수하면서 말이다.

원인과 결과의 숨바꼭질

각각의 일은 그저 각각 존재한다

과거 자폐증의 원인을 '냉장고 같은 엄마' 때문이라고 하던 시절이 있었다. 부모가 아기에게 정서적으로 잘 반응해 주지 않고 냉장고처럼 차가운 양육을 하면 자폐증이 생긴다는 설명이었다. 경솔한 문외한이 지껄이던 뜬소문이 아니라, 당대의 자폐증 전문가들이 그렇게 설명했다. 어떻게 이런 얼토당토않은 오해를 할 수가 있을까? 이런 오해가 20세기 중반에 자폐증이 있는 자녀를 키우던 부모들에게는 큰 고통을 주었으리라.

만약 이것이 예외적인 사건처럼 보인다면, 한 세기를 거슬러 올라가 오스트리아 빈에서 산부인과 의사로 일한 이그나

즈 제멜바이스Ignaz Semmelweis를 떠올려 보자.[20] 그는 아기를 낳는 병동 두 곳에서 산욕열로 인한 산모의 사망률이 크게 차이 나는 현상에 의문을 품었고, 결국 위생에서 그 원인을 찾았다. 사망률이 높은 병동에서는 의사와 의대생들이 시체 부검을 병행하느라 부검실과 병동을 오가며 일했다. 반면 사망률이 낮은 병동에서는 시체와 접촉할 일이 없는 조산사들이 주로 분만을 담당했다. 따라서 제멜바이스는 시체를 부검할 때 묻은 무언가가 의사와 의대생들의 손을 통해 산모에게 옮겨 가 그것이 열을 일으킨다는 가설을 세웠다. 당시에는 세균 감염에 대해 무지했기에 이 정도 수준으로만 설명할 수 있었다. 그러나 그는 여기서 멈추지 않고 자신의 가설을 토대로 병동에 손 소독을 도입했다. 부검 업무를 한 사람이 병동 환자를 진료하기 전에 특정 용액으로 손 씻기를 실천하도록 한 것이다. 결과는 훌륭했다. 산욕열로 인한 사망이 극적으로 감소했다. 이후 제멜바이스는 자신의 발견이 유럽 전역에 널리 보급되어 수많은 생명을 살릴 것이라 기대했다. 하지만 안타깝게도 그는 주류 학계에서 무시당하고 비웃음만 산 채 고생하다가 정신병원에서 사망했다. 어떻게 이런 황당한 일이 벌어질 수 있었을까? 제멜바이스의 주장이 거부당하는 동안 수많은 산모와 가족들이 큰 고통을 겪었으리라.

　지금 보면 매우 이상하고 이례적인 사건처럼 보일지도 모르겠다. 그러나 꼭 그렇지만도 않다. 왜냐하면 어떤 일의 원인을 파악하기란 매우 어려운 일이기 때문이다. 원인과 결과는 서로의 관계를 잘 드러내지 않는다. 각각의 일은 그저 무심히 일어날 뿐이며, 무엇이 '원인'이고 무엇이 '결과'인지 이름표가 붙지 않은 채 저마다 뿔뿔이 흩어져 나타난다. 우리는 실제로 일어나는 사건 중 극히 일부만을 알 수 있는데, 그나마 우리 앞에 드러나는 그 소수의 사건마저 모두 포커페이스를 하고 있다. 사람들이 땅에 붙어 살아가는 이유가 사람과 지구 사이의 만유인력 때문임을 어떻게 쉽게 알 수 있겠는가. 우리 눈에는 그저 사람들과 땅이 보일 뿐인데. 이렇게 원인과 결과 사이의 관계는 저절로 드러나지 않는다.

　사실 우리는 원인을 새로 발견하기보다 이미 가지고 있던 생각에 원인을 끼워 맞출 때가 많다. 예를 들어 20세기 중반에는 인간의 심리적 고통이 어린 시절의 경험에서 비롯된다고 설명하는 경향이 강했다. 이러한 생각의 틀로 세상을 바라보면 새롭게 밝혀야 할 인과관계도 그 틀에 맞춰 해석된다. 그래서 자폐증의 원인도 자연스레 부모의 양육 방식에서 찾게 된 것이다.

　20세기 중반이라고 하니 시대에 뒤떨어진 이야기처럼 들

　　　　　　　　　　　　　　　　　타인이라는 세계

릴지 모르나, 지금도 크게 다르지 않다. 자폐증에 관해서는 그 사이에 많은 연구가 이루어지며 전문가들의 설명 방식 또한 바뀌었다. 그에 따라 대중의 시각도 상당히 변했을 수 있다. 그러나 자폐증이 없는 아이를 대할 때는 어떨까? 어떤 아이가 눈 밖에 나는 행동을 보이면 사람들은 흔히 부모가 잘못 키워서 그런다고 말한다. 그렇게 주장할 근거가 명확하지 않아도 원인과 결과를 쉽게 단정하는 것이다. 과연 이는 자폐증의 원인을 '냉장고 같은 엄마' 때문으로 돌리던 시절과 얼마나 다를까?

여전히 누군가는 자폐증에 대해 이런 의견을 제시할 수 있다. 자신이 어떤 사적인 이유나 직업상의 기회로 자폐증이 있는 아이를 키우는 가정을 여럿 만나보았는데, 실제로 그 부모 중에는 자녀에게 정서적으로 잘 반응해 주지 않는 경우가 종종 있었다는 것이다. 물론 모두가 그런 것은 아니지만, 여느 가정에 비해 더 많다는 인상을 받았다고 말한다. 따라서 냉장고처럼 차가운 양육이 자녀에게 자폐증을 발병하게 한 원인일 수 있다고 주장한다.

아이에게 자폐증이 있든 없든 그러한 차가운 양육은 바람직하지 않다. 또한 실제로 자폐증이 있는 아이에게 정서적으로 잘 반응해 줄 경우 긍정적인 영향을 받을 여지도 있다. 그러나 그것이 자폐증이 생긴 원인이었는지에 대해서는 따져 보아야 한다.

자폐증을 가진 사람은 다른 사람과의 상호작용에 어려움을 겪거나 상호작용 방식에 차이가 있다. 그리고 아기의 주요한 상호작용 대상은 대개 부모다. 따라서 자폐증이 있는 아기들은 부모와의 상호작용을 적게 시도할 수 있으며, 정도나 시기에는 개인차가 존재하겠지만 부모의 관심을 끌거나 참여를 요구하는 모습이 여느 아기들보다 적을 수 있다. 그래서 나중에 아이가 자폐증이 있다는 진단을 받은 부모들은 종종 이렇게 말한다.

"아기 때는 워낙 순한 아이인 줄 알았어요. 그래서 그렇게 혼자서도 잘 노는가 보다 했죠. 오히려 혼자 노는 걸 더 좋아하는 듯하다고 생각하니까 일부러 개입해서 더 놀아줘야겠다는 생각을 못 했어요."

현실에서 이런 가정을 직접 들여다보면 우리 눈에 두 가지가 들어온다. 하나는 자폐증이 있는 아기, 다른 하나는 잘 놀아주지 않는 부모다. 이 둘은 그저 조용히 존재할 뿐 어느 것이 원인이고 어느 것이 결과라는 표시가 붙어 있지 않다. 그럼에도 기존에 지니고 있던 생각의 틀이 있다면 그 틀에 맞추어 둘 중 하나를 원인, 다른 하나를 결과로 속단한다. 그래

 타인이라는 세계

서 어떤 이는 '잘 놀아주지 않는 부모'가 원인, '자폐증이 있
는 아기'가 결과라고 결론짓는다. 그러나 실제로는 반대로
'자폐증이 있는 아기'가 원인, '잘 놀아주지 않는 부모'가 결
과일 가능성도 있다.

또 다른 가능성도 존재한다. 예를 들어 아이의 자폐증 징
후를 일찍 눈치챈 부모는 심한 우울과 불안을 겪기도 한다.
이렇게 부모의 마음이 힘들어지면 아기에게 정서적으로 잘
반응하기가 어렵다. 자녀의 자폐증에 부모가 대응하는 과정
에서 양육 방식이 달라진 셈이다. 그러므로 '잘 놀아주지 않
는 부모'는 원인이 아니라 결과가 된다.

한편으로는, 부모와 자녀는 어느 정도 닮는다. 그 닮음은
경우에 따라 외모일 수도, 성격일 수도, 운동 신경이나 지적
능력일 수도 있다. 그리고 때로는 타인과의 상호작용 방식을
닮을 수도 있다. 즉 자폐증이 있는 자녀 중에서는 부모가 타
인과의 상호작용에 어려움을 겪는 경우가 있을 수도 있다.
비록 자폐증이 있지는 않더라도 말이다. 그러면 그 부모는
자녀에게 정서적으로 잘 반응하기가 남들보다 어려울 것이
다. 그러나 이 경우에도 부모의 양육 방식이 자폐증의 원인
이라 할 수는 없다. 그렇다고 자녀의 자폐증이 부모의 양육
방식을 이끈 원인이라 보기도 어렵다. 그러니까 '자폐증이

있는 아기'와 '잘 놀아주지 않는 부모'는 단지 함께 관찰되는 현상일 뿐, 어느 한쪽이 다른 쪽의 원인이 아니다.

이처럼 어떤 일의 원인을 올바로 설명하기란 결코 쉽지 않다. 일어나는 각각의 일들은 그저 무심히 일어날 뿐이다. 그런데 이런 수수께끼 같은 현실 앞에서 사람들은 대개 이미 가지고 있던 생각에 원인과 결과를 끼워 맞춘다.

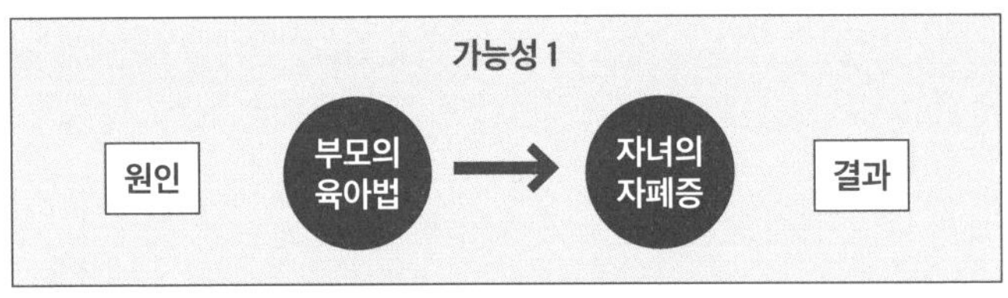

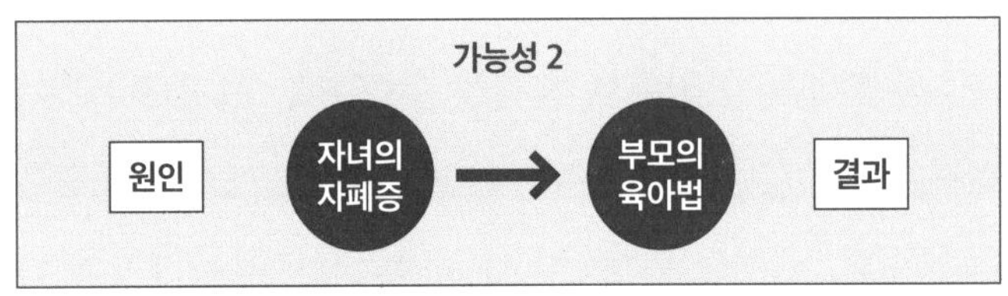

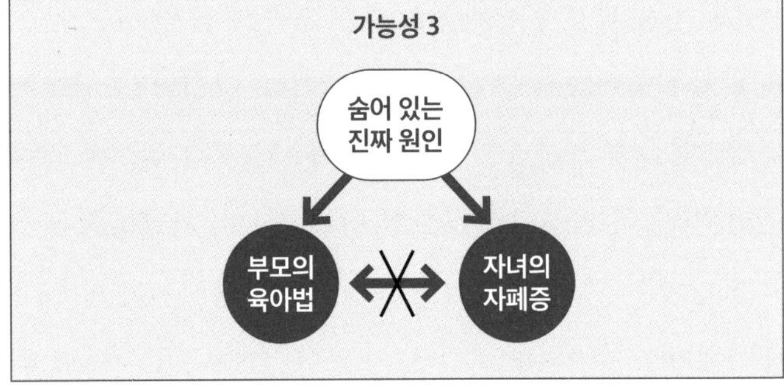

제멜바이스의 경우도 마찬가지다. 손 소독을 실천하자 산모의 사망률이 극적으로 감소하는, 그야말로 눈이 번쩍 뜨일 만한 연구 결과를 보여주었는데도 당대 의사들에게는 이를 끼워 맞출 생각의 틀이 없었다. 세균 감염이 질병을 일으킨다는 상식이 널리 받아들여지기 전이었기 때문이다. 이와 같이 원인과 결과를 설명하는 다른 틀을 갖고 있으면 새로운 틀을 받아들이기가 어렵다.

'투명한 고릴라 실험'이라는 유명한 실험이 있다. 여섯 명의 사람이 공을 주고받으며 노는 영상을 미리 촬영한 다음, 실험 참가자들에게 영상을 보여주면서 공을 건넨 횟수를 세어보도록 주문한다. 그런데 영상이 재생되는 중간에 뜬금없이 고릴라 의상을 뒤집어쓴 사람이 화면에 등장하더니, 공놀이를 하는 여섯 명 사이로 약 5초간 지나간다. 영상이 끝난 후 참가자들에게 일련의 질문을 했다. 영상을 보면서 뭔가 이상한 점을 발견했는지, 공놀이를 하는 여섯 명 말고 무언가 혹은 누군가가 등장하는 것을 목격했는지, 혹시 고릴라가 지나가는 모습을 보았는지 등. 결과는 실험 방식에 따라 다소 차이는 있었지만 놀랍게도 약 절반 정도가 고릴라를 보지 못했다. 후속 실험에서는 고릴라가 공놀이 한복판에 멈춰 서서 카메라를 정면으로 바라보며 주먹으로 가슴을 두드린 후

지나가도록 했는데, 이 새로운 실험의 참가자들 역시 약 절반 정도가 고릴라를 보지 못했다.[21]

그런데 이와 유사한 현상이 고릴라 영상을 볼 때만이 아니라 인과관계를 대할 때도 일어난다. 사건의 진짜 원인이 아무리 눈앞에서 왔다 갔다 해도, 다른 데를 주목하고 있으니 그것이 보이지 않는 것이다.

원인에서 결말로 가는 길목에 도사린 함정

자폐증과 산욕열에 대한 흥미로운 역사를 이야기했으니 이번에는 실생활에 가까운 예를 하나 들어보자. 입시 교육에 종사하는 어떤 사람이 다음과 같은 주장을 한다고 하자.

"대입 성적은 독서량이 결정한다. 독서를 많이 하는 학생이 입시 성적도 우수하더라. 따라서 독서를 많이 하면 수험생 때 우수한 성적을 거둘 수 있다."

얼핏 듣기에는 딱히 이상한 구석이 없다. 사실 여부는 확인해 볼 필요가 있겠지만, 이 주장이 사실로 드러나더라도 이상하지 않다.

물론 어디까지나 집단의 경향성에 관한 설명이므로 해석에 주의할 필요는 있다. 예를 들어 독서를 많이 했는데도 성적이 나쁘거나, 독서를 적게 했음에도 성적이 좋은 학생이 있기 마련이다. 이렇게 집단의 경향성을 기술할 때는 곧잘 생략되는 의미를 감안해야 한다. 그래도 전반적인 경향을 놓고 보자면, 독서를 많이 하는 학생이 입시 성적도 우수할 것 같기는 하다. 여기까지는 사실이라고 전제하고 다음으로 나아가 보자.

독서를 많이 하는 학생이 입시 성적도 우수하다면, 독서를 많이 해서 입시 성적을 올릴 수 있을까? 다시 말해 입시 성적 향상을 위해 독서를 많이 하는 방법이 효과적일까? 반드시 그렇지는 않을 수 있다. 왜냐하면 방금 우리가 사실로 전제한 "독서를 많이 하는 학생이 입시 성적도 우수하다"라는 말은, 원인이나 결과와는 별 상관이 없는 이야기기 때문이다. 그럼에도 우리의 마음은 거기에 원인과 결과라는 이름표를 붙인다. '독서를 많이 하는'에는 원인이라는 이름표를, '입시 성적도 우수'에는 결과라는 이름표를 붙이는 것이다. 그러나 그렇게 단정하기 전에 조금 더 생각해 볼 필요가 있다. 다른 가능성을 또 하나 떠올려 보자.

아래의 내용은 어디까지나 가상의 설정이다. 원인을 올바로 파악하는 일이 결코 쉽지 않다는 사실을 체감하기 위한 일종의 사고 실험이니 감안하고 읽어주면 좋겠다.

만약 글을 효율적으로 읽는 능력이 사람마다 타고나는 것이라면 어떨까? 요컨대 글을 빠르게 읽으면서 내용도 잘 이해하는 능력이 각자가 가진 유전자에 의해 결정된다고 가정해 보는 것이다. 해당 유전자를 갖고 태어난 아이는 어릴 때부터 글을 효율적으로 잘 읽는다. 다른 아이들에 비해 글이 편하게 읽히니 독서를 좋아하는 경향도 생긴다. 물론 이 아이도 독서보다는 다른 오락거리를 더 좋아하겠지만, 더 재미있는 활동을 할 수 없는 상황에서 옆에 책이 있다면 그쪽으로 쉽게 손이 갈 것이다. 자발적으로 손이 가지 않더라도 대개는 부모나 선생님이 독서를 권하기 마련이다. 쉽게 읽히고 내용도 잘 이해되면 책 읽는 일이 재미있어질 것이다. 빨리 읽을 수 있는 데다가 재미까지 있으니 책 한 권을 읽는 데도 시간도 오래 걸리지 않는다. 그러면 다 읽은 책이 쌓여가는 모습이 또 다른 재미를 줄 것이다. 이처럼 여러모로 재미를 느끼니, 누가 시키지 않아도 조만간 스스로 책을 읽기 시작한다.

어디 이뿐일까? 입시 공부도 대개 글을 읽으며 해야 한다. 시험을 볼 때도 당연히 글을 읽고 문제를 풀어야 한다. 그러니 공부할 때나 시험을 볼 때 글을 빠르고 정확히 이해할 수 있으면 당연히 남들보다 유리하다. 그러므로 이 아이가 입시에서 우수한 성적을 거두는 것은 전혀 이상하지 않다.

  타인이라는 세계

이제 남은 일은 독서를 많이 해서 입시 성적을 올리면 되는 것 아니냐고 생각할 수 있다. 그렇지 않다. 방금 우리는 독서량이 많은 학생이 입시 성적도 우수한 이유를 살펴봤지만, 그것은 그 원인이 글 읽는 능력을 결정하는 유전자에 있다고 가정했기 때문이다.

선뜻 이해가 가지 않는다면 이 유전자가 없는 아이 입장을 한번 살펴보자. 아니, 글을 효율적으로 읽는 유전자는커녕, 만약 글을 힘들게 읽는 유전자를 갖고 태어나는 아이가 있다면, 그리고 이렇게 유전자에서 비롯된 읽기 능력의 차이가 후천적인 노력을 통해 쉽게 바뀌지 않는다면 이 아이에게는 무슨 일이 벌어질까? 과연 독서를 많이 해서 입시 성적을 올릴 수 있을까?

다시 한번 말하지만 이것은 가상의 설정이다.

우선 이 아이가 책을 많이 읽기 위해서는 남들보다 훨씬 많은 시간을 투자해야 한다. 글 읽는 속도가 느린데 내용 이해마저 한 번에 되지 않기 때문이다. 그래도 책을 많이 읽는 것이 목표라면 남들보다 시간을 더 투자해서 많이 읽으면 된다. 하지만 원하는 목표가 독서가 아니라 입시 성적 향상이라면 독서에 너무 많은 시간을 할애하기보다는 그 시간을 입시와 직접 관련 있는 공부에 투자하는 편이 더 나을 수 있다.

억지로 독서량을 늘리려 하다가는 시험공부를 할 시간이 너무 줄어 성적이 하락할지도 모른다. 글을 천천히 읽고 천천히 이해하는 아이라면, 독서 이외의 학업 공부에도 남들보다 시간이 더 필요할 것이기 때문이다.

단지 시간 배분의 문제만은 아니다. 글이 술술 읽히는 아이는 책에서 재미를 찾고 독서를 통해 스트레스를 풀 수도 있겠지만, 그것이 힘든 아이는 독서하는 동안 큰 스트레스를 받고 에너지를 소모해 버려서 다른 공부를 할 여력이 부족해질 수도 있다. 그렇다면 독서 대신 자신에게 맞는 다른 활동으로 스트레스를 풀고 에너지를 재충전하는 편이 낫다. 어디까지나 가상의 설정이긴 하지만, 입시 성적 향상을 위해 독서를 많이 하는 것이 어떤 아이에게는 효과적인 방법이 아닐 수도 있다는 이야기다.

요약하면 글 읽는 재능을 타고난 아이는 책을 많이 읽어도 시험공부 할 시간이 남고 심지어 스트레스까지 풀린다. 반면 그런 재능이 없는 아이라면 다른 방식으로 자신의 시간과 에너지를 사용해야 한다. 그런데 어디서 이런 전략의 차이가 비롯했을까? 바로 원인과 결과를 설명하는 방식에서 비롯했다. 독서를 많이 하는 학생이 입시 성적도 우수하더라는 사실을 놓고 무엇을 원인으로 보느냐에 따라 효과 있는 전략이 달라

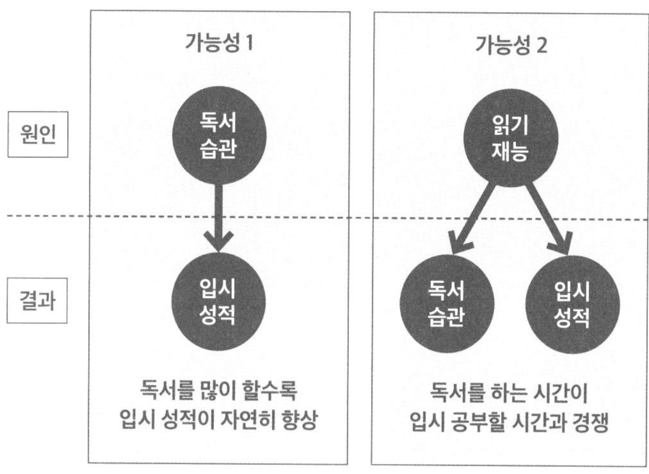

진 것이다. 애초에 '독서를 많이 하더라'라는 말은 단순한 사실이지 반드시 성적이 향상하는 원인으로 볼 일은 아니었다. 만약 정말로 독서가 원인이라면 독서를 통해 성적이 오를 수 있겠지만, 만약 독서가 원인이 아니라 그저 동반되는 현상이라면 성적이 오르지 않고 심지어 떨어질지도 모른다.

원인을 잘못 알고 있으면 엉뚱한 선택을 하게 된다. 심지어 그 선택에 따른 결과를 보면서도 왜 그런 결과가 나타났는지 이해하기 어려울 것이다. 그 결과를 설명할 생각의 틀이 없다면 뻔히 관찰한 결과를 무시하기 십상이다. 제멜바이스가 산모들의 사망률이 감소하는 결과를 제시했지만 그의 동시대 의사들이 그 연구를 받아들이지 못한 것과 마찬가지다.

앞서 예로 든 독서와 입시 성적의 관계는 편의를 위해 가상의 상황을 설정한 것이다. 현실은 훨씬 복잡하겠지만, 요점은 단순하다. 우리는 인과관계를 파악하는 일에 참 서툴다. 그럼에도 어떤 일의 원인을 성급하게 단정한다. 근거 없는 자신감도 넘친다. 두 사건이 함께 일어나느냐와 두 사건 사이에 인과관계가 있느냐는 아주 다른 문제인데, 두 사건이 자주 함께 있는 것 같으면 우리는 둘 사이의 인과관계를 상상해 버린다. 때로는 그런 관계를 상상하는 사람이 상상하지 못하는 사람보다 더 영리해 보일지 모른다. 그러나 자신이 상상한 인과관계를 그대로 믿어버리는 사람은 그것을 상상하되 사실로 단정 짓지 않는 사람보다 어리석다.

사실과 다른 상상을 섣불리 신봉하기보다는 차라리 아직 모른다고 인정하는 편이 낫다. 제멜바이스의 주장을 들은 과거의 의사들이 기존의 이론을 굳게 믿지 않았다면 감염에 관한 설명을 더 쉽게 받아들였을 것이고, 그랬다면 수많은 산모를 살렸을 것이다. 하지만 그 당시 의사들처럼 일단 머릿속에 특정 인과관계가 자리를 잡고 나면 그 관계를 새로운 시각으로 바라보기가 참 어렵다.

우리도 제멜바이스 시대의 의사들과 크게 다르지 않다. 아마 비슷할 것이다. 어디 병원에서만 그럴까? 무죄 추정의 원

     타인이라는 세계

칙이 그래서 필요하다. 어디 법원에서만 그럴까? 상상 속의 원인을 토대로 누군가를 비난하고 원망하는 일은 일상에서 너무나 자주 일어난다. 가설을 세워 새로운 길을 찾아나가는 일은 중요하지만, 그 가설을 무작정 진실로 믿어버리면 곤란하다.

왜 나는 맞고 너는 틀리는가

상상의 적과 싸우는 사람들

원인을 추측하는 과정에 영향을 주는 다른 요소도 있다. 잘된 일은 나에게 원인이 있고 잘 안된 일은 남에게 원인이 있다고 보는 경향이다. 그래서 진료 중에도 난감한 일이 벌어지곤 한다.

요즘은 예전보다 덜하긴 하지만 정신과에 가기 어려워하는 분들이 여전히 있다. 특히 정신과에서 처방하는 약을 두려워한다. 그래서 정신과 방문을 최대한 미루며 어떻게든 스스로 나아지려고 수년간 이런저런 시도를 하다가 별다른 효과를 보지 못하고 결국 정신과에 오는 경우가 잦다. 당사자는 여전히 오고 싶어 하지 않았으나 주변의 권유에 못 이겨

   타인이라는 세계

마지못해 오는 경우도 드물지 않다. 이토록 꺼리는 경우라도 상담 결과 약물 복용이 최선이라고 판단하면 약 이야기를 꺼낸다. 정신과 약을 처음 처방할 때는 요령이 있다. 기대되는 효과나 발생할 가능성이 있는 부작용 등 약에 관한 일반적인 설명 외에도 첫 처방에 효과가 없을 수 있다는 설명을 제공하는 것이다. 즉 앞으로 여러 번 용량을 조절하거나, 때로는 종류를 바꿔보면서 각자에게 맞는 처방을 찾아야 한다고 미리 알리는 게 중요하다. 왜냐하면 안 그래도 겨우 병원에 온 사람이 첫 처방에 효과를 보지 못하거나 약간의 부작용이라도 겪으면 더 이상 방문하지 않기 때문이다. 그러면 이후에는 주변에서 치료를 권해도 다음과 같이 변명하게 된다.

"내가 정신과에 안 가본 게 아니잖아. 가봤는데 효과가 없어서 안 가는 거야."

다른 병원에라도 가면 좋겠지만, 그렇게 하지 않고 영영 치료를 포기할 수도 있다. 따라서 첫 처방만으로는 치료를 충분히 시도했다고 보기 힘들다는 공감대를 미리 형성해 둬야 한다. 더욱이 대부분의 정신과 약은 소량으로 시작해 효과와 부작용을 지켜보면서 증량하는 방식으로 사용하기 때문에, 이 과정을 미리 알고 있지 않으면 뭔가 문제가 있어서 계속 용량이 올라간다고 오해하기 쉽다. 이러한 오해를 예방하기 위해 처음부터 미리 말해두는 것이 좋다.

그런데 반대의 경우도 있다. 첫 처방부터 효과가 좋은 경우다. 그래서 다음번에 와서는, 그사이 어떤 점들이 나아졌고 별 부작용도 없었다는 등의 기분 좋은 근황을 털어놓는다. 듣는 의사 입장에서도 당연히 기분이 좋다. 그런데 이어서 덧붙이는 말에 허를 찔린다.

"예전에 제가 노력했던 게 이제야 효과가 나오나 봐요."

지난 수년간 시도했지만 소용이 없었던 방법인데, 마침 병원에 와서 약을 복용하기 시작하자 효과가 나타났다는 이야기다. 물론 예전에 노력했던 그 방법이 효과를 기대할 만한 것이라면 굳이 평가절하할 필요는 없다. 그렇다고 하더라도 원인을 제대로 지목해야 하는 이유는, 그래야 원하는 결과에 도달하기가 쉬워지기 때문이다. 예를 들어 의사 입장에서 방금과 같은 말을 들으면 서운한 감정을 떠나 조기에 자의로 약을 끊는 것은 아닐지 걱정된다.

잘된 일의 원인은 나에게서 찾고, 잘 안된 일의 원인은 남에게서 찾는 경향은 사실 모두가 어느 정도 가지고 있다. 정도의 차이가 있을 뿐이다. 잘 안된 경우에는 그 결과가 심각할수록, 그래서 결과에 대한 비난이 두려울수록 더 남 탓을 하게 된다. 하지만 때로는 별일 아닌데도 괜히 남 탓을 하기

　타인이라는 세계

도 한다. 가령 부모 슬하에서 자란 청소년이라면 대부분 숙제를 해야 하거나 방 청소를 해야 하거나 그 밖의 다른 어떤 할 일이 있는데도 계속 미적거리며 시간을 보내다가, 결국 그 모습을 지켜보던 부모로부터 꾸중을 들었던 경험이 있을 것이다. 그럴 때 속으로 이런 생각한 적 없을까?

'안 그래도 곧 하려고 했는데, 엄마가 잔소리해서 더 하기 싫어졌어.'

한두 번이라면 충분히 그럴 수 있다. 하지만 이런 상황이 여러 차례 반복된다면 참으로 신기한 노릇이다. 내가 그 일을 막 시작하려는 순간마다 매번 부모가 절묘하게 타이밍을 맞춰 잔소리를 하다니! 솔직히 개연성이 낮다. 그보다는 이건 어떤가? 내가 속으로 '곧 해야지' 생각만 하며 계속 시간을 보내고 있었다면, 부모가 어느 타이밍에 말하더라도 나는 막 하려던 참에 잔소리를 듣는 꼴이 된다. 이 생각이 더 합리적이지 않은가.

어릴 때는 이를 인정하기 어렵지만, 조금 크면 이러한 현실을 스스로 인정하게 된다. 이처럼 어린 시절에는 남 탓을 하는 경향이 더 심하다가 점점 성숙해지는 길을 걷는다. 그러나 여기에도 상당한 개인차가 있다. 성인이 되어서도 유독 더 남 탓을 많이 하는 사람이 있기도 하다. 그래서 인간관계가 틀어졌을 때 그 원인이 자신에게 있을 가능성은 절대 인정하지 못하는 사람도 존재한다.

가령 지인에게 돈을 빌린 후 갚지 않고 있다고 해보자. 사정이 생겨 금방 갚지 못할 수도 있다. 그럴 때 빚 독촉을 받으면 기분이 좋을 리 없다. 그러나 상대가 빚 독촉을 하는 것도, 그래서 내 기분이 좋지 않은 것도 돈을 빌리고 갚지 않은 내가 원인이다. 내가 아직 빚을 갚지 않은 것이 원인이니, 이를 해결하는 가장 좋은 방법 역시 내가 하루빨리 빚을 갚는 것이다. 그럼에도 그 원인이 자신에게, 혹은 자신의 말이나 행동에 있다고는 절대로 보지 못하는 이가 있다. 이를테면 상대가 인색해서, 혹은 상대가 나를 무시해서, 혹은 상대가 나를 괴롭히고 싶어서 그런다고 생각하는 식이다. 사정이 너무 절박하면 그런 마음이 고개를 들 수는 있다. 그러나 적어도 가장 큰 원인은 상대가 아닌 자신에게 있다고 스스로 바로잡을 수 있어야 한다. 하지만 그러지 않고 상대를 원망하고 미워하는 마음만 계속 쌓아가는 사람들이 세상에는 존재한다.

남 탓으로 인한 이런 비극은 가까운 사람 사이, 말하자면 가족이나 친한 사이에서 벌어질 가능성이 높다. 물론 단 한 번의 만남에서 깊은 원한을 품는 일도 가능하다. 하지만 대개는 원망이 반복되면서 깊어진다. 가끔 뉴스에서도 가족이

　타인이라는 세계

자신을 무시해서 살해했다는 사례가 등장한다. 내용을 들여다보면 관계가 단절되어 있지 않았으며, 오히려 범행을 저지른 사람이 경제적 지원을 제공받거나 한집에 살면서 부양받고 있던 경우가 많다. 그렇게 교류가 이어지니 종종 싫은 소리도 오갈 수 있다. 그러나 그 싫은 소리가 오가는 상황을 만든 자신의 책임은 절대 인정하지 않는다. 그러면 상황이 나아지지 못할 뿐 아니라, 사소했던 갈등이 차곡차곡 쌓여 커다란 원한이 된다.

이런 일이 서로 가까운 사람 사이에서 자주 벌어지는 또다른 이유는, 이미 가까운 사이인 만큼 그 관계가 어떻게든 유지되기 때문이다. 서로 남남이거나 아직 관계가 충분히 형성되지 않은 사이에서는 낌새가 이상하면 바로 관계를 끊을 수 있다. 그러나 가족의 경우에는 그러기 어렵다. 관계를 끊지 못하면 차선책으로 어떤 방법이 있을까? 당사자가 품고 있는 원한을 어떻게든 풀어주려 노력할 수 있을 것이다. 가까운 사이에는 싫은 소리도 오가곤 하지만, 그 와중에 관계를 개선해 보려는 노력도 이루어지기 마련이다. 그러나 이는 얼핏 상상하는 것보다 훨씬 어려운 일이다. 왜냐하면 막상 마음을 풀어주려고 해도 남이 어떻게 해결할 수 없는 경우가 많기 때문이다. 예를 들어 혹자는 가족이 자신을 버렸다고 굳게 믿고 있는데, 그동안 살면서 종종 연락을 끊고 반복해서 자취를 감추었던 쪽은 사실 가족이 아니라 자기 자신이었다면 어떨까? 이러한 원망을 풀어줄 방법을 현실에서 찾기란 참 어렵다. 당사자의 마음에서 해결책을 찾지 않는 이상, 그 문제는 실제 현실이 아니라 당사자의 심리적 현실에 자리하고 있기 때문이다.

게다가 당사자는 그런 자신의 원한에 적극적으로 집착하는 경우가 많으며, 오히려 절대 그것을 놓고 싶어 하지 않는 것처럼 보이기도 한다. 왜냐하면 그 원한의 깊이가 자신이 얼마나 억울한 일을 당했는지 보여주는 증거라고 믿기 때문이다. 그러나 그것은 증거가 될 수 없다. 증거는 객관적 현실에서 벌어진 일로 제시해야 하기 때문이다.

자신의 마음이 곧 증거라고 믿는 사람은 심리적 현실을 실제 현실보다 우선하고 있는 셈이다. 이런 경우는 치료가 어렵다. 애초에 치료받을 생각을 하지 않기 때문이다. 설령 치료를 시작하더라도 자신에게서 원인을 찾을 마음까지는 갖지 않는다. 사실 치료를 통해 얻을 가장 큰 성과 중 하나가 바로 그런 변화인데 말이다. 가족, 연인, 친구처럼 가까운 이들과의 관계가 자꾸만 틀어질 때, 일부 원인이 자신에게 있을 수 있음을 인정하고 나부터 뭔가 달라져야 한다는 마음이 생

　　　　　　　　　　　타인이라는 세계

기는 변화 말이다. 그러나 이런 마음은 치료의 결과에 앞서 치료를 시작하는 동기로써 필요한 마음이다. 그러니 해결이 어려울 수밖에 없다.

이런 당사자와의 관계를 쉽게 끊지 못할 경우 사용하게 되는 차선책은 당사자가 품고 있는 원한을 어떻게든 풀어주려고 노력하는 것이라고 앞서 말한 바 있다. 하지만 이를 반대로 생각하면, 당사자 입장에서는 주변인들에게 원한을 품어야 나름의 이용 가치가 생기는 셈이다. 원한을 통해 상대와의 관계를 조종할 수 있기 때문이다. 다만 그러한 이용 가치를 일부러 계산했다기보다는 자기도 모르게 마음의 발걸음이 그쪽으로 향한 것이다. 이 지경에 이르면 주변 사람들 입장에서는 설령 잘못한 부분이 있더라도 섣불리 인정하기 어려워진다. 인정하는 순간 그것을 빌미로 한층 더 비난하고 조종하려 들 수도 있기 때문이다. 그러니 당사자가 주관적인 비난을 멈춰야 객관적으로 억울한 부분에 대해서는 진심 어린 사과도 받을 수 있게 된다.

이처럼 심적 고통으로부터 자신을 보호하기 위해 자기도 모르게 반응하는 방식을 심리학에서는 '방어기제'라고 부른다. 여러 방어기제가 있지만 특히 골치 아픈 것이 바로 '투사投射'다. 투사란 실제로는 자신의 마음인데, 의식하지 못한 채 그것을 타인의 마음이라고 왜곡하는 방어기제다. 가족이 자신을 버렸다고 믿고 있지만, 자세히 들여다보면 자신이 가족에 대한 책임을 받아들이고 싶지 않은 경우가 그렇다. 그래서 가족에 대한 책임을 계속 거부하고 회피하며 점점 가족과 사이가 멀어진다. 그러다 보면 가족이 자신을 버렸다는 심리적 현실에 끼워 맞추기도 편해진다. 서로 간에 서운할 일이 계속 생기기 마련이니, 이런 객관적 사실을 적당히 버무리면 그럴듯한 심리적 현실이 창조된다.

이러한 마음은 부모도 자녀도 누구나 가질 수 있다. 부모가 자식에 대한 책임을 부여받는 것은 당연하지만, 실은 자식도 성장할수록 가족과 사회 구성원으로서 완수해야 할 책임이 생긴다. 그런 책임을 방기하면 자녀는 가장 먼저 부모로부터 싫은 소리를 듣는다. 이것으로 부모가 자신을 무시해 잔소리를 한다고 믿어버린다. 하지만 사실은 부모와 사회의 간절한 요구를 자신이 먼저 무시한 것일 수도 있다. 반대로 부모가 자신의 책임은 방기해 놓고 자식이 자신을 무시한다고 믿는 경우도 마찬가지다.

이처럼 내 마음에서 찾아야 하는 원인을 계속해서 다른 사람에게 던져버리면, 즉 투사라는 방어기제를 자주 작동시키면 사실과 다른 엉뚱한 믿음을 간직한 채 실체 없는 적과 싸

　　　　　　　타인이라는 세계

우는 안타까운 투사鬪士가 된다.

　그런데 당사자가 현실에서 정말로 억울한 일을 겪고 있는지, 아니면 투사라는 방어기제를 사용하여 자신의 심리적 현실 속에서 고통받고 있는지 알기 어려울 때도 많다. 방금 예로 든 부모와 자식 간의 투사도 깊은 내막을 모르면 누가 투사하고 있는지 함부로 단정하기 어렵다. 더욱이 한 사람이 투사를 많이 하면, 그에 대한 방어로 주변 사람들도 남 탓을 더 하게 될 수도 있다.

　이렇게 비난의 화살들이 복잡하게 얽히면 상황을 제대로 파악하기가 더더욱 힘들어진다. 설령 그 와중에 전부 자기 탓을 하는 사람이 있더라도 정말 그 사람 때문이라고 볼 수는 없을 것이다. 이렇듯 인간관계에서 갈등의 원인을 이해하는 방식은 개인차가 매우 크다. 그래서 안타깝게도 갈등의 원인과 해결 방법에 관해 합리적인 대화를 기대할 수 없을 때가 종종 생긴다. 이런 상황이라고 판단되면 혹시 이 고통과 갈등의 원인이 내가 아닐까, 내가 방어기제로서 투사를 사용하고 있지는 않을까 한 번쯤 생각해 볼 필요는 있다. 그리고 이 질문의 답을 너무 두려워하지 않아도 된다. 방어기제를 발동하는 경향은 누구나 어느 정도 가지고 있기 때문이다. 객관적 현실에서 사는 사람과 심리적 현실에서 사는 사람을 이분법적으로 나눌 수는 없다.

소소한 미신이 주는 위로

누구나 살다 보면 배가 아픈 날도 있고, 잠을 못 자는 날도 있고, 평소보다 더 피곤한 날도 있다. 모두가 크고 작은 기복을 경험한다. 마찬가지로 병도 자연 경과에 따라 증상의 기복이 생긴다. 특히 만성 질환이 그렇다. 그래서 정기적으로 병원에 다니다 보면 때로는 증상이 가벼운 시기에 진료를 받고, 때로는 증상이 심할 때 진료를 받게 된다. 여기서 인과관계의 착각이 발생한다. 증상이 가벼울 때는 이때 받은 처방이나 상담이 효과가 없다고 느끼기 쉽다. 애초에 별 증상이 없었기 때문이다. 심지어 증상을 악화시켰다고 오해할 수도 있다. 왜냐하면 이후 한동안 자연스럽게 병이 악화하는 경과를 밟을 것이기 때문이다. 반대로 증상이 심한 시기에 진료를 받으면, 이때 받은 처방이나 상담이 실제로는 아무런 효과가 없더라도 효과가 좋다고 느끼기 쉽다. 왜냐하면 한동안 병이 호전되는 경과를 밟을 것이기 때문이다. 그러니까 호전 및 악화의 원인은 병의 자연 경과지만 당사자는 그 시점에 받은 처방이나 상담이 원인이라고 생각하게 된다. 여기서 말하는 당사자는 환자만이 아니라 의사나 상담사도 포함한다.

이런 식으로 원인을 잘못짚으면 실제로는 효과가 있는 처방을 성급히 중단할 수도 있고, 반대로 효과가 없는 처방을 계속 유지할 수도 있다. 다만 만성 질환에서 효과가 있어 보였던 약을 쉽게 빼지는 않기 때문에 장기적으로 약은 계속 늘어난다.

이런 일이 꼭 병을 진료할 때만 일어나는 것은 아니다. 다른 일을 할 때도 대개 결과에 기복이 있기 마련이다. 상대적으로 잘 풀리는 시기도 있고, 잘 안 풀리는 시기도 있다. 운동선수들의 성적을 봐도 그렇다. 지난주에는 매 경기 홈런을 때렸는데, 이번 주에는 내내 삼진만 당하기도 한다. 이런 기복도 어느 정도는 자연스러운 현상이라 볼 수 있다.

하지만 사람들은 잘 풀린 경기 때 동반되었던 사건을 포착해서 원인으로 지목하는 경향이 있다. 그날 우연히 빨간색 팬티를 입고 있었다면 어떨까? 왠지 그 팬티가 홈런을 친 원인인 것만 같다. 그래서 이다음부터는 중요한 경기에 빨간색 팬티를 입지 않으면 불안해진다. 소위 징크스가 이렇게 생긴다.

그중에는 심리적으로 도움이 되는 루틴도 있다. 긴장을 풀거나 집중을 유지하는 데 효과가 있는 경우다. 그러나 상당수는 아무 효과나 부작용이 없는 믿음이 섞여 있을 것이다. 우리는 현실에 없는 인과관계를 상상해서 거기에 사로잡히는 경향이 있다. 살면서 겪게 되는 온갖 종류의 상승과 하강은 그런 우리의 상상력을 심하게 자극한다.

제멋대로 인과관계를 상상하는 것은 일종의 마음 본능이다. 운동선수의 귀여운 징크스나 믿거나 말거나 하는 일상의 소소한 미신에서부터, 심각한 사회적 편견과 황당한 음모론에 이르기까지 우리의 마음은 온갖 원인과 결과의 관계를 성급하게 지어낸다. 그러므로 어떤 일의 원인이라고 떠오르는 생각들을 조심해야 한다. 사실 원인이란 알아내기가 무척 어렵다. 막상 알고 보면 원인을 착각하고 있는 경우가 아주 많을 것이다.

지금까지 마음이론, 언어, 기억, 지각, 감정 등 다양한 영역에서 우리가 떠올리는 것들에 관해 살펴보았다. 외부 세계의 진실인 줄 알았던 것들이 실은 내면의 상상과 맞물려 있었다. 그렇다고 우리 머릿속에 떠오르는 표상에 가치가 없다는 뜻은 아니다. 표상은 현실을 이해하는 데 도움을 준다. 이러한 힘을 지닌 표상은 유용한 도구다. 다만 현실이 아닐 뿐이다. 그 간극에 항상 주의하면서 우리는 올바른 표상을 향해 계속 나아가야 한다. 그것이 학문의 발전인 동시에 어쩌면 문명의 진보일 것이다.

이제 우리는 마음과 현실을 분리해서 보는 눈을 얻었다.

   타인이라는 세계

마음에 떠오르는 표상들을 현실과 분리해 만지작거릴 수 있게 된 것이다. 마음이라는 도구를 얻었으니, 이제 이 도구를 필요에 따라 자유롭게 사용하는 방법을 살펴보자.

3장

우리의 마음

인간 마음의 기원과 작동법

마음은 어디에서 오는가

마음이 탄생하다

마음속 표상의 세계는 언제부터 생겼을까? 그 세계가 내면에 들어서던 순간이 혹시 기억나는가? 기억나지 않는 것이 당연하다. 평소 우리는 그 세계의 존재를 거의 의식하지 않고 지내기 때문이다. 매일 수없이 많은 생각을 떠올리지만 그것들을 바깥 현실과 별개로 구분 짓지는 않는다. 그렇게 생각, 감정, 기억 등을 바깥 현실과 잘 맞물려 있는 동일한 세계로 간주한다.

통념상 현실을 있는 그대로 관찰하고 인정할 줄 아는 사람이 현명하다고 한다. 현실과 마음은 차이가 있다는 이야기다. 그런데 우리는 평소에 마음속 표상과 현실의 차이를 의식하고 지내지 않고 자기 마음만 고집한다. 그렇게 살다가 앞에서 살펴본 것처럼 표상이 현실을 정확히 반영하지 않는 경우를 발견하면 당황하곤 한다.

이처럼 무심코 배회하고 있는 표상 세계는 상당히 오래전부터 우리와 함께했다. 표상 세계의 탄생이 분명하게 드러나는 순간은 언제부터 시작되었을까? 만약 여러분이 부모라면 직접 목격한 적이 있을지 모른다. 바로 아기가 언어를 사용하기 시작하는 순간이다. 부모가 아니어도 괜찮다. 그저 아기가 첫 단어를 말하는 순간을 상상해 보자. 처음으로 "엄마"라고 말을 하는 것이다. 다만 입을 우물거리다가 우연히 '엄마' 비슷한 소리가 나온 경우는 제외하고, 의미가 담긴 단어를 처음 말했을 때로 국한하는 편이 좋겠다.

아기가 이렇게 말한다.

"엄마."

당연하게도 이 단어는 실제 엄마가 아니다. 그저 특정한 소리의 조합일 뿐이다. 그런데 신기하게도 소리에 의미가 연결된다. 말하자면 아기가 낸 그 소리의 조합이 엄마의 표상을 담고 있는 것이다.

그렇다. 언어를 사용한다는 것은 곧 마음속 표상을 활용한다는 의미다. 통상 아기가 첫 단어를 말하는 시기는 대략 돌

무렵이니 표상 세계가 우리 내면에 들어선 시점은 적어도 그 이전이 되겠다. 그래야 언어다운 언어, 의미가 담긴 언어가 나올 테니까 말이다. 하지만 어린 시절에 대한 기억이 없는 나는, 이후 내 마음 안에 펼쳐질 신비로운 표상 세계의 첫 삽을 뜬 순간을 기억하지 못한다.

초능력을 부여받다

아쉽게도 나는 기억을 못 하지만, 아기들을 열심히 관찰한 학자들이 표상 세계에 관한 흥미로운 설명을 제시해 놓았다. 그중 가장 유명한 학자는 단연 장 피아제Jean Piaget다. 그의 인지발달 이론에 따르면, 아기는 출생 후 감각을 통해 세상을 경험하다가 만 2세 무렵에 대상 영속성object permanence이라는 인지 수준에 도달한다. 대상 영속성이란 대상이 눈앞에서 사라져 보이지 않게 되더라도 그것이 여전히 존재한다는 사실을 알게 되는 현상이다. 바꿔 말하면 대상 영속성에 도달하기 전의 매우 어린 아기는 대상이 눈앞에서 사라지면 더는 존재하지 않는 줄 안다는 뜻이다.

　이를 증명하는 실험이 있다. 아기가 좋아하는 물건을 보여주다가 갑자기 담요로 덮어 물건을 숨긴다. 그러면 아기는 그 물건이 있는 방향으로 손을 뻗거나 물건을 가린 담요를

　　　　　　　　　　　　타인이라는 세계

치우려고 한다. 하지만 모든 아기가 그러지는 않는다. 어떤 아기는 그 물건이 담요에 가려져 눈앞에서 사라지는 순간 어리둥절한 표정을 짓는다. 이런 차이는 아기의 나이 혹은 발달 수준에 따라 나타나는데, 실험에 따르면 이런 두 반응의 분기점이 되는 시기는 생후 약 8~9개월부터라고 한다. 이 시기의 아기들에게는 무슨 일이 일어나고 있는 것일까? 눈앞에서 사라진 물건을 찾는 아기와 어리둥절해하는 아기의 차이는 어디에서 오는 것일까?

어떤 물건을 찾고자 하는 사람은 우선 그 물건의 존재를 믿어야 한다. 존재한다고 믿지 않으면 찾을 리가 없다. 허둥대지 않고 잘 찾아내려면 그것이 어디에 존재하는지도 알아야 할 것이다. 이제 질문을 바꿔보자. 그렇다면 생후 8개월이 지난 아기는 사라진 물건의 존재를 어떻게 믿는 것일까? 어쩌면 간단한 이유일 수도 있다. 여전히 보이니까 믿는 것이 아닐까? 눈에 보이지는 않지만 마음에는 보이기 때문이다. 담요 밑에 있는 물건이 뇌리에서 보이는 것이다. 그렇게 빤히 보이니 그 존재를 믿는 일도, 그것을 찾아내는 일도 어렵지 않다. 말하자면 그 물건의 표상을 떠올릴 수 있는 것이다.

이처럼 표상을 갖게 된 아기는 그 이전의 아기에 비해 일종의 초능력을 갖는 셈이다. 피아제의 인지발달 단계에서 대상 영속성이 충분히 발달하는 시기는 만 2세지만, 이 실험에서도 알 수 있듯 그 전에는 전혀 없다가 만 2세가 되면 갑자기 등장하는 것이 아니다. 더 어릴 때부터 존재하다가 점진적으로 발달한다. 피아제 이후 다른 학자들이 더 정교한 방법으로 실험한 결과, 생후 약 4개월 아기들도 간단한 수준의 표상을 활용하는 것으로 나타났다.[1]

표상의 탄생은 아이의 놀이 방식에도 영향을 준다. 여러분도 다음과 같은 장면을 본 적 있지 않은가? 어떤 아이가 모래 더미를 쌓아놓고 그 위에 나뭇가지를 몇 개 꽂은 다음 생일 파티를 하는 것이다. 아이는 나뭇가지가 촛불이라도 되는 양 입김을 불고, 존재하지 않는 촛불이 그 입김에 꺼지기라도 한 듯 웃으며 즐거워한다. 그런 다음에는 약간 넓적하게 생긴 돌을 주워 칼처럼 움직이며 케이크를 자른다. 물론 케이크는 여전히 모래 더미에 불과하지만 말이다.

꼭 모래 더미와 나뭇가지일 필요는 없다. 가령 방석 위에 연필을 세워놓아도 마찬가지다. 케이크와 촛불의 표상을 떠올리는 데 도움을 줄 다른 뭐라도 있으면 충분하다. 왜냐하면 케이크와 촛불은 어차피 아이의 머릿속에 있기 때문이다.

하지만 만약 이 가상의 케이크에 공감을 하지 못하는 사람이 그 모습을 본다면 어떨까? 아이의 놀이가 망상처럼 보

　　　　　　　　　타인이라는 세계

일 수도 있다. 케이크가 머릿속에 똑같이 아른거려야 비로소 공감할 것이다. 이처럼 서로의 표상 세계를 공유해야 공감도 가능하다.

이렇게 하나의 사물을 다른 사물로 대신해서 노는 행위를 상징 놀이의 일종으로 본다. 그런데 꼭 사물만이 아니라 특정한 사람을 다른 사람으로 대신할 수도 있다. 예를 들어 방금 이야기한 생일 파티 놀이에서 케이크 맞은편에 엄마와 아빠를 앉혀 놓고 친구 역할을 하라고 할 수 있다. 더 전형적인 경우라면, 부모와 자녀가 각각 환자와 의사 역할을 하는 놀이도 여기에 해당한다. 실제 현실에서 이들은 환자도 의사도 아니지만 표상은 어차피 현실과 차이가 있다. 따라서 이들의 말이나 행동이 환자와 의사를 적당히 상징하기만 하면 충분하다. 물론 주사기나 청진기처럼 그 상징을 더 자연스럽게 만들어 주는 도구가 있으면 좋다. 반면 아이는 병원 놀이를 계속하고 싶은데 환자 역할을 하던 부모가 갑자기 장난감 총을 집어 들고 쏘기 시작하면 원하는 상징이 깨져버려 아이가 토라질지도 모른다. 더 이상 병원 놀이의 표상을 유지하기 힘들기 때문이다. 이런 역할 놀이도 상징 놀이의 일종이며, 아이가 표상을 활용하고 있다는 신호다. 언어가 음성기호와 문자기호를 표상에 연결하는 작업이라면, 이런 상징 놀이는 더 유연하고 더 창의적인 방식으로 현실의 대상과 내면의 표상을 연결 지을 기회를 제공한다.

한편 언어 발달과 상징 놀이에 모두 어려움을 겪는 이들이 있다. 자폐증이 있는 사람이 그렇다. 방금 살펴본 유연한 방식의 상징 놀이는 물론이고, 구입한 장난감을 기능에 맞게 가지고 노는 데도 어려움을 겪는다. 예를 들어 자동차 장난감을 구입한 경우, 그것이 실제 자동차가 아니어도 자폐증이 없는 아이들은 자동차의 기능을 따라 하며 장난감을 갖고 놀 것이다. 바퀴를 굴려 움직이고, 빨간 신호등 앞에 서기도 하고, 그 안에 사람이 타거나 내린다고 가정하며 놀이를 진행하는 것이다. 나아가 엔진 소리나 정차 버튼처럼 장난감에는 구현되지 않은 기능이라도 머릿속 자동차의 표상을 활용해 원하는 기능을 부여하며 놀 수 있다. 자동차의 기능뿐 아니라 상상력을 더 발휘해 잠수함이나 우주선의 기능을 붙이더라도 그리 놀랄 일이 아니다. 육해공을 가로질러 놀이를 전개한다고 누가 뭐라고 하겠는가. 아이가 떠올리기 나름이다. 하지만 자폐증이 있는 아이는 이렇게 놀기보다 장난감을 일렬로 늘어놓거나 층층이 쌓으며 놀곤 한다. 눈앞의 자동차 장난감이 가상의 자동차라는 내면의 표상으로 연결되지 않아서 상징 놀이에 어려움을 겪곤 한다.

 타인이라는 세계

장난감 자동차는 왜 우리로 하여금 실제 자동차를 떠올리게 할까? 이 질문이 엉뚱하게 느껴질 수도 있다. 우리가 보기에 그 둘의 유사성은 너무나 자명하기 때문이다. 하지만 우리에게 자명하게 보이는 그 공통 요소가 자폐증이 있는 사람에게는 떠오르지 않기에, 표상을 우리와 같은 방식으로 활용하고 있지 않는 것이다.

언어 또한 음성 기호나 문자 기호를 표상에 연결하는 작업으로 볼 수 있다. 자폐증이 있으면, 사람마다 차이는 있지만 언어 발달이 부족한 경우가 많다. 이런 어려움에 더하여 마음이론도 잘 발휘되지 않아 다른 사람의 마음을 이해하는 데 곤란을 겪는다. 그런데 마음이론이야말로 무엇인가? 상상의 세계다. 따라서 자폐증이 있는 사람이 겪는 대표적인 고충들은 어느 정도 공통의 맥락을 갖고 있다. 한마디로 자폐증이 없는 사람과는 표상 세계에 차이가 있다. 물론 이것만으로 자폐증을 전부 설명할 수는 없다.[2]

피아제의 인지발달 이론과 관련된 흥미로운 이야기를 한 가지 더 하자면, 청소년기는 아이와 또 다르다. 어릴 적에 활용하는 표상은 주로 구체적인 대상의 표상이다. 엄마의 표상, 자동차의 표상, 케이크의 표상처럼 말이다. 그러다가 청소년이 되면 조금 다른 형태의 표상이 등장한다. 바로 자유,

평등, 공정, 가치와 같은 추상적인 표상이다. 물론 더 어릴 때도 이런 단어를 전혀 모르는 것은 아니다. 하지만 추상적인 개념을 가지고 본격적으로 사고할 줄 알게 되는 시기는 청소년기부터다.

청소년기의 뇌는 여러 변화를 겪는다. 그중 한 가지로, 뇌 영역의 연결 상태가 달라진다. 어린이의 뇌는 성장하면서 멀리 떨어진 영역 간 연결은 강화되고 가까이 있는 영역 간 연결은 약화된다.[3] 긴 연결이 늘어나고 짧은 연결은 줄어드는 셈이다.

그렇다면 혹시 이런 변화가 서로 띄엄띄엄 떨어져 있던 표상들을 더 쉽게 하나로 연결해 주는 것은 아닐까? 그래서 여러 가지 구체적인 표상을 연결을 통해 더 효율적으로 묶는 것이라는 가설을 세울 수 있다. 그런 과정을 통해 청소년으로 성장한 아이는 추상적 표상을 활용할 수 있게 된다. 가령 자유라는 추상적 표상을 떠올리기 위해 인간의 뇌는 자유와 관련 있을 만한 구체적인 경험과 기억을 순식간에 연결 짓는다.

이처럼 추상적인 개념을 활용하는 일도 일종의 초능력이라고 볼 수 있다. 그런데 이 시기의 자녀를 키우는 부모가 힘든 점 중 하나는, 자녀가 이 새로운 초능력을 부모와 논쟁하는 데 사용할 때가 많다는 사실이다. 그래서 이 시기의 자녀

와는 이전과 다른 새로운 대화법이 필요하다.[4]

텔레파시가 통하는 걸까?

이쯤 되니 한 가지 의문이 든다. 내면의 표상 세계는 일종의 상상이기 때문에 각자의 머릿속에만 들어 있다. 그런데 어떻게 우리는 그것으로 서로 소통하고 공감할까? 모래 더미와 나뭇가지로 생일 파티 놀이를 하는 아이가 어째서 황당하게 보이지 않고 자연스럽게 이해되는 것일까? 작은 상자 같은 것을 자동차라고 했다가 우주선이라고 했다가 잠수함이라고 하면서 노는 아이는 또 어떠한가? 그 모습이 이상해 보이지 않는 것은 물론이고, 어찜 그렇게 즉흥적으로 지어낸 줄거리로도 다른 아이들과 위화감 없이 어울려 놀 수 있는지 대견하기만 하다.

이 책을 처음부터 읽은 독자라면 타인의 마음이 내 마음과 같으리라고 섣불리 기대할 수 없다는 사실을 잘 알고 있을 것이다. 하지만 그래도 사람 간의 표상 세계는 차이점보다 공통점이 많아 보인다. 내가 머릿속에 떠올리는 것들이 비록 객관적 진실은 아닐지라도, 남들과 소통하는 도구로 활용할 만큼 서로 비슷할 때가 많다. 어떻게 그럴 수 있을까?

내 생각에 첫 번째 이유는, 우리 내면에 표상의 싹을 틔운

최초의 씨앗이 구체적인 사물이었기 때문이다. 엄마의 표상, 자동차의 표상, 케이크의 표상처럼 공통의 현실 세계를 토대로 표상이 처음 생겨났기에 이후에도 서로 비슷한 표상을 품고 있는 게 아닐까? 어찌 되었든 우리는 모두 지구인이니까 말이다.

그리고 어쩌면 더 중요한 두 번째 이유는 우리 뇌에서 찾을 수 있을 것이다. 이에 관해서는 의과대학 수업 때 사용하는 흥미로운 연구를 소개한다.

우선 약간의 사전 설명이 필요하다. 우리 뇌에는 얼굴을 인식하는 영역이 있다. 가장 대표적인 영역이 방추이랑fusiform gyrus이다. 우리가 다른 사람을 만나 얼굴을 보면, 우리 뇌에서 이 방추이랑의 일부가 작동한다.

그럼 이제 문제를 하나 내겠다. 선천적으로 눈이 안 보이는 사람도 뇌에 얼굴을 인식하는 영역이 존재할까? 그 영역이 방추이랑이든 뭐든 간에 말이다. 서울대 의과대학 학생들에게 매년 이 질문을 하는데 대체로 한쪽으로 의견이 쏠려 흥미롭다. 여러분도 잠시 읽기를 멈추고 생각해 보길 바란다.

충분히 생각했는가? 학생들은 이 경우 뇌에 얼굴 인식 영역이 없을 것이라는 의견을 훨씬 많이 냈다.[5] 실제 연구 결과는 어땠는지 보자.

 타인이라는 세계

실험을 위해 선천적으로 눈이 안 보이는 사람을 모집했다. 그들에게 얼굴을 제시하고 뇌를 촬영해 방추이랑이 반응을 하는지 관찰하면 된다. 그런데 눈이 안 보이는 사람들에게는 어떻게 얼굴을 제시하면 좋을까?

한 연구에서는 얼굴과 관련한 소리를 들려주었다. 예를 들어 웃는 소리, 씹는 소리, 휘파람 소리 등을 들려주었다. 그리고 이런 소리를 들을 때와 얼굴과 무관한 소리를 들을 때를 비교했다.[6] 다른 연구에서는 3차원 얼굴 모형을 만들어서 모형을 만지는 동안 뇌를 촬영했다.[7] 그 결과 두 연구 모두 선천적으로 눈이 안 보이는 사람의 뇌에서도 얼굴 인식 영역이 발견되었다. 평생 얼굴을 단 한 번도 본 적 없는 사람들인데 뇌에서는 방추이랑의 일부가 얼굴 인식을 담당하고 있었다.

건강한 시력을 가진 사람들이 살면서 타인의 얼굴을 자주 보듯이 선천적으로 눈이 안 보이는 사람들도 살면서 타인의 얼굴을 자주 만지기 때문일까? 그런 촉각 경험이 누적되어 이들의 뇌에서도 얼굴 인식 영역이 생겨난 것일까? 하지만 설령 그래서 뇌에 얼굴 인식 영역이 생겼더라도, 마침 그 위치가 똑같이 방추이랑이라는 것은 아무래도 이상하다. 얼굴 인식은 방추이랑에서 담당하기로 미리 약속해 놓은 게 아니라면 말이다.

후속 연구가 생후 2개월에서 9개월 사이 아기들을 대상으로 이루어졌다. 눈이 보이는 아기들이라 청각이나 촉각을 활용할 필요는 없었고, 얼굴이 나타나는 여러 영상을 보여주면서 뇌를 촬영했다. 그 결과 성인과 같은 위치에서 얼굴 인식 영역을 발견할 수 있었다.[8] 이토록 어린 아기들도 같은 결과가 나오는 것을 보면 적어도 오랜 경험이 쌓여 뇌에 얼굴 인식 영역이 생기는 것은 아닌 듯하다.

이 연구들은 무엇을 의미할까? 뇌에 얼굴 인식 영역이 생기는 데 경험이 전혀 필요 없다는 이야기일까? 그런 가능성이 엿보이지만 그것을 확실히 증명했다고 보기는 어렵다. 선천적으로 눈이 안 보이는 사람들도 누군가의 얼굴을 만져본 촉각 경험이 있을 테고, 생후 2개월의 아기라도 타인의 얼굴을 본 시각 경험이 있을 테니 말이다. 하지만 둘을 종합해 보면 경험의 양이나 경험의 종류에 의해 결정되는 부분은 상당히 적다고 합리적으로 추론할 수 있다. 즉 경험하기 전에 얼굴 인식을 방추이랑에서 담당하는 것이 미리 결정되어 있다는 말이다.

그렇게 정해진 채 태어났기 때문에 어떤 원인으로 시력 없이 살게 된다고 해도 정해놓은 것이 변하지는 않는다. 마치 한 부서에서 차질이 생기더라도 다른 부서에서 이미 결재가

     타인이라는 세계

끝난 일은 그대로 진행되는 것과 같다. 우리는 사람이 어떤 생각과 행동을 하는 이유를 그가 태어난 후 겪은 일에서 찾는 경향이 있다. 이 세상에 나온 이후의 경험이 우리를 만든다고 믿고 싶어 한다. 하지만 굳이 비율을 따지자면 엄마 뱃속에서 나오기 전에 이미 결정되는 부분이 훨씬 많을지도 모른다. 세상에 나와서는 미리 완성된 설계도 위에 약간의 변화를 가미할 뿐이다. 그 약간이 우리가 의식할 수 있는 부분이기에 유독 크게 느껴지는 것은 아닐까?

사실 설계 단계나 기초 공사 단계에서 큰일을 겪으면 우리는 태어나지도 못한다. 그러니 기본 부품은 다들 비슷하게 장착한 채 태어날 수밖에 없다. 추가 옵션에서는 비록 조금씩 차이가 나지만 말이다. 그래도 이미 태어났다는 것은 앞의 단계에서 큰 문제가 없었다는 이야기다. 그렇게 잘 태어난 사람끼리 차이를 비교하니 출생 전 단계에서 결정되는 부분은 비중이 작게 느껴질 수밖에 없다.

우리가 저마다의 머릿속 세상에 살면서도 그럭저럭 잘 소통하며 살아가는 이유가 여기에 있다. 서로 비슷한 경험을 해서 머릿속이 비슷해지는 면도 있지만, 더 근본적인 차원에서 우리는 남들과 비슷하게 태어난다. 이런 공통의 생물학적 조건을 바탕으로 정신 활동이 이루어지기에 각자의 상상 속에 살면서도 서로 이해하고 공감할 수 있다. 그 떠오르는 표상들이 서로의 비슷한 삶뿐 아니라 비슷한 뇌를 바탕으로 떠오르기 때문이다.

그 표상들이 진리여서 우리가 떠올리는 게 아니다. 다시 말하면 그 표상들이 우주에서 도달 가능한 최선의 표상들이어서 우리가 떠올리는 게 아니다. 우리가 그렇게 태어났고 그렇게 경험했기에 그렇게 떠올리는 것이다. 이처럼 아주 특별한 조건에 가냘프게 의존하는 것이 우리의 정신 활동이다.

그럼에도 우리는 우리 자신의 마음을 너무 당연하게 여긴다. SF 영화를 보면 알 수 있다. 외계인을 만나 각종 모험을 하는 영화를 보면 머나먼 다른 행성에서 온 존재들과도 소통이 참 쉽다. 물론 같은 언어로 말하는 모습은 관객들도 이상하다고 느끼지만 눈감아 준다. 하지만 단순히 언어의 차이를 떠나 서로의 표상을 자연스럽게 공감하는 일은 이상하다. 혹시 우리는 이 우주라는 현실을 너무 낭만적으로 오해하고 있는 것은 아닐까? 외계인도 우리와 같은 방식으로 마음을 사용하리라고 말이다. 그래서 저 멀리 우주 공간 속으로 우리의 존재를 알리는 신호도 보내는 모양이다.

하지만 외계를 낭만적으로 바라보기 전에 먼저 우리가 사는 지구를 돌아보는 것은 어떨까? 같은 지구인끼리도 떠올

          타인이라는 세계

리는 표상이 달라 서로 미워하고 죽이곤 한다. 차이점보다 공통점이 훨씬 많은 마음인데도 그 작은 차이로 인해 살인과 전쟁이 벌어지지 않는가.

만약 지난 세기에 발발한 두 번의 세계대전을 낭만적으로 묘사한 영화가 있다면 끔찍한 현실을 호도했다고 비난받을 것이다. 하지만 외계인이 우리를 찾아온다면 그보다 훨씬 끔찍한 일이 벌어질 수 있다. 특히나 그 멀리서 우리를 찾아올 만큼 능력이 월등한 종족이라면 말이다. 영화에서는 그럴 때 우리가 멋지게 승리할지 몰라도, 그런 영화는 인류가 이제껏 겪은 그 어떤 전쟁보다도 더 끔찍할 현실을 호도하게 될지 모른다.

외계인과의 낭만적인 만남을 기대하기 전에 일단 우리 지구인끼리 지금보다 사이좋게 지낼 필요가 있다. 그것도 하지 못하면서 외계인과 만나 잘 지내겠다는 것은 참으로 순진한 상상이다.

정리하면 우리가 서로 비슷한 표상을 떠올리며 소통할 수 있는 이유는 첫째, 우리 모두 지구인으로 태어나 살면서 공통의 현실을 토대로 표상 세계를 구축했기 때문이다. 그리고 둘째, 그렇게 공통의 표상을 떠올리기 시작한 것은 사실 현재의 우리가 아닌 우리의 먼 조상들부터였고, 그들이 우리에게 공통의 표상을 떠올리는 뇌를 대물림했기에 지금 우리는 비슷한 표상을 떠올리며 살아가고 있다.

이 뇌로 우주의 신비를 조금씩 이해해 나가는 우리 스스로가 대견해 보일지 모르지만, 어쩌면 인류가 활용 가능한 표상의 폭은 극히 제한되어 있을 수도 있다. 물려받은 뇌라는 특정 조건에 갇혀 있기 때문이다. 심지어 우리는 우리와 뇌가 비슷한 다른 동물의 마음도 잘 모른다. 그보다 더 비슷한 뇌를 가진 인간의 마음조차 모를 때도 많다. 그럼에도 이런 사실을 자주 망각한 채 살아가는 우리는 얼마나 자기중심적인가. 우리가 사는 이 지구가 우주의 중심이라고 생각했던 시절처럼 우리가 가진 이 마음을 우주의 중심에 놓고 생각하고 있는 셈이다. 우리의 마음이 마치 우주 보편적인 마음이라도 되는 양, 머나먼 외계에서 오는 존재에게까지 이해받고 공감받는 것을 기본값으로 설정한 채 살아가고 있다.

문득 양자역학의 딜레마가 떠오른다. 세상의 기본 단위는 입자일까, 파동일까? 나는 이 분야에 문외한이라 전문가의 설명에 전적으로 의지하는 입장이다. 듣자 하니 어떤 실험 결과를 보면 파동인 것 같고, 다른 실험 결과를 보면 입자인 것 같다고 한다. 도통 이해가 어렵다.

그런데 생각해 보면 그저 우리가 떠올릴 수 있는 표상이 입자와 파동으로 나뉘어 있는 듯하다. 세상은 우리의 표상과 전혀 다른 방식으로 존재할지도 모른다. 그러니 우리가 갖고 있는 표상으로는 도통 이해할 수 없는 벽에 부딪히더라도 이상할 것이 없다. 오히려 그 반대가 놀랍고 이례적인 일이다. 우리가 갖고 있는 표상은 일상에서 쓸모 있는 우리 주변의 구체적인 대상들로부터 출발한 것인데, 그것이 우리가 일상에서 체감하기 힘든 미시 세계와 거시 세계에 대해서도 이해하고 조작할 수 있게 길을 열어준다는 사실이 더 이상하다.

이해하지 못하는 게 오히려 당연할지 모른다는 이런 말은 물리학자들에게는 아무런 도움도 되지 않는다. 그들의 임무는 우리가 이해하고 조작할 수 있는 표상에 도달하는 것이기 때문이다. 그러니 문외한의 한가한 혼잣말에 부디 개의치 마시고 그 임무에 매진해 주시기를 바란다. 표상과 현실이 차이 나는 것은 당연한 일이지만, 그럼에도, 아니 바로 그렇기 때문에 현실에 더 가까운 표상을 창조하기 위한 노력은 계속 필요하다. 인류의 역사에서도, 또한 인간 개개인의 역사에서도 그 간극을 좁히려는 노력은 끝까지 계속될 것이다.

휴식하는 뇌

우울할 용기

과거 연구자들은 아무 일도 안 하고 쉬고 있는 사람의 뇌를 진지하게 들여다볼 생각은 하지 않았다. 그런 순간에는 워낙 각양각색의 생각이 머릿속을 맴돌 테니, 연구할 의미가 없어 보였기 때문이다. 사람마다 떠올리는 생각이 다 다르고, 같은 사람이라도 매 순간 다른 생각을 떠올릴 테니 말이다. 과거에는 그런 상태에서 뇌를 촬영하면 중구난방의 결과를 얻을 뿐이라고 예상했다. 그래서 기존에는 사람들에게 어떤 일을 하도록 시키면서 뇌를 촬영하는 방식으로 연구를 했다. 동일한 과제를 수행할 때 사람들의 뇌가 어떻게 반응하는지를 보려고 한 것이다. 이를 위해서는 촬영하는 동안 사람들의 뇌가 공통된 반응을 보일 외부 자극이 필요했다. 그래서 매 연구를 할 때마다 그런 과제를 만들어 제시하느라 연구자들은 골머리를 앓았다. 이를테면 다양한 표정의 얼굴 사진들을 순차적으로 보게 하면서 뇌를 촬영하거나, 특정 문자나 숫자가 화면에 나올 때마다 최대한 빠르게 버튼을 누르게 하면서 뇌를 촬영하는 식이었다. 연구 때마다 이런 과제를 새로 만드는 것은 여간 골치 아픈 일이 아니다. 하지만 그런 수고를 피할 수가 없었다. 각자 마음대로 생각하는 동안에는 뇌에서 어떤 보편적인 현상을 발견할 수 없다고 여겼기 때문이다.

그런데 역시 해보지 않고는 모르는 일이었다. 뇌 촬영 장비 안에 누워 아무것도 하지 않고 있는 사람의 뇌를 들여다보자, 뇌 영역들이 서로 통일된 방식으로 질서 있게 활동하는 모습을 관찰할 수 있었다.[9] 쉬고 있을 때도 뇌는 신비한 네트워크 상태를 유지하고 있었던 것이다.

여기서 네트워크란 서로 연동되어 활동하는 뇌 영역들을 말한다. 이후로 다양한 휴식 상태 네트워크가 발견되었다. 그렇다고 이 네트워크가 휴식하는 동안에만 연결되는 것은 아니었다. 오히려 어떤 일을 할 때 함께 활동하는 뇌 영역들이 그 일을 하지 않고 쉬는 동안에도 계속 연동된 신호를 보이는 경우가 많았다. 예를 들어 무언가를 보거나, 듣거나, 몸을 움직이거나, 집중해서 어떤 문제를 풀거나 할 때 과제마다 동원되는 뇌 영역들이 있기 마련인데, 쉬고 있을 때도 그 영역 간에 연결성이 남아 있었던 것이다.[10] 그 일을 할 때 더 활발히 활동하긴 하지만, 하고 있지 않을 때도 중구난방의 신호 대신 일관된 네트워크를 관찰할 수 있다는 점은 뇌 연구자들에게 있어 실로 획기적인 발견이었다.

다만 예외적으로, 이와 반대로 행동하는 마치 청개구리 같은 네트워크도 있었다. 즉 휴식 상태에 비해 정신적 노력을 요구하는 과제를 수행할 때 오히려 활동이 감소하는 네트워크가 있었던 것이다. 이를 영어로는 디폴트 모드 네트워크de-fault mode network라고 한다.[11] 한국어로는 아직 그 명칭이 충분히 합의되지 않은 것 같지만, 우리말로 디폴트 모드는 '기본 설정 상태'쯤 되지 않을까 싶으니 이 책에서는 뇌의 '기본 설정 네트워크'라고 부르려 한다. 우리가 어떤 목표 지향적 활동에 돌입하기 전의 휴식 상태, 말하자면 일종의 기본 대기 상태에 있을 때 더 뚜렷하게 관찰되는 네트워크라고 이해하면 될 것이다.

쉬고 있을 때 더 열심히 활동하는 네트워크라니 신기하게 느껴질 수도 있다. 그런데 쉬고 있다거나 휴식을 취한다는

  타인이라는 세계

것은 대체 어떤 의미일까? 이 '휴식'이라는 단어에서 벗어나서 생각해 볼 필요가 있다. 그래야 이 네트워크가 하는 역할을 제대로 파악할 수 있다. 이렇게 생각해 보자. 우리가 휴식 중이라고 부르는 상태에서도 뇌는 무언가를 열심히 하고 있는 것이 아닐까? 그리고 그 일을 하는 네트워크가 바로 이 기본 설정 네트워크가 아닐까? 다시 말해 단순히 휴식할 때 활동이 증가하는 것이 아니라, 우리가 휴식 중으로 알고 있는 상태에서도 실은 이 네트워크를 통해 어떤 중요한 일을 하고 있는 것일지도 모른다.

그 일이 무엇인지는 점점 밝혀지는 중이다. 현재까지 알려진 이 기본 설정 네트워크의 대표적인 역할을 나열해 보면, 주로 자신과 관련 있는 일을 생각하고 판단하는 경우가 많다. 가령 자신에 관해 돌아보기, 자신이 과거에 겪은 일을 회상하기, 미래를 상상하거나 앞으로의 계획을 떠올리기 등이다. 그뿐만 아니라 타인의 마음을 추측하거나 언어의 의미를 이해하는 일에도 뇌의 기본 설정 네트워크가 관여한다.[12]

그런데 우리는 이런 일들을 주로 어떨 때 하는가? 특별히 마음먹고 할 때도 있지만, 그냥 별 계획 없이 어느새 이런 생각에 잠길 때가 더 많다. 소위 딴생각에 빠졌다고 하는 상태다. 주로 할 일 없이 쉬고 있을 때 이런 몽상에 잠기곤 한다.

물론 일하는 중에도 가능하다. 익숙한 길을 걷고 있거나 운전처럼 몸에 익은 일을 하는 동안에 말이다. 그럴 때 우리의 정신은 따로 배회할 수 있다. 하지만 낯선 장소에서 길을 찾는 중이거나 치안이 걱정되는 동네를 빠져나가려 할 때, 혹은 초보 운전자가 신경을 온통 곤두세운 채 주행 연습을 할 때처럼 주의를 외부로 집중해서 어떤 목표 지향적 활동을 해야 할 때는 몽상에 잠기기가 쉽지 않다.

우리 뇌의 기본 설정 네트워크가 주로 '휴식' 상태에서 활동하는 이유가 이제 이해된다. 몽상 속을 거닐기 가장 좋을 때가 바로 그 상태이기 때문이다.[13] 반면 정신적 노력을 요구하는 과제를 수행할 때는 이 활동이 감소해야 할 것이다. 그러지 않으면 중요한 과제에 집중하기 힘들 테니까 말이다.

실제로 주의력결핍 과잉행동장애, 즉 ADHD가 있는 사람들이 이런 현상을 자주 겪는다. 과제에 집중해야 하는데 뇌에서 기본 설정 네트워크의 활동이 잘 억제되지 않는다.[14] 해야 할 일이 있는데도 자꾸 딴생각이 끼어드는 것이다.

그렇다면 할 일 없이 쉬고 있을 때는 몽상 속에서 마음껏 헤매고 다녀도 좋을까? 세상 모든 일이 그렇듯 순기능과 역기능이 있을 것 같다. 가령 친구에게 말실수한 것을 그 당시에는 미처 몰랐으나 지난 뒤에 돌아보던 중 깨닫는다면, 이런 몽상은 우정을 유지하거나 미래의 말실수를 줄이는 데 도움이 된다. 이런 깨달음의 순간이 있어 이미 저지른 실수에 대해서는 마음이 아프겠지만, 자신의 실수를 바로잡고 다음에 같은 실수를 하지 않으려 노력하게 되는 것이다. 실수했다는 것을 깨달았을 때 아무런 고통이 느껴지지 않는다면, 같은 실수를 반복하지 않으려는 마음도 간절할 리 없다. 행동의 발전을 위해서는 약간의 고통이 필요하다. 다만 너무 과하면 필요 이상으로 고통스러울 수 있다. 즉 몽상은 행동의 발전이라는 순기능과 마음의 고통이라는 역기능의 가능성을 모두 품고 있으니 현명하게 균형을 잡을 필요가 있다.

자꾸 생각을 곱씹는 것을 일컬어 반추한다고 한다. 소가 여물을 재차 우물대는 모습에 비유한 표현이다. 특히 우울증이 있는 사람은 자신의 고통에 대한 부정적인 생각을 반복하는 경향이 있다.[15] 이런 반추도 이 네트워크의 활동과 관련이 있다.[16] 실제로 우울증이 있는 사람은 과제 수행 시 기본 설정 네트워크의 활동이 증가하거나, 휴식 중에 이 네트워크의 내부 연결성이 증가했다는 보고가 있다.[17]

참고로 항간에 떠도는 이야기로는 주로 착한 사람들이 우울증에 잘 걸린다는 말도 있다. 이는 학계에서 인정받는 정설은 아니다. 사실 착하다는 말의 의미부터가 학술적으로 애매하다. 그런데 이 반추라는 연결 고리를 생각하면 일리가 있어 보이기도 한다. 우울증이 있는 사람의 반추는 자신의 행동을 거듭 돌아보면서 고통을 느끼는 것이기 때문이다. 그런 반추가 일상이 되면 그 사람의 행동은 남들이 보기에 소위 착하다고 하는 방향으로 나아갈지 모른다. 수시로 자신을 책망하며 스스로 행동을 검열하니까 말이다. 하지만 그 과정에서 당사자의 마음은 우울해질 소지가 있다. 그래서 착하게 행동하는 사람 중에 우울증에 걸린 이가 정말로 많을지도 모르겠다. 행동이 착해진 원인이 만약 지나치게 자기 비판적인 반추 때문이라면 말이다.

물론 이것만으로 복잡다단한 현실을 전부 설명할 수는 없다. 집단의 경향성을 이해하는 문제기 때문이다. 2장에서 이럴 때 그래프를 떠올리는 편이 좋다고 했다. 그 그래프 안의 점들은 비록 전체적으로는 어떤 경향성을 보일지라도 각각은 상당히 흩어져 있을 것이라고 말이다. 즉 집단의 경향성으로 개개인을 설명하는 데는 한계가 있다. 하물며 그 전체적인 경향성조차 예상과는 아주 다를 수 있다. 예를 들어 반추를 통해 행동이 개선되고 우정이 유지되다 보니 어떤 이는 시간이 지남에 따라 오히려 덜 우울해질 수도 있다. 그런가 하면 아무리 착한 사람도 우울해서 자꾸만 짜증이 나거나 무기력이 동반되어 약속을 자주 어기다 보면, 시간이 지나면서 착하다는 말을 덜 듣게 될 것이다. 그러니 결코 단순한 문제가 아니다. 게다가 어디 한 종류의 반추만 있겠는가. 어떤 경우에는 남에게 복수하겠다는 생각만 곱씹으며 반추할 수도 있다. 아니면 변명과 자기 합리화를 반복하느라 행동이 개선되지 않는 반추도 있을지 모른다. 그러다 보면 망나니로 살다가 살인자가 될 수도 있다.

오히려 우울증으로 가는 반추는 어쩌면 용기 있는 행위이지 않을까. 적어도 자신의 잘못을 인정할 줄 아는 사람이 사용하기 때문이다. 그럴 때 따라오는 고통에서 도망가지 않고 죄책감이나 수치심 등으로 이름 붙여지는 그 고통스러운 감정의 파도를 감내할 용기가 있는 반추를 말이다.

쉬지 않는 뇌

그런데 휴식 중에 위와 같은 생각을 자주 하면 정말 쉬는 게 아니다. 휴식한다고 말하지만 뇌는 쉬지 않고 있다. 단지 외부 과제에 집중하지 않을 뿐, 내면의 다른 과제에 푹 빠져 있는 셈이다.

그러니 실은 휴식하고 말고의 문제가 아니다. 마음을 먹고서 어떤 목표 지향적 과제를 수행하느냐, 아니면 그냥 배회하는 마음에 맡긴 채 생각이 흘러가는 대로 두느냐의 차이일 수도 있다. 흘러가는 대로 둔다니 마치 편히 쉬는 것 같은 느낌이 든다. 그러나 외부에 집중할 일이 없을 때 우리 뇌는 자신을 돌아보거나 타인의 마음을 추론하는 일로 생각보다 더 바빠서 지치고 있을지 모른다.

타인의 마음을 추론한다? 이는 마음이론이 하는 일 아닌가? 실제로 뇌의 마음이론 회로와 기본 설정 네트워크는 영역이 겹친다. 대표적으로 전두엽의 안쪽 영역이 중복되는데, 1장에서 설명했듯 이 영역의 역할 중 하나는 현실과 표상을 분리하는 일이다.[18] 현실의 어떤 구체적인 대상을 그 대상으로만 인식하는 데 그치지 않고, 거기서 추상적인 뭔가를 더 떠올리는 역할이다. 이 영역이 마음이론에만 관여하는 게 아니라 기본 설정 네트워크에도 포함되어 있다니, 그만큼 타인의 마음을 이해하는 일은 내 마음을 이해하는 일과 서로 겹치는 부분이 있는 듯하다.

이처럼 현실과 분리된 표상 세계가 우리 마음속에 생기는 시기를 피아제의 인지발달 이론에서는 대상 영속성, 즉 눈앞에 물건이 사라져 보이지 않게 되더라도 그것이 여전히 존재한다는 사실을 알게 되는 만 2세 무렵으로 보았다. 그렇다면 이 시기에 뇌의 기본 설정 네트워크는 어떤 상태일까? 이 질문에 답하기 위해 생후 2주, 한 살, 두 살이 된 아기들의 뇌를 촬영해 어른의 뇌와 비교했다. 이 연구 결과에 따르면 뇌의 기본 설정 네트워크도 생후 2년이 되어야 어른과 비슷해졌다.[19] 피아제의 이론과 뇌 연구 결과가 대략 비슷한 시간을 말하고 있는 셈이다. 정리하면 생후 초기 2년 내에 우리의 머릿속에서 표상 세계가 터를 잡는다.

이렇게 보니 우리는 아기 때부터 일종의 '투잡' 인생을 살고 있었다. 인생의 절반은 바깥세상의 문제를 해결하며 살아왔지만, 나머지 절반은 퇴근해 다른 일을 했던 셈이다. 외부 현실 세계에 해결해야 할 과제가 없을 때면 수시로 기본 설정 네트워크를 타고 내면의 공터로 돌아가, 거기에 표상의 건물을 지으며 살아온 것이다. 그 결과 우리 머릿속은 수많은 단어와 문장들로 넘쳐난다. 그 하나하나가 크고 작은 표상의 건물이라고 할 수 있다. 그런 건물이 촘촘히 들어선 장소가 마음이라는 세계다. 그렇다면 그 세계 안을 거닐 때 우리는 흡사 조물주와 같은 존재라고 할 수 있을 것이다.

앞에서도 짧게 설명했지만 어린이가 어른으로 성장하는 과정에서 뇌는 다른 흥미로운 현상도 보인다. 뇌의 네트워크 연결에 변화가 생기는데, 바로 짧은 연결은 약해지고 긴 연결은 강해지는 것이다.[20] 마치 시골 마을에 건물이 어느 정도 들어선 다음에는 도로망을 정비하여 큰 도시로 확장 건설하는 일과 비슷하다. 사람이 별로 다니지 않는 어중간한 골목길은 줄이고, 사람이 많이 다니는 길은 시원하게 뚫어 장거리 도로를 확충하듯이 말이다. 이처럼 내면 세상의 정신적 제국을 건설하면서 우리는 어른이 된다. 이 과정을 청소년기라고 한다.[21]

집중하는 뇌

하얀 눈밭 위 빨간 점

뇌의 기본 설정 네트워크가 몽상 속을 배회하는 네트워크라면, 그렇게 마음을 흘러가는 대로 내버려두지 않고 어떤 외부 자극에 집중해 과제를 수행할 때 동원되는 네트워크도 있지 않을까?[22]

뇌에는 눈으로 무엇을 볼 때 함께 활동하는 영역들도 있고, 귀로 무엇을 들을 때 함께 활동하는 영역들도 있다. 이들은 그 일을 할 때만이 아니라 휴식 상태에서도 연동된 신호를 보인다. 즉 담당하는 기능을 하고 있지 않을 때도 네트워크는 사라지지 않는다.

이 밖에도 뇌에는 여러 가지 기능의 네트워크가 있는데,

그중에서 기본 설정 네트워크는 몽상 속을 배회하는 네트워크다. 그렇다면 마음이 흘러가는 대로 내버려두지 않고 어떤 외부 자극에 집중해 어려운 과제를 수행할 때 동원되는 네트워크도 있을 것이다. 이 네트워크의 명칭은 학계에서도 다양한 용어가 혼용되고 있다 보니, 여기서는 부르기 쉽게 실행 기능 네트워크executive network라고 하겠다.

이렇게 외부 자극에 집중해 과제를 수행할 때, 그러니까 실행 기능 네트워크 등이 열심히 일을 할 때 우리 뇌의 기본 설정 네트워크는 활동이 감소한다. 간단히 말하면 우리 뇌는 두 네트워크 사이를 오가며 일한다. 외부 과제에 집중하는 실행 기능 네트워크와 내면의 몽상에 빠져드는 기본 설정 네트워크 사이를 왔다 갔다 하면서 말이다. 그래서 업무에 집중할 때는 딴생각을 덜 하게 되는 것이다.

물론 마음먹은 대로 잘 안될 때도 있다. 누구나 경험해 보았을 것이다. 가령 숙제에 집중해서 문제를 풀어야 하는데 자꾸만 딴생각에 빠져 집중이 안 되던 순간이 그렇다. 두 네트워크 사이의 전환이 뜻대로 되지 않으면 그럴 수 있다.

그렇다면 두 네트워크 사이의 전환은 어떻게 일어날까? 여기에 관여하는 또 다른 네트워크가 있다.[23] 말하자면 외부로 주의를 돌려야 할지 내면의 몽상 속을 돌아다녀도 될지

   타인이라는 세계

정해주는 네트워크다. 이 역시 자주 겪었을 것이다. 수업 중에 시선은 앞을 향하고 있지만 머릿속은 몽상 속을 헤매고 있다가, 갑자기 어떤 심상치 않은 자극을 감지하고 몽상에서 빠져나온 경험 말이다. 이를테면 선생님이 말없이 나를 똑바로 쳐다보고 있는 경우가 그런 심상치 않은 자극에 해당한다. 그런 자극을 감지해서 외부에 주의를 기울여야 할 일이 생겼다고 우리에게 알려주는 네트워크를 돌출 자극 네트워크salience network라고 한다.[24]

그럼 돌출 자극salient stimuli이란 무엇일까? 다음과 같은 장면을 상상해 보자. 밤새 내린 눈으로 온통 하얗게 변한 벌판 위에 새빨간 외투를 입은 사람이 힘차게 걸어가고 있다면, 눈에 확 띌 것이다. 혹은 온통 키 작은 사람들만 모여 있는 무리 사이에서 키 큰 사람이 딱 한 명 있으면 그야말로 돌출되어 보일 것이다. 이처럼 눈에 띄는 자극을 돌출 자극이라고 한다. 꼭 시각 자극에만 해당하는 것은 아니다. 조용한 가운데 갑자기 큰 소리가 나거나 별안간 몸에 심한 통증이 느껴지면 우리는 저절로 거기에 주의를 기울이게 된다.

그런데 하얀 배경 위를 가로지르는 빨강이 눈에 잘 띄는 이유는 내가 그것을 보겠다고 특별히 마음먹어서 그렇게 되는 것이 아니다. 돌출 자극에 시선이 가는 일은 내 계획과 상관없이 일어난다. 뇌의 돌출 자극 네트워크가 알아서 반응해 자연스럽게 보게 되는 것이다. 이처럼 무언가를 보는 행위도 반드시 내 뜻대로 일어나지 않는다. 종종 그 일은 내 계획과 상관없이 일어난다. 말하자면 내 마음대로가 아니라 뇌 마음대로다. 그러니 혹여나 길에서 애인이 다른 사람에게 눈길을 주더라도 너무 나무랄 필요 없다. 순간적으로 눈이 이동하는 것은 꼭 상대를 좋아하거나 사귀고 싶은 마음이 반영된 행동이 아닐 수 있다. 그저 뇌의 돌출 자극 네트워크가 반응했을 뿐이다.

아무튼 이런 돌출 자극 네트워크 덕분에 우리는 하얀 눈밭에서 새빨간 옷을 입고 일하는 사람에게 저절로 시선이 간다. 반면 그 옆에서 눈처럼 새하얀 옷을 입고 일하는 사람에게는 시선이 덜 간다. 그렇다고 빨간 옷을 입은 사람이 하얀 옷을 입은 사람보다 더 가치 있는 일을 하는 것은 아니다. 더 옳은 일을 하는 것도 아니다. 여기서 우리는 시선이 가는 것은 자동적인 반응이지만, 무엇이 가치 있고 옳은지는 이후에 새로 판단해야 하는 별개의 일이라는 사실을 알 수 있다.

이 말이 당연하게 들릴지도 모른다. 하지만 현실은 그리 호락호락하지 않다. 수많은 광고에서 시청자의 시선을 끌기 위해 연예인을 섭외하는 것을 보면 말이다. 시청자에게 연예

 타인이라는 세계

인은 일종의 돌출 자극이다. 그런데 연예인으로 시선을 끄는 이유는 상품 판매를 늘리기 위함이다. 판매가 늘지 않으면 굳이 고액의 광고비를 지불해 연예인을 고용할 필요가 없다. 따라서 시청자는 돌출 자극에 반응하는 데 그치지 않고, 그 돌출 자극이 소개하는 상품이 구입할 가치가 있다는 결론까지 함께 내린다.

다른 예를 살펴보자. 어떤 백인 우월주의자가 인종차별의 정당성을 주장하고 있다. 그가 내세우는 근거는 다음과 같다. 현대인이 오늘날과 같은 편의를 누리는 것은 백인의 역할이 크다. 자동차도 백인이 만들고, 비행기도 백인이 만들고, 냉장고도 백인이 만들었으며, 에어컨도 백인이 만들었다. 적어도 우리가 사용하는 현대적인 기계 장치에 한정하면 백인이 발명한 물건이 많다. 이에 대한 여러분의 생각은 어떤가?

일단 나는 한 가지 의문이 떠오른다. 그 사람은 백인 우월주의자일 뿐만 아니라 남성 우월주의자이기도 한가? 왜냐하면 이 같은 기계 장치를 발명한 사람 중에는 남성이 압도적으로 많기 때문이다. 성별에 따른 기회의 차이가 만연했던 시대에는 중요한 발명이 남성의 손에서 이루어지는 경우가 훨씬 많았다. 따라서 인종차별과 성차별을 동시에 주장하는 것인지 의문이 들긴 하지만, 크게 궁금하지는 않다. 어차피 두 주장 모두 부질없다고 생각하기 때문이다.

자동차를 만든 사람, 비행기를 만든 사람, 냉장고를 만든 사람, 에어컨을 만든 사람 간에는 인종이나 성별 외에 다른 공통점도 많을 듯하다. 예를 들어 아마도 그들은 모두 똑똑한 사람이었을 것이다. 만약 지능을 측정한다면 다들 일정 수준 이상의 점수를 받지 않을까 싶다. 그러니까 인종과 성별로 차별하지 않고 차라리 지능으로 차별하는 것은 어떨까? 그러면 인종차별이나 성차별 없이 모두가 사이좋게 지내며 전 세계가 대화합을 이룰 수 있을 것이다. 물론 어디까지나 지능이 비슷한 사람끼리만 그럴 테지만. 하지만 이 또한 부질없다. 인종, 성별, 지능 외에 다른 공통점도 많을 테니까. 가령 그들은 모두 꽤 열심히 일하는 사람이었을 것이다. 그러니 노력의 정도나 생활 방식을 기준으로 차별하는 것은 어떨까? 그게 나을지도 모른다. 그것도 아니면, 그들 모두 비교적 건강한 사람이었을 테니 건강 상태를 기준으로 차별해 볼까? 미래의 위대한 발명들도 대개는 건강한 상태에서 나오리라 기대한다면 그게 나을지도 모른다. 대신 인종이나 성별 같은 다른 측면들에 있어선 대화합을 이루기로 하고 말이다.

이런 생각들을 떠올리다 보면 백인 우월주의자인 그 사람

    타인이라는 세계

은 왜 굳이 인종차별을 주장하는 것일까 궁금해진다. 왜 하필 인종에 초점을 맞추는 걸까? 성별, 지능, 노력, 생활 방식, 건강 상태 등 인종 외에 주목할 항목이 얼마든지 있는데 말이다. 다른 항목이면 역으로 자신이 차별받는 입장이 되기 때문일까?

이처럼 차별의 기준은 자의적이다. 그 기준이 인종이어야 하는 어떤 합리적인 이유나 정당한 근거가 없다. 그럼에도 세상에는 인종차별을 하는 사람이 참 많다. 왜 그럴까? 그것은 어쩌면 돌출 자극 네트워크의 반응 때문일지도 모른다. 돌출 자극 네트워크가 주목하는 특징에 따라 차별 기준이 정해지는 것이다. 피부색이나 성별이 그런 특징에 해당한다. 우리 눈에 바로 포착되기 때문이다. 하얀 눈밭 위의 빨강처럼 바로 눈에 들어온다. 반면 지능이나 노력이나 생활 방식이나 건강 상태는 한눈에 바로 들어오지 않는다. 적어도 피부색이나 성별만큼 쉽게 포착되지는 않는다.

이렇듯 우리 뇌의 돌출 자극 네트워크는 제멋대로 길을 안내할 때가 많다. 따라서 돌출 자극 네트워크의 안내를 받아 무언가에 주목한 다음에는 다시 제대로 살펴보아야 한다. 내 시선과 관심이 이동한 방향이 정말로 가치 있고 옳은 길인지, 뇌의 다른 네트워크를 동원해 따져보아야 한다. 자동 반

응 이후에 새롭게 질문을 건네고 다시 한번 생각해 보는 것
이 중요하다.

테세우스의 배

그럼 돌출 자극 네트워크로부터 얻은 통찰을 응용해 보자.
나의 책『인턴일기: 초보의사의 서울대병원 생존기』는 갓 의
사가 되었을 때 이야기므로 상당히 오랜 시간이 흘렀는데,
요즘에도 의사가 되기를 희망하는 중고등학생들이 이 책을
읽고 내게 인터뷰 요청을 하곤 한다. 때로는 주중에 하루 날
을 잡아 기차를 타고서 내 직장이 있는 서울을 방문하는 일
도 있다. 그런 학생들을 맞이해 이런저런 대화를 나눌 때면,
나는 꼭 의사와 관련이 없더라도 자유롭게 질문해 보라고 한
다. 그러면 병원 속 바쁜 일상에서 잊고 있던 흥미로운 질문
을 다시 만나게 된다.

언젠가 한 학생이 테세우스의 배에 관해 질문했다. 아테네
사람들이 그리스 신화에 등장하는 테세우스라는 영웅이 탔
던 배를 보존하는 과정에서 낡은 판자를 새 판자로 교체하는
작업을 했던 모양이다. 그런데 계속 그렇게 판자를 교체하다
보면 결국에는 모든 판자가 교체되고, 처음 배를 구성하고
있던 판자는 전부 없어진다. 과연 그때도 이 배를 테세우스

가 탔던 배라고 할 수 있을까? 이것이 그 유명한 '테세우스의 배 역설'이다.

나에게는 이 철학적으로 유서 깊은 난제에 본격적으로 뛰어들 역량이 없다. 다만 내가 떠올린 생각을 부족하나마 적어보려 한다.

애초에 아테네 사람들은 왜 그 배를 보존하려 했을까? 여러 가지 이유가 있겠지만, 적어도 그 배를 하나의 단위로 인식했기에 보존하려고 했을 것이다. '테세우스의 배'라고 부를 하나의 대상으로 인식한 것이다. 그 이름을 말하면 다른 사람들도 그 배를 떠올리므로 서로의 마음속에 테세우스의 배라는 표상이 생겼다고 할 수 있다.

그런데 따지고 보면 그 배를 하나의 단위로 인식하는 것이 유일무이한 방법은 아니다. 다시 말해 우리 머릿속에 떠오른 그 표상이 진리는 아니다. 그냥 우리의 뇌가 그것을 하나의 단위로 인식하는 경향이 있어 그렇게 인식했을 뿐이다. 그런데 이후에 낡은 판자를 하나씩 교체하면서 생각해 보니 과연 그 배를 하나로 인식하는 게 맞았을까 애매해진 상황이다.

테세우스의 배는 얼마든지 다르게 인식할 수 있다. 마치 인종이나 성별에 주목할 수도 있지만 지능 같은 다른 측면으로 우리의 초점을 돌릴 수도 있는 것과 같다. 마찬가지로 우리의 뇌는 그 배를 하나의 단위로 인식할 수도, 그 배를 구성하는 각각의 나무판자를 하나의 단위로 인식할 수도 있다. 둘 중 어느 관점을 취하든 그렇게 인식하는 방법이 유일무이한 진리라서가 아니다. 그냥 뇌가 거기에 초점을 맞추었기 때문이다. 두 입장이 모두 가능하니, 이제부터는 양쪽 입장을 구분해서 살펴보자.

우선 그 배를 오로지 하나의 단위로 인식하는 입장에서는 모든 판자를 교체하고 난 뒤에도 여전히 그것은 테세우스의 배다. 다만 방금 읽은 문장에서 우리를 헷갈리게 하는 것은 "모든 판자를 교체하고 난 뒤에도"라는 대목이다. 만약 우리가 정말로 그 배만 하나의 단위로 인식하려면 이 글을 읽지 않아야 한다. 왜냐하면 이 글을 읽는 순간 우리는 각각의 판자라는 단위를 인식하기 때문이다. 그 순간 우리는 더 이상 그 배를 하나의 단위로 인식하지 않고 각각의 판자라는 단위로 쪼개서 인식한다. 따라서 오로지 그 배만 하나의 단위로 인식하는 관점에 머물기 위해서는 각각의 판자는 아예 떠올리지 말아야 한다. 그리고 이처럼 그 배만 하나의 단위로 인식할 경우 그 배는 계속 테세우스의 배일 수밖에 없다. 기존의 판자가 다 교체되더라도 어차피 판자에는 주목하지 않고 배에만 초점을 두기 때문이다.

　　　　　　　　　　　　　　　타인이라는 세계

이와 대조적으로 각각의 판자를 하나의 단위로 인식할 수도 있다. 그런데 이 입장에서 보면, 처음부터 그 배는 테세우스의 배가 아니었다. 그냥 '테세우스의 다양한 판자들' 내지는 '테세우스가 항해에 이용했던 판자의 묶음'이었다. 따라서 세월이 지나 낡은 판자를 전부 교체하고 나면 더 이상 테세우스의 판자들은 거기에 없다. 물론 테세우스의 배도 없다. 다만 이 경우에는 있다가 없어진 것이 아니라 애초에 없었다. 설령 그 배가 일견 같은 모양과 기능을 유지하고 있더라도 상관없다. 어차피 배에는 주목하지 않고 판자만 바라보기 때문이다.

이렇듯 각각의 관점 안에서는 고민할 이유가 없다. 문제 해결의 핵심은 우리 뇌가 바라보는 관점에 있다. 이 문제는 바깥세상에 관한 질문이 아니라, 마음속 표상에 관한 질문이다. 배만 떠올리면서 답하면 그것은 테세우스의 배가 맞고, 판자만 떠올리면서 답하면 테세우스의 배가 아니다. 그런데 테세우스 배의 역설은 하나의 질문 안에 서로 다른 두 관점을 섞어놓았다. 듣는 이로 하여금 배를 떠올리는 관점에서 출발해 판자를 떠올리는 관점으로 이동하도록 유도하고, 마지막에 다시 배에 관한 질문을 던진다. 이 때문에 역설처럼 보인다. 하지만 이러한 전환은 현실에서 생긴 것이 아니다.

마음속 관점이 전환한 것이다. 우리의 관점이, 혹은 우리의 뇌가 서로 다른 두 관점 사이를 빠르게 왔다 갔다 하다 보니 생긴 착각이다.

배와 판자 중 어디에 초점을 맞춰 인식할지는 뇌가 자의적으로 선택할 수 있다. 그리고 그 선택은 얼마든지 왔다 갔다 할 수 있다. 그 선택이 불안정하니 그로부터 도출되는 답도 불안정할 수밖에. 자의적인 전제에서 출발하니 자의적인 결론이 나오는 것 또한 당연하다. 그래서 마치 역설처럼 보였을 뿐, 거기에 역설은 없다.

마음을 돌보는 현실적인 방법

몸으로 돌보는 행복

우리는 현실 세계와 표상 세계라는 두 세계를 오가며 살고 있다. 이런 삶이 가능한 이유는 우리 뇌 때문이다. 인간에게는 외부 현실의 과제를 풀어야 할 때 활동하는 네트워크도 있고, 내면에서 몽상 속을 배회할 때 활동하는 네트워크도 있다. 그리고 둘 사이의 전환을 위해 활동하는 네트워크도 있다. 이렇듯 인간의 삶은 뇌의 네트워크 차원에서 이해해볼 수 있다.

뇌의 기본 설정 네트워크를 타고 자신의 내면에 건설한 표상의 왕국으로 들어가 어슬렁거리다 보면 때때로 보석 같은 아이디어를 발견하기도 한다. 다만 조심해야 한다. 이렇게 몽상 속을 거닐다 보면 타인과의 관계에서 저지른 실수를 바로잡거나 자신의 행동을 발전시키는 데 도움이 될 수도 있지만, 우울증이 생길 위험도 감수해야 한다. 특히나 반추에 빠지면 문제를 해결할 단서는 눈에 들어오지 않고 부정적인 생각만 반복하게 된다. 몽상 속을 거닌다고 해서 누구나 항상 반추의 늪에 빠지는 것은 아니지만 조심할 필요가 있다.

이와 관련해 흥미로운 연구 결과를 소개한다.[25] 온라인 설문을 통한 연구인데, 하루 중 무작위로 선택된 시간에 사람들의 휴대폰으로 몇 가지 질문을 전송했다. 현재 기분이 어떤지, 그리고 현재 무슨 일을 하고 있는지가 기본 질문이었다. 때때로 그사이에 몽상에 관한 질문도 끼워 넣었다. 현재 하고 있는 일과 무관한 다른 생각을 하고 있었느냐고 물어본 것이다.

참고로 이 질문은 선택지가 네 개 있는 객관식 질문이었다. 몽상에 잠겨 있지 않았다고 답할 수도 있었고, 몽상에 잠겨 있었다면, 그러니까 현재 하고 있는 일과 동떨어진 딴생각에 빠져 있었다면 그 내용이 유쾌한 것이었는지, 불쾌한 것이었는지, 중립적인 것이었는지 셋 중 하나로 구분해서 답하도록 했다. 이런 식으로 하루에 적게는 1회, 많게는 3회까지 매일 질문을 전송해서 총 2000명 이상의 답변을 수집했다.

응답 결과를 보면 질문을 전송받았을 당시 거의 절반에 가까운 사람들이 몽상에 잠겨 있었다. 내용 면에서는 유쾌한 몽상이 가장 많았고, 다음으로 중립적인 몽상, 그리고 불쾌한 몽상 순이었다. 불쾌한 몽상이 가장 적었다니 다행이다. 기본 설정 네트워크가 항상 부정적인 반추로 안내하지는 않는 모양이다.

이처럼 절반에 약간 못 미치는 사람들이 몽상에 잠겨 있었던 반면, 절반이 조금 넘는 나머지 사람들은 그러지 않았다. 그들은 현재 하고 있는 일에 관해 생각하고 있었다고 응답했다. 그러니까 이 연구에 따르면 대체로 사람들은 생활하는 시간의 약 절반 가까이를 딴생각을 하며 지내더라는 이야기다.

이 연구는 행복 연구의 일환으로, 사람들이 어떻게 해야 행복하고 기분이 좋은지 알아보는 연구였다. 이를 위해 현재 하고 있는 일과 현재 하고 있는 생각 이렇게 두 가지에 초점을 맞춰 조사를 시행했다.

먼저 현재 하고 있는 일이 과연 기분과 관련 있었을까? 약간 관련이 있었다. 그럼 사람들은 어떤 일을 하고 있을 때 기분이 좋다고 답했을까? 가장 기분이 좋았을 때는 사랑을 나누고 있었을 때였다. 독보적인 1위였다. 다른 행동을 하고 있을 때와 비교할 수 없을 정도였다. 다만 사랑을 나누고 있던 사람 수가 많지는 않았다.

사랑을 나눌 때를 제외하면 가장 기분이 좋다고 응답한 활동은 운동이었다. 그리고 3위는 대화를 나누고 있을 때였고, 4위는 놀고 있을 때, 5위는 음악을 듣고 있을 때였다. 6위는 걷거나 산책하고 있을 때였다.

기분이 나쁘다고 응답한 활동도 열거해 보겠다. 기분 평가에서 꼴찌를 받은 활동은 휴식과 수면이었다. 의외의 결과다. 혹시 이 사람들은 자던 중에 휴대폰으로 질문을 받아서 잠에서 깬 것일까? 만약 그랬다면 기분이 나쁠 수밖에 없겠다. 다음으로 기분이 나쁜 활동은 일하기였다. 아마도 직장에서 근무하고 있다가 설문에 응답한 경우였을 듯하다. 참고로 집안일은 별도의 항목으로 집계되었으니, 여기서는 집안일이 아닌 돈벌이를 위한 일을 하고 있을 때를 가리킨다. 그게 기분 나쁜 활동 2위였다. 이어서 집에서 컴퓨터 하기가 3위였다. 4위는 출근하기, 5위는 몸단장하기, 6위는 라디오나 뉴스 듣기였다. 혹시 집안일의 순위도 궁금한가? 이 연구에선 집안일이 라디오나 뉴스 듣기와 거의 비슷한 기분으로 평가되었다. 그리고 텔레비전 시청이 바로 그다음이어서 라디오나 뉴스 듣기보다는 약간 기분이 좋다고 답했다.

이것만으로도 우리가 기분을 돌보기 위해 해야 할 일, 그리고 줄여야 할 일을 알 수 있다. 아무래도 기분 평가에서 상위권에 든 활동을 많이 하면 좋을 것이다. 운동하기, 대화하기, 놀기, 음악 듣기, 걷거나 산책하기에 사랑 나누기까지 포함하면 더 좋다. 하지만 이것은 마음먹는다고 바로 할 수 있는 게 아니다. 그에 비해 나머지 다섯 개 활동은 훨씬 쉽게 시작할 수 있다. 그러니 많이 하면 좋을 것이다. 반대로 하위권에 든 활동은 조심해야 한다.

그런데 특이한 점을 눈치챘는가? 기분이 나쁘다고 응답한 활동은 대체로 피하기 힘든 것들이다. 살다 보면 어쩔 수 없이 해야 하거나 저절로 하게 되는 일이다. 싫어도 몸단장을 하고 직장에 출근해서 업무를 봐야만 한다. 그리고 집에서 컴퓨터나 라디오, 텔레비전 앞에 앉아 있는 일은 굳이 계획하지 않아도 어느새 하고 있을 때가 많다. 이유는 다르지만 전부 별 계획 없이 저절로 반복하는 활동이다.

그러니 평소에 자주 기분이 나쁜 사람이라면 자신이 하고 있는 일을 돌아볼 필요가 있다. 세상에는 기분 좋은 행동도 있고, 기분 나쁜 행동도 있다. 사람마다 차이가 있겠지만 개인차를 감안하더라도 기분이 좋아지기 위해서는 기분이 좋아질 만한 활동을 해야 한다. 현재 하고 있는 일이 그 목적에 맞는 일인지 돌아보자.

그런데 기분 나쁜 일은 줄이기가 쉽지 않다. 그래서 이미 하고 있는 기분 나쁜 일을 어떻게 줄일지보다 아직 안 하고 있는 기분 좋은 일을 어떻게 늘릴지에 초점을 맞추면 도움이 된다. 이는 인지적으로도 효율적인 전략이다.

잘 이해되지 않는다면 우선 기분 나쁜 일을 줄이는 방법부터 살펴보자. 출근처럼 생계를 위해 하는 일은 좀처럼 쉽게 줄일 수 없다. 그런데 기분이 나쁜 활동 중에는 생계와 직접 관련 없는 것들도 있다. 가령 집에서 컴퓨터, 라디오, 텔레비전 앞에 앉아 보내는 시간을 줄이는 일은 충분히 가능해 보인다. 따라서 이런 활동을 줄이려고 마음먹는 것은 좋은 출발 같다. 하지만 막상 현실에 적용하기에는 너무 막연한 계획이다. 그 활동들을 안 하면 그 시간에 무엇을 할 것인가? 이처럼 무엇을 안 한다는 계획은 반쪽짜리 계획일 때가 많다. 왜냐하면 아무것도 안 하는 것은 불가능하기 때문이다. 우리는 반드시 무언가를 하고 있어야만 한다. 아무것도 안 하고 우두커니 서 있더라도 결국 우두커니 서 있는 일을 하는 것이다. 따라서 어떤 일을 안 하려면 그것 대신 다른 어떤 일을 할지 생각해야 한다.

번거롭지만 할 일을 정하지 않으면 안 하려고 했던 기분 나쁜 활동으로 금방 돌아가 버리기 일쑤다. 또는 다른 기분

　　　　타인이라는 세계

나쁜 활동으로 대체하게 된다. 예를 들어 텔레비전을 덜 보려고 했는데 어느새 컴퓨터 앞에 오래 앉아 있다든지 하는 식이다. 왜냐하면 굳이 계획하지 않아도 저절로 하게 되는 게 기분 나쁜 활동이기 때문이다.

그렇다면 처음부터 기분 좋은 일을 늘리는 방법은 어떨까? 예를 들어 운동을 시작하기로 결심했다고 하자. 그래서 운동하는 시간을 생활 속에 끼워 넣었다. 집에서 컴퓨터, 라디오, 텔레비전 앞에 앉아 있는 시간이 자연스레 줄어든다. 따라서 어떤 기분 좋은 활동을 언제 끼워 넣을지만 정하고, 나머지는 신경 쓰지 않아도 된다. 따라서 인지적으로 해야 할 일이 간단해진다. 여러모로 효율적인 전략이 아닐 수 없다.

이때 꼭 어느 한 가지 활동만 골라야 하는 것은 아니다. 여러 가지 기분 좋은 활동을 섞어도 좋고, 하다 보면 저절로 섞이곤 한다. 예를 들어 좋아하는 취미로 동호회 활동을 하면 일석이조다. 그 취미가 운동일지 놀이일지 음악 감상일지는 모르지만, 사람들을 만나 취미도 즐기고 그 취미에 관한 대화도 나눌 수 있으니 좋을 것이다. 이렇듯 기분 좋은 목록의 상위권에 있는 활동을 동시에 충족할 수도 있다. 꼭 거창한 모임이 아니라도 괜찮다. 친한 사람과 함께 산책하면서 대화하는 소박한 시간도 가질 수 있다. 틀림없이 기분이 좋아질 것이다.

이쯤에서 혹시 모를 오해의 소지도 바로잡아야 할 듯하다. 앞에서 가장 기분 나쁜 활동 1위가 휴식과 수면이었다. 본 연구의 설문은 응답자가 깨어 있는 시간에 전송될 예정이었으니, 만약 그 시간에 자고 있었다면 연구진이 의도한 바와 어긋났다고 볼 수 있다. 자다가 깨서 설문에 응해야 했다면 당연히 기분이 나쁠 것이다. 게다가 응답자 중 일부는 그날따라 평소와 다른 시간에 잠이 들 만큼 유독 피곤한 날이었거나, 그 무렵에 마침 불규칙한 수면으로 고생 중이었을지도 모른다. 설문을 받은 시간에 자고 있던 이유가 그 때문이라면 더더욱 기분이 나쁠 것이다. 따라서 이 연구 결과를 두고 잠을 자는 일이 기분 나쁜 활동이라는 오해는 하지 않길 바란다. 적절한 수면은 기분 좋은 생활을 위해 중요하다.

마음으로 돌보는 행복

위 연구는 현재 하고 있는 일과 현재 하고 있는 생각, 이 두 가지가 기분에 미치는 영향을 알아보는 게 목적이었다. 방금 우리는 그중에서 현재 하고 있는 일과 기분이 관련 있음을 알게 되었다. 그 지식을 일상에서 잘 활용해 보길 바란다. 그럼 현재 하고 있는 생각은 기분과 관련 있었을까? 그렇다. 실은 더 큰 관련이 있었다.

이 연구에서 조사한 현재 하고 있는 생각이란 넷 중 하나였다. 첫째는 (몽상에 빠지지 않고) 현재 하고 있는 일에 대해 생각하고 있는 경우, 둘째는 유쾌한 몽상을 하고 있는 경우, 셋째는 불쾌한 몽상을 하고 있는 경우, 넷째는 중립적인 몽상을 하고 있는 경우였다. 당연한 결과지만 불쾌한 몽상에 잠겨 있을 때가 가장 기분이 나빴다. 중립적인 몽상에 잠겨 있을 때도 기분이 약간 나빴다. 유쾌한 몽상에 잠겨 있을 때는 그보다 기분이 좋았지만, 그렇다고 몽상에 잠기지 않았을 때에 비해서도 기분이 좋았을까? 아니다. 현재 하고 있는 일에 대해 생각하고 있는 경우보다 좋지는 않았다. 유쾌한 몽상만 놓고 봐도 그랬으니 몽상 전체를 통틀어 비교하면 말할 것도 없었다. 한마디로 몽상에 빠져 있지 않을 때가 몽상에 빠져 있을 때보다 기분이 좋았다.

현재 하고 있는 일은 기분과 약간 관련이 있었고, 현재 하고 있는 생각은 기분과 크게 관련이 있었다. 다시 말해 무슨 일을 하느냐보다 그 일을 하는 동안 몽상에 잠기느냐의 여부가 기분에 훨씬 영향을 끼친다는 이야기다. 따라서 내가 어떤 일을 할 때 기분이 안 좋다면, 현재 하고 있는 일도 돌아볼 필요는 있다. 하던 일을 관두고 다른 일을 하면 기분이 좋아지는지 확인해 보거나, 혹은 그 일을 지속하더라도 틈틈이 운동이나 대화나 산책처럼 기분 좋은 활동을 끼워 넣는 전략을 활용해 볼 수 있다.

하지만 흔히 놓치는 중요한 사실이 있는데, 혹시 그 일을 하면서 몽상에 빠지지는 않는지 돌아봐야 한다. 특히나 불쾌한 몽상 속을 배회한다면 더더욱 주의해야 한다.

물론 때로는 몽상보다 행동을 관리하는 방법이 더 쉬울 수 있다. 어제 몇 시에 내가 무엇을 했는지 기억하는 일이, 그 시간에 내가 무엇을 생각했는지 기억하는 일보다 쉽지 않은가. 그와 같이 생각보다 행동에 초점을 맞추는 전략이 나을 때도 있을 것이다. 하지만 여기에는 한계가 분명하다. 기분이 나빠지는 활동은 직장 생활처럼 생계를 위해 어쩔 수 없이 해야 하거나 피하기 어려운 활동이 많다. 그러니 이러지도 저러지도 못할 때가 생길 것이다. 그럴 때는 이 연구 결과를 기억하자. 더 중요한 것은 활동 자체가 아니라 그 활동을 하면서 몽상에 빠져 있는지, 특히 불쾌한 몽상에 빠져 있는지가 더 중요할 수 있다는 연구 결과를. 그만큼 내 생각이 기분에 미치는 영향을 알아차리는 일이 중요하다. 바꿔 말하면 기분이 안 좋은 활동을 할 때도 몽상 속을 헤매지 않으면 기분이 덜 나빠질 수 있다. 오히려 기분이 좋아질지 모른다. 몽상에 빠지지 않고 현재 하고 있는 일에 집중하는 경우에는 적어도 유쾌한 몽상 속을 돌아다닐 때만큼 기분이 좋았던 것을 보면 말이다.

여기서 한 가지 의문이 든다. 몽상과 기분이 관련 있다지만 둘 중 어느 쪽이 원인이고 어느 쪽이 결과일까? 응답자들이 몽상에 잠겨서 기분이 나빠진 게 아니라, 기분이 나빠서 몽상에 잠긴 것은 아닐까? 이 연구에서는 같은 사람에게 여러 번 설문을 전송했기 때문에 이런 전후 관계도 살펴볼 수 있었다. 그래서 이전 설문에서의 몽상이 다음 설문에서의 기분과 관련 있다는 결과를 얻었다. 하지만 그 반대, 즉 이전 설문에서의 기분이 다음 설문에서의 몽상과는 관련이 없었다. 따라서 전후 관계는 몽상이 기분에 영향을 미친다고 보아야 한다.

흔히 이렇게 말하곤 한다. 직업 선택에 있어 자기가 하고 싶은 일을 찾으면 행복할 것이라고. 하지만 이 말은 다소 부정확한 표현일지 모른다. 정확히 말하면 그 일을 하는 동안 딴생각이 들지 않고 집중하기 때문에 행복한 것은 아닐까. 오랫동안 바라던 일을 하게 되었는데 그 일을 하는 동안 자꾸만 딴생각이 든다면 과연 내가 하고 싶은 일이 맞는지 생각해 봐야 한다. 반면 하고 싶다는 마음 없이 시작했는데 막상 그 일을 하는 동안 시간 가는 줄 모르고 집중이 잘 된다면, 드디어 내가 하고 싶은 일을 찾은 것일지도 모른다.

물론 이것만으로 다 알 수는 없지만 지금 하는 일이 적성에 맞을지 전망할 때 참고해 보자. 일단 몽상으로 빠지지 않고 일할 수 있으면 당장의 기분을 위해서도 바람직하고, 그렇게 일에 집중하다 보면 장기적인 발전 가능성도 더 높아질 테니까 말이다.

몽상 속을 헤매지 않고 있다는 것은 뇌의 기본 설정 네트워크의 활동이 줄어든 상태라는 뜻이다. 즉 주의를 밖으로 돌려 외부 과제를 실행하는 데 필요한 네트워크 위주로 사용하고 있을 것이다. 적성에 맞는 일의 첫 단추는 뇌에서 기본 설정 네트워크가 저절로 잠잠해지는 행위를 찾는 데 있을지 모른다.

처음부터 그런 일을 찾으면 좋겠지만, 때로는 이미 하고 있는 일을 그렇게 만들 필요도 있다. 어떻게 하면 좋을까? 몽상을 줄이는 방법은 무엇일까? 우리가 일하다가 몽상에 빠지는 경우를 생각해 보면, 일 외의 다른 고민거리가 있어도 몽상에 빠지지만, 그 일이 익숙해져 자동으로 이루어질 때 특히 몽상에 빠지게 된다. 따라서 이 자동으로 이루어지는 부분에 변화가 필요하다. 한 가지 방법으로, 흥미를 불러일

     타인이라는 세계

으키는 요소를 일에 끼워 넣으면 좋다. 그런데 공적인 업무에 개인적으로 흥미 있는 요소를 마음대로 추가하기는 어려울 수 있다. 이때는 차선책으로, 새롭고 도전적인 요소를 활용해 보자. 그 일이 익숙해져서 자동으로 이루어지면 몽상에 취약해지니, 거기에 익숙하지 않은 새롭고 도전적인 요소를 추가하는 것이다. 말하자면 기본 설정 네트워크를 줄이고 외부 과제에 집중하며 문제를 해결하는 네트워크를 반강제로 작동시키는 방법이다. 일하는 중에 자꾸만 딴생각이 고개를 든다고 해서 그 일이 적성에 맞지 않는다는 결론을 섣불리 내리는 대신, 이처럼 딴생각을 줄이는 데 초점을 맞춰 보는 방식도 고려할 만하다.

앞에서 우리는 돌출 자극 네트워크의 반응에 따라 저절로 주의가 전환되는 현상을 살펴보았다. 만약 직업 현장에서 하얀 눈밭 위의 빨강처럼 예상치 못한 돌출 자극이 등장해 우리의 주의를 계속 잡아끈다면 이는 복 받은 일일지 모른다. 기본 설정 네트워크에서 저절로 벗어나게 될 테니까 말이다. 몽상에도 덜 빠지고, 하는 일에 계속 흥미가 유지될 것이다. 하지만 멋모르고 택한 직업이 나의 뇌와 그토록 궁합이 맞아떨어지기는 쉽지 않다. 따라서 그런 우연한 복이 없다면 반대로 우리가 특정 자극에 주목하기로 마음먹은 후 일부러 주의를 기울여 보는 것도 좋다. 우리는 어떤 예상하지 못한 자극이 등장해 우리의 돌출 자극 네트워크를 깨워 주기를 마냥 기다려야만 하는 게 아니라, 특정 자극에 주목하기로 스스로 마음먹을 수도 있기 때문이다. 인파로 붐비는 백화점에서 아이를 잃어버렸을 때 그 아이가 메고 있던 초록색 가방에 일부러 주목하는 일과 같다. 이를 촉진하는 방법 중 하나는 익숙하지 않은 과제를 추가하는 것이다. 물론 과제의 난이도는 조절이 필요하겠지만, 새롭고 도전적인 과제를 해결해 나가면 뇌에서는 목표 지향적인 네트워크들이 활성화된다. 게다가 새롭고 도전적인 요소의 등장 자체가 우리 뇌의 돌출 자극 네트워크를 자극하기도 할 것이다. 일부러 집중하는 부분과 저절로 주목하게 되는 부분이 맞물려 돌아가는 것이다. 그러면 우리 뇌의 기본 설정 네트워크는 잠잠해진다. 몽상에도 덜 빠질 테고 덕분에 기분이 좋아지는 데 도움이 된다.

혹시 회사에서 헌신적으로 일하라는 말처럼 들릴까 봐 마지막으로 이런 예시도 들겠다. 직장에서 업무 외 개인 용무를 보는 상황을 가정해 보자. 사무실 책상에 앉아 인터넷 검색을 하며 소위 농땡이를 치고 있는 상황이다. 이때도 새롭고 도전적인 농땡이를 칠 수 있다. 예를 들어 난생처음 가족과 함께 떠날 유럽 여행의 계획을 짜는 경우를 떠올려 보자.

　　　　　　　　　　　　　타인이라는 세계

새롭고 도전적인 과제다. 그래서 종일 숙소 검색, 관광지 검색, 이동 경로 검색, 여행사 상품 검색 및 가격 비교 등을 하며 시간을 보냈다. 단순히 정보를 찾기만 하는 데 그치지 않고 그것을 하나의 통합된 일정으로 짜맞추는 작업까지 필요했을 것이다. 여기에 뇌를 쓰느라 하루가 다 가고 말았다. 이토록 여유로운 직장이 얼마나 있는지는 모르겠지만, 아무튼 이렇게 하루를 보냈고 그래서 퇴근할 무렵에는 여행 계획의 대략적인 윤곽이 잡혔다. 그러면 이날은 아마 기분 좋게 퇴근할 것이다. 뇌에서 목표 지향적인 외부 과제를 수행하는 네트워크를 신나게 가동했고, 기본 설정 네트워크는 덜 사용했기 때문이다.

이와 대조적으로 딴생각에 빠져 시시한 기사나 검색하다가 하루를 마감했다면, 똑같이 업무와 무관한 개인 용무로 인터넷을 돌아다니며 하루를 보냈어도 기분이 전혀 다를 것이다. 몽상 속을 배회하지 않기 위해 새롭고 도전적인 요소를 추가하는 행위는 이처럼 농땡이를 치는 경우에도 이득이 된다.

다시 말해 새롭고 도전적인 요소를 추가해서 몽상 속을 배회하는 시간을 줄이는 방법은 꼭 일할 때만 효과가 있는 것은 아니다. 어떤 활동이든 기분이 나쁘다면 활동 전체를 바꾸지 말고, 거기에 새롭고 도전적인 요소를 추가해 보는 것도 방법이 될 수 있다.

이른바 천직이나 소명이란 굳이 의도하지 않아도 자기도 모르게 새롭고 도전적인 요소를 발견해 나가는 활동일지 모른다. 몽상에 덜 빠지며 일할 수 있으면 결국 천직이고 소명인 것이 아닐까. 그 일에 몸담은 지 오랜 시간이 지났는데도 여전히 그 일을 할 때는 딴생각이 들지 않는다면 이는 특별한 행운일 것이다. 하지만 그런 행운을 누리지 못하더라도 괜찮다. 스스로 의도해서 그렇게 만들어나가면 된다.

지금까지 우리는 하나의 연구를 놓고 꼼꼼히 살펴보았다. 이 연구가 말해주는 바는 어디까지나 수천 명의 응답을 종합했을 때 그렇다는 것이지, 각자 기분이 좋아지거나 몽상에 덜 빠지는 활동은 사람마다 다를 수 있다. 전체에 대한 경향성이 각 개인을 대변하는 데는 한계가 있음을 앞서 여러 그래프를 보면서 이해하지 않았던가. 그러니 부디 자신의 마음과 행동을 직접 면밀하게 관찰해서 자기에게 가장 어울리는 답을 직접 찾아보기 바란다.

마지막으로 몽상이 쓸모없다는 말이 아님을 다시 한번 강조한다. 실은 여러분이 하는 많은 일이 몽상을 필요로 할 수 있다. 당장 이 글을 쓰는 일만 해도 그렇다. 지금은 마감에 쫓

  타인이라는 세계

기며 다소 목표 지향적으로 쓰고 있지만, 처음 이 책을 쓸 마음이 탄생한 순간은 아무런 목표 없이 몽상 속을 배회하고 있을 때였다. 그러니까 목표 지향적인 생각 덕분이 아니라 정처 없이 방황하는 몽상 속에서 이 책의 아이디어가 문득 떠오른 것이다.

따라서 몽상이 나쁜 것은 아니다. 다만 조심해서 활용할 필요는 있다. 특히 기분 면에서는 기본 설정 네트워크의 사용을 줄이는 것이 도움이 된다. 이 네트워크를 통해 내가 배회하는 세상은 현실이 아니라 내가 만든 가짜 세계라는 사실을 잊지 말기 바란다. 그럼 이 깨달음을 기반으로 이제부터는 생각을 다루는 구체적인 기술을 살펴보자.

마음을 다루는 뇌과학의 기술 Ⅰ
― 몽상과 명상

생각 멈추기

몽상을 줄이고 뇌에서 기본 설정 네트워크를 잠잠하게 만들어서 마음의 평온을 이루고자 하는 활동이 있다. 바로 명상이다.

명상도 방법이 다양하다. 명상이라는 이름 아래 여러 가지 활동이 섞여 있기 때문이다. 그래도 일반적이라고 할 수 있는 방법은 딴생각에 휘말려 몽상 속으로 끌려 들어가지 않도록 어딘가에 집중하거나 무언가를 관찰하는 방식을 사용한다.

집중 또는 관찰 대상은 자신의 호흡을 비롯한 신체 감각일 수도 있고, 외부의 어떤 점이나 문양일 수도 있다. 호흡이나 신체 감각도 기본 설정 네트워크 입장에서는 외부 자극에 해당한다. 기본 설정 네트워크가 활동하는 내면이란 표상 세계, 즉 감각을 통해 인식하는 바깥 현실 세계와 별도로 구축한 세계를 가리킨다. 이 관점에서 보면 내 몸도 외부 세계다. 따라서 내 몸의 호흡이나 신체 감각, 혹은 내 몸 밖의 어떤 점이나 문양 등은 모두 외부 자극이며, 여기에 주의를 기울이는 동안에는 기본 설정 네트워크의 활동은 감소한다. 실제로 진행한 연구에서 명상을 하는 동안에는 기본 설정 네트워크의 활동이 감소하는 결과가 나왔다.[26]

그러니까 명상이란 우리의 정신이 기본 설정 네트워크의 활동 무대로부터 벗어나는 연습을 하는 셈이다. 표상 세계 밖에 있는 무언가를 집중해서 관찰함으로써 딴생각의 흐름에 휘말려 몽상 속으로 끌려 들어가지 않는 연습이다. 그래서 명상하는 동안에는 분석하거나 판단하거나 기대하려 하지 말라고 한다.[27] 이는 다양한 종류의 명상이 공통으로 강조하는 지침이다. 즉 무비판적으로 관찰하기를 권장하는 것이다.

괴로운 몽상 대신 명상을 생활화해 보는 것은 어떨까? 거창하게 시작할 필요는 없다. 돈도 들지 않고 도구도 거의 필요하지 않다. 다만 불필요한 자극이 적은 환경이 좋다. 그렇다고 다른 자극들을 완벽하게 차단해야만 명상이 가능한 것은 아니다. 딴생각의 흐름에 휘말려 몽상 속으로 끌려 들어가지 않을 정도면 충분하다. 어딘가에 집중하거나 무언가를 관찰함으로써 기본 설정 네트워크의 활동을 전환할 수 있으면 되는 것이다. 적어도 뇌과학의 관점에서는 이처럼 단순하게 접근해 볼 수 있다.

설령 주변에 다른 자극이 있더라도 오히려 그 자극을 활용해 볼 수도 있다. 이를테면 지나다니는 사람들과 그들이 내는 온갖 소리를 무비판적으로 관찰하는 것이다. 조용한 곳에 편안히 자리 잡고 하는 명상보다는 딴생각이 더 들지 모르지만, 그 나름대로 기본 설정 네트워크를 다스리는 연습이 된다.

이처럼 최소한의 자원을 통해 의도적으로 몽상을 멈추는 연습을 할 수 있는 것이 명상의 장점이다. 외부 환경에 어떤 번거로운 준비를 하지 않고도 기본 설정 네트워크에서 바로 벗어날 수 있다. 이는 앞서 소개했던 몇몇 기분이 좋아지는 활동들과 다른 점이다. 가령 운동하기, 대화하기, 놀기, 음악 듣기, 걷거나 산책하기 등의 경우에는 나름의 크고 작은 준비가 필요하다. 하지만 명상은 외부 환경에 어떤 조건을 마련해서 거기로 우리의 주의가 끌려가게 하는 기술이 아니라, 호흡이나 신체 감각 등 이미 항상 지니고 있는 최소한의 자극을 활용해 거기로 일부러 주의를 기울이는 연습을 하는 것

 타인이라는 세계

이다.

게다가 명상에서 요구하는 집중은 직접적으로 기본 설정 네트워크의 활동을 억제하는 방식의 집중이다. 이를 운동과 비교해 보자. 가벼운 달리기를 하면서 발목의 움직임이나 발바닥이 지면에 닿는 방식에 집중하면 호흡에 집중하는 명상의 원리와 유사해진다. 따라서 이런 순간들을 일종의 생활 명상으로 활용해 볼 수 있다. 다만 한 가지 중요한 차이점이 있다면, 그런 활동들은 반드시 기본 설정 네트워크를 쉬게 만들지는 않는다는 점이다. 다시 말해 그 일을 하면서도 얼마든지 몽상 속을 배회할 수 있다. 딴생각을 하면서 운동을 했다고 운동을 안 한 것이 되지는 않기 때문이다. 하지만 명상은 딴생각과 직접적으로 경쟁하는 활동이다. 딴생각을 하면서 명상을 했으면 그것은 딴생각을 한 것이지 명상을 한 것은 아니다.

물론 명상을 하면서도 딴생각이 떠오를 수 있다. 오히려 그것은 자연스러운 현상이다. 그래서 기본 설정 네트워크라고 부르지 않는가. 즉 딴생각을 하는 것이 기본이다. 그만큼 딴생각을 다스리는 것은 어려운 일이며, 명상을 한다는 것은 그토록 다스리기 힘든 딴생각을 직접적으로 조절하는 연습을 하는 셈이다.

다만 명상도 명상 나름이다. 통용되는 명상 방법이 다양하니 그리 간단히 결론을 내리기는 어렵다. 예를 들어 어딘가에 집중해서 몽상을 덜 떠올리도록 하는 명상도 있지만, 떠오르는 몽상을 가만히 관찰하라고 하는 명상도 있다. 한곳에 집중하는 명상에 비해 떠오르는 대로 관찰하는 명상의 경우에는 기본 설정 네트워크가 더 활동한다는 연구 결과도 있다.[28]

뇌과학자의 명상법

개인적인 경험담 하나를 소개해 보겠다. 아무래도 나는 기본 설정 네트워크를 많이 사용하며 사는 사람인 것 같다. 정신과 의사라는 직업도 그렇고, 글을 쓰는 작업도 그렇고, 기본 설정 네트워크에서 떠오르는 아이디어를 사용할 때가 많다. 상담이 상담을 받는 사람에게 아이디어를 자유롭게 떠올리길 권장하는 일이기도 하지만, 상담을 제공하는 입장에서도 생각을 자유롭게 떠올리는 행위가 도움이 된다. 이해하려는 대상이 자신의 마음이든 타인의 마음이든, 그것을 이해하기 위해서는 다양한 가능성을 떠올릴 줄 알아야 유리하기 때문이다. 비록 상담할 때 입 밖으로 내는 말은 치료에 도움이 되는 쪽으로 가려서 하더라도, 그 이면에서는 어느 정도 자유

연상이 필요하다. 글을 쓰는 일도 마찬가지다. 일단 자유롭게 떠올리면서 다양한 내용을 펼쳐놓은 다음, 그중에서 독자에게 도움이 될 만한 것들로 선택하고 정제하는 과정이 필요하다. 그러니까 내가 주로 하는 두 작업이 모두 기본 설정 네트워크에서 출발하는 것이다.

그런데 이처럼 자유롭게 무언가를 떠올리는 성향은 어릴 적부터 있었다. 정신과 의사가 되거나 출판을 염두에 둔 글쓰기를 시작하기 훨씬 전부터 말이다. 어쩌면 나는 어린 시절부터 기본 설정 네트워크의 활동이 활발한 아이였는지 모른다. 그런데 앞에서 이 네트워크의 활동이 활발하면 우울해지기가 쉽다고 했다. 그래서인지 청소년기와 청년기에는 죽고 싶은 마음이 들 때가 자주 있었다.

그 시절 기억 중 명상과 관련된 재미있는 경험이 있다. 죽고 싶은 마음에 사로잡혀 있던 어느 날 문득 이런 생각이 들었다.

'이 마음을 잘 관찰해 보자.'

풀어서 설명하면 이런 의미였던 것 같다. 평소에 '죽고 싶다. 죽는 게 낫겠다. 살아서 뭐 하나' 같은 생각들이 자주 떠올랐는데, 이 생각들의 출발점이 어디인가 궁금해진 것이다. 그래서 그것을 포착해 보기로 했다.

바로 성공하지는 못했다. 마음을 들여다보는 일은 쉽지 않다. 설령 자신의 마음이라 해도 그렇다. 생각이나 감정은 조금만 지나도 희미해져 버린다. 제대로 포착하려면 떠오르는 순간에 주의를 기울여야 한다. 그러기 위해서는 미리 준비가 필요하다. 기회가 왔을 때 놓치지 않기로 평소에 마음을 먹고 있어야 하는 것이다.

그러다가 하루는 포착에 성공한 듯했다. 그 순간을 가만히 관찰해 보니 일종의 신체 감각처럼 느껴졌다. 마음이라기보다는 몸에서 느껴지는 감각 같았다. 하지만 평소에 자주 느끼는 여느 신체 감각과는 다른, 생소한 느낌이었다. 뭐가 피부에 닿거나 속이 불편하거나 멀미가 나거나 졸린 느낌 등은 익숙한 신체 감각이다. 그리고 그것을 통해 신체가 지금 어떤 상태라는 해석을 하게 된다. '피부에 모기가 앉았나 보구나' 혹은 '속에서 배탈이 났나 보구나' 하는 것과 같다. 그런데 이 느낌은 어떻게 해석해야 할지 잘 몰랐다. 굳이 그것과 가까운 경험을 고르자면 일종의 수치심 같기도 했다. 그런 면에서는 신체 반응이 아니라 감정처럼 느껴지기도 했다. 말하자면 느낌은 신체 감각 같은데 그것을 일종의 감정처럼 심리적으로 해석해야 할 것 같다고 할까? 이토록 애매하면 사람이 헷갈리는 것도 무리가 아니다.

아무튼 이 느낌이 들고 나면 이것이 죽고 싶다는 생각으로 이어지는 듯했다. 피부에 뭐가 닿는 느낌이 들면 '모기가 앉았나 보구나' 생각하고, 속이 불편하면 '배탈이 났나 보구나' 하고 떠올리듯이, 이 생소하고 모호한 느낌이 슬그머니 고개를 들면 '죽는 게 낫겠구나' 하는 판단으로 이어지는 모양이었다. 그런데 중요한 것은 그다음이었다. 그것을 포착하자 이런 생각이 들었다.

'고작 이런 감각 때문에 그동안 죽고 싶다는 생각이 들었던 건가?'

왜냐하면 그것은 그냥 감각이기 때문이었다. 죽어야 할 그럴싸한 이유가 아니고 말이다. 죽고 싶다는 마음의 출발점을 마침내 발견했는데 그저 애매모호한 신체 감각에 불과했던 것이다.

실은 이와 유사한 연구 결과가 있다. 총 세 번의 비슷한 실험으로 이루어진 연구라서 단계적으로 소개해 보겠다.[29]

첫 번째 실험에서는 참가자들에게 역겨운 맛의 음료를 마시도록 하면서 그들의 얼굴 근육 활동을 측정했다. 비교를 위해 달콤한 맛의 음료나 물을 마실 때도 측정했다. 이를 통해 역겨운 맛을 느낄 때만 반응하고 다른 맛을 느낄 때는 반응하지 않는 얼굴 근육을 확인했다.

두 번째 실험에서는 역겨운 장면을 사진으로 보여줬다. 똥이나 상처나 벌레 등의 사진이다. 앞의 실험에서 사용한 역겨운 맛의 음료를 사진으로 바꾼 것이다. 그리고 비교를 위해 달콤한 음료나 물 대신 슬픈 사진이나 중립적인 사진도 보여줬다. 물론 달콤함과 슬픔은 다르지만 이 실험의 주된 관심사는 역겨움이니까, 그렇게 사진을 보여주면서 참가자들의 얼굴 근육 활동을 측정했다. 그 결과 첫 번째 실험에서 역겨운 맛을 느낄 때 반응한 얼굴 근육이 두 번째 실험에서 역겨운 사진을 볼 때도 반응하는 것을 확인했다. 달콤한 맛에는 반응하지 않았듯이 슬픈 사진에는 반응하지 않았다. 그러니까 음료든 사진이든 역겨운 자극에 특별히 반응하는 얼굴 근육이 있더라는 것이다. 이는 당사자의 주관적인 느낌으로도 확인되었다. 사진을 보고 더 역겹다고 느낄수록 이 얼굴 근육이 더 강하게 반응했기 때문이다. 이를 통해 연구자들은 맛에 있어 역겹다고 느끼는 것과 시각적으로 역겹다고 느끼는 것이 얼굴 근육 반응 면에서 공통점이 있다고 주장했다.

여기까지는 준비 단계였다. 연구자들이 정말로 궁금했던 것은 세 번째 실험 결과기 때문이다. 이 마지막 실험에서는 게임을 통해 참가자들을 불공정한 상황에 놓이게 했다. 그러면서 그들의 얼굴 근육 활동을 측정했다. 이를 통해 윤리적

 타인이라는 세계

으로 역겨운 상황에서는 얼굴 근육이 어떻게 반응하는지 보는 것이 이 연구의 최종 목적이었다. 말하자면 불공정한 상황에서 느끼는 감정도 일종의 역겨움이라고 가정한 것이다. 미각적으로 역겹거나 시각적으로 역겨울 때가 있듯이 윤리적인 차원에서도 역겨울 수 있지 않을까? 이것이 얼굴 근육에서 확인이 되지 않을까?

이제 결과가 짐작이 갈 것이다. 이번 실험에서도 앞에서와 같은 얼굴 근육이 반응했다. 게임에서 맞닥뜨리는 상황이 더 불공정할수록 참가자는 더 역겹다고 느꼈고 해당 얼굴 근육의 활동도 증가했다. 불공정한 느낌이란 일종의 윤리적 역겨움이고, 그 기원은 신체 건강을 위해 나타나는 신체 반응일지 모른다는 이야기다. 어째서 그렇게 되었을까?

해로운 음식에 대한 거부 반응은 우리보다 더 단순한 생물들도 보인다. 윤리적인 판단을 내릴 뇌가 없거나 심지어 바깥세상을 바라볼 눈이 없더라도, 무언가를 입에 넣었다가 뱉는 행동은 한다. 안 그랬다간 건강과 생명이 위협받을 테니까. 다만 그러려면 입에 들어온 것을 뱉으라고 알려주는 신호가 필요하다. 그런 신호 중 하나가 역겨움 아닐까? 오늘날 우리가 느끼는 역겨움과는 차이가 있을지 모르지만, 인류 이전부터 존재하던 단순한 생물에게도 그들 나름의 어떤 신호가 있지 않았을지 짐작해 본다.

그리고 그런 생물들에게 바깥세상을 볼 수 있는 눈이 생긴다면 그때부터는 뱉어야 할 대상을 조금 더 일찍 알 수 있을 것이다. 입에 넣어보기 전에 거부할 수 있는 것은 물론이고, 멀리서 점점 가까워지기만 해도 미리 피할 수 있을 것이다. 맛을 보기 전에 눈으로 보고 반응하면 되기 때문이다. 하지만 이때도 거부하거나 회피하라고 알려주는 신호는 필요하다. 다만 그런 신호를 새로 만들 필요까지는 없을 것 같다. 역겨움이라고 하는 이미 내장된 신호를 계속 사용하면 되기 때문이다. 더러운 무언가가 입안에 들어왔을 때 울리던 신호를 그것이 시야에 들어왔을 때도 울리게 하는 것이다.

이처럼 시야에 들어오는 것 중에 거부하거나 피해야 할 대상을 역겨움이라는 신호가 잘 알려주었다고 가정해 보자. 그런데 살면서 피하고 싶은 대상이 상한 음식이나 오물 같은 구체적인 대상만 있는 것은 아니다. 그런 것 말고 때로는 어떤 상황이나 사건을 피하고 싶을 수도 있다. 그렇다고 맹수의 위협처럼 무서워서 피하는 것은 아니고, 뭔가 더러운 사물을 대할 때처럼 피하고 싶은 상황이다. 그렇다면 그것을 알려주는 신호도 필요하다. 다만 이때도 신호를 새로 만들라는 법은 없다. 이미 내장된 신호를 사용하는 편이 더 효율적

     타인이라는 세계

일 테다. 이런 식으로 건강을 위한 신체 반응을 윤리적인 판단에도 확장해서 사용하게 되지 않았을까? 앞선 연구 결과를 통해 이렇게 추론해 보았다.

다시 죽고 싶은 느낌으로 돌아가 보자. 공정함에 대한 윤리적 판단이 역겨움이라는 신체 감각에 뿌리를 두고 있다면, 생을 끝내야겠다는 판단 역시 나름의 신체 감각에 뿌리를 두고 있더라도 그리 이상한 일은 아니다. 그런데 신체 감각 자체가 불현듯 죽고 싶다는 판단이나 죽어야 한다는 결론으로 이어지는 것을 과연 합리적인 의사 결정으로 볼 수 있을까? 때로는 그럴 수도 있을 듯하다. 예를 들어 깨어 있는 매 순간 극심한 통증에 시달리고 있으며, 앞으로도 나아질 희망이 보이지 않는다면 어떨까? 그래도 삶의 의지를 유지하는 사람이 있겠지만, 가끔은 너무 고통스러운 삶을 이만 마치고 싶다는 생각이 들 수 있을 것 같다.

그렇다면 이런 경우는 어떨까. 통증이 있지는 않지만 다른 불쾌한 느낌에 시달리고 있으며, 본인은 그 느낌이 심한 통증만큼이나 괴로워서 죽고 싶다면? 역시 반박하기 어렵다. 당사자가 아니니 뭐라고 말하기가 쉽지 않다. 다만 내가 경험한 바로는, 죽고 싶다는 생각의 이면에 있는 신체 감각을 포착하고 나니 애초에 내렸던 죽고 싶다는 판단이 합리적이지 않다는 생각이 들었다. 그럼에도 불구하고, 희한하게도 그 느낌이 들기 시작하면 자기도 모르게 죽고 싶다는 생각으로 이어진다. 그리고 막상 그런 생각을 떠올리게 만든 처음의 신체 감각은 감쪽같이 숨어버린다.

일단 그 감각을 직접 포착해서 깨닫고 나니 생각이 달라졌다. 물론 이러한 사실을 깨닫는다고 해서 감정적인 부분이 완전히 사라지지는 않는다. 그 감각은 여전히 불쾌하다. 하지만 죽고 싶다는 생각으로는 덜 이어진다. '이 감각이 과연 그런 판단과 결정의 근거가 될 자격이 있나?' 하는 의문이 들면서, 죽고 싶다는 몽상에 사로잡혀 기본 설정 네트워크에 발이 묶이는 것을 막아준다.

내면을 관찰하는 활동이 이런 통찰을 주기도 하더라는 말이다. 이렇게 명상은 자기 자신을 무비판적으로 관찰하는 데 도움이 된다. 마음이 힘든 분들은 명상하는 생활을 실천해 보면 좋겠다.

이 지점에서 다음과 같은 의문이 들지 모르겠다. 어떤 결정의 뿌리가 신체 감각에 있음을 깨닫고 나면 그 결정에 덜 사로잡히게 된다지만, 부정적인 영향을 끼칠 수도 있지 않을까? 예를 들어 불공정에 대한 거부의 기원이 신체 반응임을 인식함으로써 그 거부감이 누그러져 버린다면, 윤리의식이

타인이라는 세계

무뎌지는 셈이지 않을까? 그래서 자칫 불공정을 묵인하고 순응하는 사람이 되지는 않을까?

충분히 생각해 볼 수 있는 가설이지만 실제로 그럴 것 같지는 않다. 왜냐하면 어떤 생각의 뿌리가 신체 감각임을 깨닫는다고 해서 그 감각이 완전히 사라지지는 않기 때문이다. 따라서 불공정에 순응하기보다 그 불공정한 느낌을 다양한 각도에서 검토할 수 있게 된다. 이로 인한 이점은 불공정한 상황에서도 되도록 평정을 유지하며 최선의 선택을 하는 데 도움을 준다는 점이다. 섣불리 도망가기보다 더 나은 대처 방법이 있을지 돌아볼 수 있게 만든다. 이는 주로 당사자 개인에게 이로운 점인데, 사회가 얻는 이득은 없을까? 서로 상충하는 윤리나 가치가 존재하는 경우 도움이 되지 않을까 싶다. 예를 들어 자유라는 가치와 평등이라는 가치가 충돌하는 상황을 떠올려 보자. 자유만 강조하다 보면 평등이 무너질 수 있고, 평등만 강조하다 보면 자유를 억압할 수 있다. 우리 사회가 그렇게 한방향으로만 치우쳐서 나아간다면 안타깝고 위험한 일이다. 하지만 도대체 어쩌다가 그렇게 되는 것일까? 그 시작은 다음과 같을지 모른다.

눈앞에서 자유가 억압받는 상황을 목격하면 우리는 윤리적인 역겨움을 느낀다. 하지만 거기서 더 이상의 판단을 멈쳐버리면, 그 시점 이후로 사회를 발전시키기 위한 모든 노력은 평등의 중요성을 간과한 채 진행될 것이다. 그 반대도 마찬가지다. 눈앞에서 평등이 무너지는 상황을 목격하면 우리는 윤리적인 역겨움을 느낄 수 있다. 하지만 거기서 더 이상의 판단을 멈춰 버리면, 그 시점 이후로 사회를 발전시키기 위한 모든 노력은 자유의 중요성을 간과한 채 진행될 것이다. 비록 머릿속 표상 세계에서는 오로지 하나의 가치만 추구해도 될지 모르지만, 현실에서는 중요한 여러 가치 사이에서 균형을 잡아야 하는데 말이다.

지금까지의 내용을 요약하면 다음과 같다. 몽상 속을 방황하다 보면 자칫 행복을 갉아먹히기가 쉽다. 그러니 몽상에서 벗어나기 위해 기본 설정 네트워크에 머무는 시간을 줄이자.

자기 자신이 기본 설정 네트워크에 있다는 사실을 이따금 알아차리기만 해도 도움이 된다. 그런 다음 '내 뇌의 기본 설정 네트워크를 그만 쓰자. 당분간 여기서 벗어나 있자' 하고 마음먹자. 그렇게 하기만 해도 순간 머릿속이 맑아지고 심리적 무게가 가벼워진다.

뇌로 보면 기본 설정 네트워크지만 마음으로 보면 그것은 몽상의 세계다. 둘 중 어느 쪽으로 접근해도 무방하다. 예를 들어 과거의 어떤 일이 계속 머릿속을 맴돌아 괴로울 때가

　　　　　　　　　　　타인이라는 세계

있다. 그럴 때는 마치 텔레비전을 마냥 켜 놓듯이 '내 머릿속에 상상의 동영상을 틀어놓았구나!' 하고 자각해 보자. 이 생각 자체만으로도 몽상에서 빠져나오는 데 도움이 된다.

나는 명상의 고수가 아니다. 그냥 일상에서 필요하다고 느낄 때마다 나름의 방식으로 명상을 활용하고 있을 뿐이다. 세상에는 이미 다양한 명상 방법이 소개되어 있는데, 거기에 덧붙일 말은 아주 단순하다. 가끔은 한 가지 목표를 염두에 두어보는 것이다. 그 목표란 마음에 있어서는 내면의 표상 세계에서 벗어나는 행위인 동시에, 뇌에 있어서는 기본 설정 네트워크를 멈추는 행위다. 살면서 이 목표를 떠올리기만 해도 도움이 된다. 그렇게 내면의 표상 세계에서 벗어난 상태로, 뇌의 기본 설정 네트워크를 멈춘 상태에서, 가만히 바라보는 시간을 가져보자.

마음을 다루는 뇌과학의 기술 Ⅱ
— 생각의 선택권

생각을 바꾸면 감정도 바뀐다

지금까지는 생각의 양을 줄이는 방법을 알아봤다. 이번에는 생각의 내용을 바꾸는 방법을 알아보자. 심리 치료 전문가 사이에서 인지치료라고 불리는 방법이다. 여기서는 마음이 힘들 때 스스로 활용할 수 있는 방법을 설명하겠다.

앞서 소개한 연구를 보면 불쾌한 몽상에 잠겼을 때가 독보적으로 기분이 나빴다.[30] 그러니 불쾌한 몽상을 불쾌하지 않게 바꾸면 도움이 되지 않을까?

다만 여기에는 한 가지 문제가 있는데, 감정을 바꾸기가 쉽지 않다는 점이다. 불쾌한 감정을 불쾌하지 않게 만드는 일이 어디 쉬운가. 이를테면 싫어하는 사람을 별안간 좋아할

     타인이라는 세계

수 있는 것은 어렵다. 그런데 감정보다 쉽게 바꿀 수 있는 게 있다. 바로 생각이다. 그리고 기쁘게도, 생각이 바뀌면 감정도 바뀐다.

내가 강의 시간에 자주 드는 예가 있다. 학생들에게 좋아하는 연예인이 있는지 물어본다. 그러면 몇몇 유명한 이름이 나온다. 이때 왜 그 사람을 좋아하느냐고 꼬치꼬치 캐묻거나 그 사람을 좋아하지 말라고 하면 어떨까? 아니면 그 사람 대신 다른 사람을 좋아하라고 강요하면? 학생들은 이상하게 생각할 것이다. 그러지 않는 게 보통이다. 일반적으로 우리는 각자의 취향을 존중한다. 왜 그 연예인을 좋아하는지 이유를 명확히 설명하거나 그 감정을 손바닥 뒤집듯 바꿀 수는 없기 때문이다. 이처럼 특정 연예인을 좋아하거나 싫어하는 마음을 인위적으로 바꾸기는 어렵다.

그런데 저절로 바뀌는 계기가 있다. 예를 들면 음주 운전, 가정 폭력, 마약 투여 등 그 연예인에 관한 스캔들이 세상에 드러나는 순간이다. 용납하기 어려운 스캔들이 머릿속에 들어오면 그 연예인을 향한 감정은 순식간에 달라진다. 심지어 오랜 기간 간직해 온 사랑이 분노와 혐오로 돌변하기도 한다. 그 추문의 내용이 어디까지 사실인지 우리가 알 수 있지는 않으나 우리 감정은 달라진다. 이런 현상을 보면 실제 일어난 일인지 여부는 그리 중요한 게 아닐지도 모른다. 감정 변화의 핵심은 그 생각이 우리 머릿속에 들어왔다는 사실이다.

그런데 외부에서 들어오는 생각만 감정을 바꾸는 것이 아니다. 스스로 떠올리는 생각도 마찬가지다. 예를 들어 길을 가던 중 아는 사람과 눈이 마주쳤는데, 그 사람이 내게 인사를 안 하고 지나가 버렸다. 기분이 어떨까? 나쁠 수 있다. 하지만 사람마다 다를 가능성도 존재한다. 같은 연예인에 대한 호불호가 나뉘듯이 이 경우에도 사람마다 느끼는 감정이 꽤 다를지 모른다. 그렇게 달라지는 이유를 그들의 머릿속 생각에서 찾아보겠다.

상대방이 무심한 눈빛으로 나를 지나친 순간 어떤 이는 이렇게 생각한다.

'나를 싫어하나 봐.'

이런 생각을 떠올리면 기분이 어떨까? 아마도 우울해질 것이다. 반면 누군가는 그 순간에 이렇게 생각한다.

'나를 못 본 모양인데?'

그럼 이 사람은 기분이 담담할 것이다. 그리고 또 어떤 이는 이렇게 생각할 수 있다.

'분명히 날 봤는데도 일부러 인사를 안 한 건가? 혹시 내가 뭔가 잘못한 게 있나?'

     타인이라는 세계

이러면 내심 초조해진다. 상대에게 했던 말실수를 찾기 위해 기억을 뒤지거나 자신에 대한 안 좋은 소문이 돌고 있을 가능성을 상상하면서 마음 졸일지 모른다. 그런데 또 다른 이는 다음과 같이 생각한다.

'눈이 마주쳐도 어쩌다 못 볼 수 있지. 딴생각에 빠져 있을 땐 그렇게 되잖아.'

이 사람은 기분이 어떻다고 할 것이 없다. 상대가 인사 안 하고 지나간 일에 별 영향을 안 받을 것이다.

이렇게 스스로 떠올리는 생각도 감정을 바꿀 수 있다. 그래서 심상치 않은 감정의 변화가 느껴질 때는 그 전에 떠올린 생각을 추적해 볼 필요가 있다. 그 감정의 불씨가 된 어떤 생각을 발견하게 될지 모른다.

물론 스스로 떠올리는 생각과 외부에서 들어오는 생각은 별개가 아니다. 둘의 경계는 모호할 때가 많고, 설령 구분이 가능하더라도 서로 영향을 준다. 방금 인사 없이 지나간 그 친구에 관해 얼마 전 누가 이런 이야기를 했다고 치자.

"걔 요즘 이상하지 않냐? 항상 정신없어 보이고, 잘 씻지도 않는지 가까이 가면 냄새도 나더라고."

이는 외부에서 들어온 생각이다. 하지만 스스로 떠올리는 생각에도 영향을 줄 것이다. 이 이야기로 인해 그 친구가 인사 없이 지나갈 때 내가 하는 생각이 달라진다.

'요즘 무슨 힘든 일이 있어서 정신이 없나?'

이렇게 걱정하게 될 수도 있다. 앞에서와는 또 다른 감정이다. 그런데 앞서 제삼자에게 들은 말이 살짝 달랐다고 해 보자.

"걔 원래도 좀 이상했어. 항상 정신없어 보이고, 잘 씻지도 않는지 가까이 가면 냄새도 나더라고."

말의 도입부가 조금 달라졌을 뿐이지만 나의 생각과 뒤따르는 감정도 달라진다. 요즘 들어 이상해졌다고 생각하면 걱정부터 될지 모르지만, 원래부터 이상했다고 생각하면 혐오의 감정이 그 자리를 대신할지 모른다. 원래부터 이상했던 것이 설령 사실이어도 얼마든지 걱정해 줄 수 있는 노릇이지만 말이다.

게다가 그 친구가 요즘 들어 이상해졌는지 아니면 원래부터 이상했는지는 모르는 일이다. 내게 말한 사람도 정확히 알고서 말한 게 아닐 수 있다. 하지만 대개 이런 경우 말을 전한 사람이나 나나, 무엇이 사실인지 굳이 면밀하게 확인해 보지 않는다. 그럼에도 우리의 감정은 달라진다. 실제 일어난 일인지 여부는 그리 중요하지 않다. 감정 변화의 핵심은 그 생각이 우리 머릿속에 들어왔다는 사실이다.

     타인이라는 세계

맞다. 사실이 아닌 생각도 감정을 바꿀 수 있다. 따지고 보면 그리 놀라운 일은 아니다. 우리는 어차피 두 개의 현실에 애매하게 발을 걸친 채 살아가기 때문이다. 바깥세상의 현실, 그리고 자기 내면의 심리적 현실.

평상시 우리가 '현실'이라 말하는 것은 일반적으로 바깥세상의 현실이다. 우리가 평소에 '사실'이라 일컫는 것도 일반적으로 바깥 현실에 존재하는 사실이다. 반면 '생각'은 어떤가? 존재하는 곳이 다르다. 생각은 바깥 현실이 아닌 심리적 현실에 속한다. 우리는 각자의 생각으로 사실을 이해하려 들지만 애초에 둘은 다른 세계에 속해 있다.

생각이 곧 사실이 아니라면 그것을 도대체 무엇으로 봐야 할까? 생각은 사실이라기보다 도구다. 바깥세상을 이해하는 데 도움을 주는 도구. 그리고 자신의 감정과 행동을 관리하는 데 도움을 주는 도구.

생각이라는 도구는 사실이 아니기에 사람을 속이는 데도 활용이 가능한데, 속이는 대상이 자기 자신일 수도 있다. 그래서 때로는 바깥 현실을 왜곡하거나 자신의 감정과 행동을 합리화할 때도 쓰인다. 꼭 나쁜 뜻으로만 말하는 것은 아니다. 예를 들어 공부하러 도서관에 가거나 운동을 하러 체육관에 가야 하는데 영 가기가 싫다고 치자. 누구나 살면서 이런 경험을 하게 될 텐데, 그럴 때도 생각을 도구로 활용할 수 있다. 바로 일의 첫 단계만 결심하는 방법이다.

'오늘은 도서관에 가서 자리에 앉기만 하고 돌아오자.'

'오늘은 체육관 출입문까지만 열고 바로 집에 오자.'

꼭 밖에 나가지 않더라도 집에서 공부나 운동을 할 경우에도 마찬가지다.

'오늘은 책상에 앉아 3분 동안만 공부를 하자.'

'오늘은 팔굽혀펴기를 3개까지만 하고 말자.'

이처럼 하려는 일의 첫 단계만 하자고 마음먹으면 시작하기가 훨씬 쉬워진다. 그 정도는 부담 없이 행동으로 옮길 수 있기 때문이다. 반면 기왕 책상에 앉을 거면 최소 3시간은 공부해야 한다거나, 모처럼 운동을 시작하면 계획한 루틴을 다 마쳐야만 한다고 생각하면 시작 전부터 부담돼서 더 하기 싫어진다.

정말로 공부를 3분만 하거나 팔굽혀펴기를 3개만 하려는 것은 아니다. 더 열심히 공부하고 더 열심히 운동하려는 목표가 있을 테지만, 그럼에도 3분 내지 3회 같은 생각으로 자신을 속일 수가 있다. 막상 시작하면 거기서 멈추기보다 더 지속하게 될 것이다. 그러니 단지 시작의 문턱만을 넘기 위한 생각으로 자신을 속여 목표를 이루는 것이다. 생각을 도

          타인이라는 세계

구로 활용하는 좋은 예다. 일단 시작하기만 하면 열심히 하는데, 시작이 귀찮아서 흐지부지 포기하는 일이 많다면 이런 방법도 활용해 보기를 권한다.

더 나은 생각을 선택하라

무언가를 이루려면 목표를 구체적으로 세우라는 조언을 들어봤을 것이다. 그래야 그 목표를 이루기 위한 방법도 구체적으로 생각하게 되기 때문이다. 돈을 모으고 싶다면 막연하게 '돈을 모으자' 하고 결심할 수도 있지만, 구체적으로 '5년 안에 1억을 모으자' 하고 결심할 수도 있다. 이렇게 목표를 구체화하면 이룰 방법도 구체적으로 고민할 가능성이 늘어난다. '5년에 1억이면 1년에 2000만 원이군. 그럼 매월 최소 160만 원 이상을 모아야겠네' 같은 계산이 나온다. 이런 구체적인 계산을 토대로 다시 구체적인 계획을 세울 수 있다. '그럼 한 달에 160만 원씩 모으려면 어떻게 해야 할까?' 이처럼 목표를 구체적으로 정하는 것은 유용한 전략이다.

그런데 여기에는 맹점도 있다. 한 가지 맹점은 이른 포기다. 시험으로 치면 학습 계획을 잘 세워서 열심히 공부하는가 싶더니 불과 며칠 만에 포기하고 만다. 계획대로 돌아가지 않기 때문이다. 계획이 구체적인 만큼 계획대로 안 되는 것도 구체적으로 드러나 버린다. 계획한 일정에 맞게 진행되어야 목표에 도달할 텐데, 그날그날의 실패가 명확히 눈에 보이니 목표에 도달하지 못할 것도 빤해진다. 따라서 금방 포기하게 된다. 결과적으로 이번 시험은 평소보다 공부를 더 안 하게 될 수도 있다. 구체적인 목표를 정하지 않고 그냥 막연히 노력했을 때보다 오히려 결과가 안 좋아지는 것이다.

이렇듯 구체적인 목표를 정하자는 생각이 유용하게 쓰일 때도 있지만 오히려 방해가 될 때도 있다. 물론 그럴 때는 대뜸 포기해 버리기보다 현실에 맞게 목표와 계획을 조정하는 유연성도 필요하다.

요점은 이런 사고방식이 유리한 경우도 있고 저런 사고방식이 유리한 경우도 있으니, 상황에 따라 가장 유용한 생각을 적절히 골라 사용하는 편이 좋다. 살다 보면 어느 한 생각이 꼭 정답이라고 보기 어려울 때가 있지 않은가.

그렇다고 무슨 생각이든 다 좋다고 할 수는 없다. 가장 쓸모 있는 생각이 사람이나 상황마다 다른 것도 사실이지만, 어떤 이는 자기가 처한 상황에 별로 쓸모가 없는 생각만 반복해서 선택한다. 물론 한두 번 봐서는 함부로 말할 수 없지만 꽤 오랫동안 옆에서 지켜본다면, 그 사람이 여러 번 아쉬운 선택을 하는 모습을 목격하게 되고 그 아쉬운 선택들에

　　　　　타인이라는 세계

일정한 패턴이 엿보일 수 있다.

예를 들어 매사에 구체적인 목표나, 성공과 실패에 관한 명확한 기준 없이 일을 추진하는 사람이 있다고 하자. 남들이 보기에는 늘 실패가 빤한 흐리멍덩한 시도만 반복하는 이처럼 보인다. 그런데 유심히 살펴보면 그 이면에는 실패에 대한 두려움이 숨어 있음을 알 수 있다. 실패가 두려우니 실패를 증명하는 기준을 거부하는 것이다. 하지만 구체적인 기준 없이 무작정 나아가니 결국 실패의 굴레에서 벗어나기가 힘들어진다.

반대로 매사에 반드시 구체적인 목표나 성공과 실패의 명확한 기준을 정하려 하는 사람이 있다고 예를 들어보자. 남의 눈에는 지나치게 아등바등하는 피곤한 삶을 사는 것으로 보일 수 있다. 그런데 유심히 지켜보면 그 이면에는 남보다 뒤처지는 것에 대한 두려움이 숨어 있을지도 모른다. 그렇게 실패가 두려우니 성공을 증명하는 기준들에 집착한다. 그러나 성공한 다음에는 또 성공한 이들끼리의 경쟁이 시작되니 결국 경쟁에서 벗어날 수 없다.

당사자의 이 같은 패턴을 발견하는 이들은 당사자를 꽤 오랫동안 지켜본 사람들일 것이다. 말하자면 가족, 친구, 직장 동료들이 그렇다. 그런데 이 중에서 친구는 직접적인 이해

당사자가 아니니, 더 너그러울 수 있다. 하지만 가족이나 직장 동료는 다르다. 옆에서 지켜보기가 몹시 답답하고 안타까울 것이다.

그래서 그 안타까운 패턴을 본인에게 지적하면 어떻게 될까? 당사자가 과연 받아들일까? 왜 항상 같은 방식만 고수하면서 굳이 하지 않아도 될 실패를 반복하고 굳이 받지 않아도 될 고통을 받고 있느냐고 묻는다면, 과연 수긍하는 사람이 얼마나 될까?

결국 각자의 심리적 관성에서 스스로 벗어나야 한다. 각 상황에 맞는 최선의 선택을 내리고자 스스로 노력해야 한다. 조언을 구하지 말라거나 상담을 다니지 말라는 이야기가 아니다. 조언이나 상담이 필요한 상황이면 적극적으로 받는 것이 스스로 벗어나기 위한 최선의 선택일 수 있다. 다만 결국에는 스스로 깨달아 변화해야 한다.

이 점이 가장 무섭다. 스스로 깨닫기가 힘든데 결국에는 스스로 깨달아야 한다는 것이다. 그래서 만만치 않은 여정이 되곤 하지만, 그 출발은 자신의 생각을 사실이 아니라 도구로 바라보는 데에서 시작된다.

몇 가지 예를 더 들어보자. 무언가를 열심히 하는 행위를 방해하는 생각 중 하나는 이것이다.

 타인이라는 세계

‘열심히 했다가 망하면 어쩌지?’

노력은 꽤 힘든 일인데, 그렇게 힘들게 노력해 놓고 결과가 좋지 않으면 애초에 노력을 안 하느니만 못할 것이라는 걱정이다.

발표를 잘하고 싶은 사회 초년생 직장인이 있다고 하자. 발표를 잘하기 위해서는 발표 준비와 연습이 필요하기 마련이다. 하지만 열심히 준비하고 연습했는데도 발표를 망칠 수 있다. 만약 그렇게 되면 더 속상하고 더 손해 본 느낌이 들지 모른다.

‘열심히 준비할수록 발표 때 더 긴장하게 되지 않을까?’

개연성 있는 이야기다. 잘하려는 마음이 너무 강하면 그만큼 더 긴장하게 된다. 잘하고 싶어서 열심히 노력했는데 잘하고 싶은 마음이 오히려 더 긴장하게 만들고, 게다가 열심히 노력한 만큼 더 잘해야 한다는 마음에 더더욱 긴장하면서, 결국 발표를 망칠 가능성이 있다. 그러면 힘들게 투자한 노력이 오히려 손해라는 결론에 이른다. 만약 이런 걱정들이 머릿속을 맴돌면 발표 준비를 열심히 하지 않게 될 것이다.

그런데 열심히 준비해도 망할 수 있지만, 아무 준비 없이 발표를 잘할 수는 없다. 이유가 뭐든 준비를 안 했으면 잘하기는 힘들다. 그러니 열심히 할 수도 없고, 열심히 안 할 수도 없다. 분명 잘하고는 싶은데 이러지도 저러지도 못하게 된다. 이 딜레마를 어떻게 풀면 좋을까?

이런 방법은 어떤가? 발표 준비와 연습은 열심히 한다. 그것이 어떤 결과로 막을 내릴지 미리 걱정하지 말고 일단 준비와 연습까지는 완벽을 목표로 한다. 그런 다음 실제 발표하는 날에는 생각을 바꾼다. 그날은 80점짜리 발표를 목표로 무대에 오르는 것이다.

준비하고 연습하는 동안에는 완벽을 목표로 생각하는 게 유리하지만, 실제 발표할 때는 완벽하지 않음을 목표로 생각하는 게 유리할지 모른다.

이렇게 생각의 첫 갈림길에서 최선의 선택을 하고, 이어서 다음, 다다음 생각의 갈림길이 나타나면 그때그때 또 거기에 맞는 최선의 선택을 하면 된다.

앞에서 나랑 눈이 마주쳐 놓고 그냥 지나간 친구를 다시 소환해 보자. 그럴 때 다음과 같은 생각이 들 수도 있었다.

‘나를 싫어하나 봐.’

만약 이 생각이 사실로 드러난다면 어떨까? 마음이 아프고 한동안 우울할 것이다. 하지만 그게 두려워 현실을 무작정 거부해도 곤란하다. 받아들일 부분은 받아들여야 한다.

‘그래, 그 친구가 정말로 나를 싫어하는 게 맞았구나.’

　타인이라는 세계

그런데 이 사실을 받아들이고 나면 반드시 우울해질 수밖에 없을까? 아니다. 왜냐하면 그 지점이 다시 다음 생각의 출발점이 되기 때문이다. 그다음 떠오르는 생각이 무엇인가에 따라 기분은 달라질 것이다.

가령 어떤 이는 이렇게 생각한다.

'나를 싫어하는 사람이 있다니. 그건 내게 무슨 심각한 결함이 있다는 뜻 아닐까?'

반면 다른 이는 이렇게 생각할 수도 있다.

'어차피 모두를 만족시킬 순 없어. 인생은 나랑 잘 맞는 사람들하고 잘 지내면 돼.'

위 두 사람이 맞닥뜨린 현실은 동일하다. 하지만 어떤 생각을 선택하느냐에 따라 우울해지는 정도가 크게 달라진다.

2장에서 투사라는 방어기제를 소개하면서 남 탓을 많이 하는 사람들에 대해 이야기했다. 물론 진짜 투사인지 아닌지는 쉽게 알 수 없을 때도 많다. 누군가가 정말로 억울한 일을 당했는지 혹은 자신의 심리적 현실 안에서 사실과 다르게 억울해하고 있는지는 섣불리 단정할 수 없다. 하지만 당사자와 오랜 시간 가까이 지내다 보면 혹시 병적인 투사를 하고 있는 것은 아닐지 의심하게 되는 순간이 있다. 일상에서 가장 흔한 경우는 아마도 다른 사람들이 당사자의 원망과 분노에

동의하지 않는 순간일 것이다. 그럴 때 누군가는 생각의 발걸음이 원망과 분노에서 다음과 같이 나아간다.

'저렇게 바라보는 것도 가능하구나. 혹시 저게 맞나? 그럼 내가 잘못 생각했을 수도 있을까?'

스스로에게 이런 질문을 건네는 것이다. 질문의 정답은 그때그때 다르다. 정말로 누굴 탓할 일이 아닌데 내가 잘못 생각한 경우도 있고, 아무리 생각해 봐도 내가 억울한 게 맞아서 남 탓이 합당한 경우도 있을 것이다. 여기서 중요한 것은 둘 중 뭐가 맞느냐가 아니라, 이런 의문을 제기할 수 있는 기회 자체다. 생각의 대안을 진심으로 고려하는 자세가 중요하다. 다른 사람과의 의견 차를 계기로 바깥의 객관적 현실과 자신의 심리적 현실을 용기 있게 재검토할 수 있느냐가 핵심이다.

여기에 용기가 필요한 이유는 이런 질문엔 고통이 따르기 때문이다. 그럼에도 그 길이 옳은 길이면 용기 있게 그리로 발걸음을 내디뎌야 한다. 너무 두려워하지 않아도 된다. 왜냐하면 생각의 선택권은 여기서 끝나는 게 아니라, 다음 지점에서도 새로운 선택이 가능하기 때문이다.

하지만 어떤 사람들은 생각의 발걸음이 도무지 그렇게 나아가지 않는다. 그래서 남들이 자신에게 동의해 주지 않을 때 흔히 다음과 같이 생각한다.

'다들 항상 남의 편만 들지. 내 편은 아무도 없어.'

때로는 이 생각이 맞을 수도 있다. 주변 사람들이 똘똘 뭉쳐 합리적인 주장을 전부 가로막고 있는 것도 불가능한 일은 아니다. 하지만 때로는 합리적인 주장을 전부 가로막고 있는 쪽은 남들이 아니라 자기 자신일지도 모른다. 내 생각의 발걸음이 객관적 현실로부터 단절된 심리적 폐쇄 회로 안을 맴돌고 있는 것은 아닌지 돌아볼 필요가 있다.

그럴 때 어떤 생각을 선택하느냐가 병적인 투사에서 빠져나오는 갈림길이 된다. '무엇이 사실이냐?' 대신 '누가 내 편이냐?'에 초점을 맞춰 길을 찾으면 도달하는 곳이 전혀 다를 수밖에 없다.

물론 자신의 실수나 오류를 깨닫는 일은 괴롭다. 몹시 부끄러울 수 있고, 그 창피한 기억이 두고두고 떠오르며 계속 마음을 아프게 할 수도 있다. 그럴 때 써먹어 볼 만한 생각의 기술을 하나 소개한다.

그 기억 속 장면에 등장하는 나를 바라본다. 그 일을 잊으려고 할 필요도 없고 지우려고 할 필요도 없이 그냥 바라본다. 그런데 거기 있는 나를 남이라고 생각하고 바라보는 것이다. 내가 겪은 그 수치스러운 경험을 내가 아닌 남이 겪고 있다치고 담담히 바라본다. 그렇다고 내 모습을 남으로 바꿀 필요는 없다. 그냥 내 모습 그대로인데 내가 아닌 남이라고 가정한다.

이때 내가 떠올리는 장면은 정확한 현실이 아니다. 나의 표상 세계에서 재구성한 기억이다. 가령 그 일을 실제로 겪을 때의 나는 내 모습을 보고 있지 않았을 것이다. 현실에서라면 나는 내 몸 안에 들어가 있었을 테니까. 그럼에도 그 기억에서 내 모습이 보인다면 어차피 사실 그대로를 보고 있는 것이 아니다. 그러니 마치 유체 이탈한 영혼이 몸 밖에서 자신을 내려다보듯, 내가 창피한 말이나 행동을 하던 그 순간을 바라볼 수 있다. 다만 요령은 나 아닌 타인을 본다고 생각하고 그 장면을 떠올리는 것이다.

이런 식으로 보면 막상 그 일이 그토록 창피한 것은 아니었다고 느껴질 수 있다. 적어도 죽고 싶을 만큼 수치스러운 일은 아니었고, 내 잘못을 인정하지 않고 막무가내로 고집을 부려야 할 만큼 창피한 일도 아니었을 때가 많을 것이다. 나 말고 다른 사람이 겪은 일이라고 한다면 '살면서 그럴 수도 있지' 하고 대수롭지 않게 넘길 만한 일로 보일지 모른다. 그게 과연 얼마나 부끄러운 일인지를 조금 더 객관적으로 평가할 수 있게 된다.

　타인이라는 세계

인생의 어느 시점에서 겪은 내 모습이 부끄러워 견딜 수 없이 괴로울 때는 이런 방법도 사용해 볼 수 있다. 물론 앞에서 설명한, 기본 설정 네트워크를 끄는 방법도 사용할 수 있다. 하지만 표상 세계 밖으로 도저히 빠져나올 수가 없을 때는, 표상 세계 안에서 방법을 찾으면 된다.

"그 사람은 살인자야."

앞에서도 이야기했지만 어떤 사람이 실제로 살인을 저질러서 이렇게 말했으면, 이 문장은 그저 사실을 말한 것에 불과하다. 하지만 그 사람에 관한 총체적 현실을 말해주지 않는다는 점에서 이 말은 실제 그 사람과는 간극이 있다.

'그 사람은 도둑놈이야.'

'그 사람은 쓰레기야.'

'그 사람은 돼지야.'

전부 현실과 간극이 있는 생각들이다. 꼭 나쁜 일에만 해당하는 것도 아니다.

'그 사람은 천사야.'

'그 사람은 영웅이야.'

'그 사람은 성인군자야.'

이는 자신에 대해서도 마찬가지다.

'나란 인간은 쓰레기야.'

‘이번 생은 망했네.’

‘나 참 못났다.’

이런 말이나 문장이 떠오른다면 이것들이 나라는 사람에 관한 총체적인 진실을 말해주지 않는다는 사실을 자각해야 한다. 이런 생각들이 머릿속에 자주 떠오르는 이유는 나에 관해 편견을 가지고 있기 때문이다. 편견이라고 하면 주로 타인에 대한 편견만 생각하지만, 자기 자신에 대해서도 편견을 가질 수 있다.

‘생각으로 정의한 나’는 ‘현실에 존재하는 나’와 근본적으로 다른 세계에 속한 녀석이다. 따라서 나를 괴롭히는 그 생각과 진실을 구분할 필요가 있다. 생각은 진실이 아닌 도구다. 생각을 도구로 인식하면 더 다양한 생각의 가능성을 발견할 수 있으며, 편견을 극복하는 데도 도움을 준다. 내 마음이 곧 진실이라는 공식에서 벗어나면 말이다.

진실에 가까이 다가가기 위한 노력을 소홀히 해도 좋다는 뜻은 아니다. 진실에 다가가려는 노력은 중요하다. 그렇게 다가간 진실이 설령 아름답지 않거나 전혀 위로가 되지 않더라도 괜찮다. 그래도 일단 진실에 가까이 가야 그 지점에서부터 다음 생각을 선택할 수 있고, 그렇게 진실의 토대 위에서 선택한 생각이 결국 더 큰 힘을 발휘하게 된다. 즉 진실에

 타인이라는 세계

부합하는 생각을 도구로 사용할 때가 더 유익하기 마련이다. 당장에는 그 이익이 눈에 잘 들어오지 않더라도 결국에는 그렇게 될 것이다.

그러니 위로가 되는 생각을 찾는답시고 진실을 소홀히 하는 것은 생각을 도구로 활용하는 가장 어설픈 방법이다. 현실 세계의 진실에 대해 고민하지 않은 채 손쉬운 위로나 얄팍한 자기 합리화를 제공하는 상업적 문구들은, 그것을 듣거나 읽는 순간에만 위로가 될 뿐이다. 바깥 현실로 눈을 돌리는 순간 적용이 불가능하기 때문이다.

생각을 도구로 활용할 때는 진실을 외면하지 않는 노력 또한 필요하다. 이를 위해서는 우리의 생각을 바깥세상의 진실에 맞춰 바꿔나가야 한다. 반대로 우리의 생각에 바깥세상의 진실을 끼워 맞추려 들면 곤란하다.

어차피 현실이라는 녀석은 내 머릿속 생각에 아무 관심이 없다. 내 생각이 뭐라고 지껄이건 간에 현실에서 일어나는 일들은 그냥 자기 갈 길을 간다. 따라서 짝사랑의 운명을 타고난 쪽은 생각이다. 우리의 생각이 진실을 사랑해야 한다.

그리고 그 짝사랑의 과정에서 생각의 틀이 깨지는 것을 두려워할 필요가 없다. 어차피 도구인데 좀 깨지면 어떠한가. 버리고 새 도구를 장만하면 된다. 바꾸지 않을 이유가 전혀 없다.

바깥세상의 진실에 부딪혀 생각의 틀이 깨질 때, 우리의 생각 세상은 거기서 끝나는 게 아니라 바로 거기서부터 더 찬란히 시작한다.

인생에서 중요한 문제에 부딪혔을 때

현실을 바꿀 것인가, 마음을 바꿀 것인가

우리는 두 세계를 오가며 산다. 현실 세계와 마음 세계를. 그러니 살면서 힘든 문제를 만나면 마음을 바꿔서 해결할 수도 있지만, 현실을 바꿔서 해결할 수도 있다. 어떤 경우에는 마음을 바꾸는 방법이 더 쉽고, 또 어떤 경우엔 현실을 바꾸는 방법이 더 쉽다. 물론 때로는 두 세계 모두 조치가 필요할 수 있다.

삶의 여건이 쉽게 바뀌지 않던 시절에는 현실을 바꿔서 문제를 해결하는 방법이 별로 쓸모가 없었다. 예를 들어 신분제도가 확고하던 시절에는 신분의 벽을 뛰어넘는 일이 거의 불가능했다. 그런 현실을 그대로 받아들여야만 했다. 이런 답답한 상황에서는 그 시대의 종교나 사상이 도움을 주었다. 신분의 차별이 존재하는 데는 창조주의 뜻 내지 윤회의 원리처럼 나름의 이유가 숨어 있기 때문이라고 설명하거나, 고통스러운 이번 생을 잘 마치면 다음에 더 길고 더 아름다운 내세의 삶이 기다리고 있다고 약속하는 것이다. 그 시대의 종교나 사상이 제시한 이런 사고방식은 사람들의 마음을 바꿔 답답한 현실을 견디게 돕는 방법이었다. 잘 바뀌지 않는 현실 대신 그 현실에 맞춰 마음을 바꾸는 데 주안점을 두고 있다.

하지만 언제부터인가 현실 세상이 크게 변하기 시작했다. 일례로 신분에 따른 차별도 과거와 달라졌다. 차별이 훨씬 줄기도 했고, 이제는 돈을 벌어 부자가 될 수 있다 보니 이를 통해 신분을 상승할 가능성이 늘어났다. 게다가 그 돈으로 개인이 할 수 있는 일도 많아졌다. 물론 우리는 여전히 부족하다고 느끼지만 불과 몇백 년 전에 비하면 엄청난 변화다.

비록 과거와 같은 엄격한 신분의 벽은 이제 없으나 오늘날에도 여전히 누군가에게 억울하거나 부당한 대우를 당할 수 있다. 하지만 요즘에는 굳이 마음을 바꿔서 해결할 필요가 없다. 항의하거나 소송하면 된다. 신고하거나 제보할 수도 있다. 이같이 시시비비를 가릴 다양한 장치가 마련되어 있다. 예전처럼 종교나 사상의 도움을 받아 마음을 바꾸는 대

     타인이라는 세계

신 현실을 바꿔서 문제를 해결할 방법이 많이 있는 것이다. 그래서일까? 오늘날 우리는 세상을 바꾸는 방법에 더 익숙해진 것 같다. 좋은 변화일 수 있다. 다만 마음을 바꾸는 방법을 많이 잊어버린 것도 사실이다.

인류 역사 전체를 놓고 볼 때 우리는 상당히 독특한 시대를 살고 있다. 하지만 과거를 돌아보지 않으면 우리는 이것이 당연한 일처럼 느껴진다. 실제로는 참 특이한 일이다. 그리고 이 특이한 시대를 열기 위해 수많은 사람의 희생과 노력이 있었다. 그럼에도 우리는 이것이 마치 저절로 일어난 일인 양 착각하는 경향이 있다.

여기에 동반되는 착각이 하나 더 있다. 내 생각대로 안 되면 뭔가 크게 잘못되었다고 느끼는 것이다. 하지만 이 역시 일종의 착각이다. 세상이 내 뜻대로 되리라는 착각, 바깥세상을 내 마음속 생각에 끼워 맞출 수 있다는 착각, 심지어는 현실이라는 녀석이 내 마음에 관심을 갖고 귀 기울여 줄 거라는 착각 말이다.

어쩌면 이런 착각이 우리보다 덜했을 우리의 옛 선배들은 인생에서 어떤 문제를 맞닥뜨렸을 때 현실을 바꾸는 방법을 덜 고려했을 것이다. 대신에 당시의 종교나 사상 등을 바탕으로 마음을 바꾸는 방법을 주로 사용했을 것이다. 그리고 지금도 현실은 원하는 만큼 바뀌지 않을 때가 많다. 그러니 마음을 바꿔 문제를 해결하는 방법도 여전히 필요하다. 물론 그것이 과거처럼 종교나 사상을 그대로 따르는 방식을 가리키는 것은 아니다. 우리 시대에 맞는 방식을 찾아야 한다. 그러니 마음을 바꾸는 기술도 비장의 무기처럼 가지고 있다가 필요할 때 활용하면 좋겠다.

정리하면 우리가 인생의 여러 문제를 해결하기 위해 선택할 수 있는 방법으로 현실을 바꾸는 방법과 마음을 바꾸는 방법 두 가지가 있다. 그러니 살면서 힘든 일이 생길 때마다 한 번쯤 돌아보기 바란다. 이 문제는 세상을 바꿔서 해결해야 할 문제일까? 아니면 내 마음을 바꿔서 해결해야 할 문제일까? 물론 그 둘이 전연 별개는 아니다. 세상을 바꾸기 위한 출발은 마음의 변화에서부터 시작되어야 할 수 있고, 세상 현실이 바뀌고 나면 그에 따라 내 마음에도 변화가 있기 마련이다. 그리고 마음을 바꾸는 해결 방법은 다시 둘로 나누어진다. 생각을 멈추는 방법과 생각을 바꾸는 방법이다.

이제 우리는 생각을 멈추는 방법과 생각을 바꾸는 방법을 둘 다 사용할 수 있다. 생각을 멈추는 방법은 다른 말로 생각을 비우는 방법이다. 생각을 바꾸는 방법은 바꿔 말하면 생각을 채우는 방법이라고 할 수 있다. 때로는 깨끗이 비우고

 타인이라는 세계

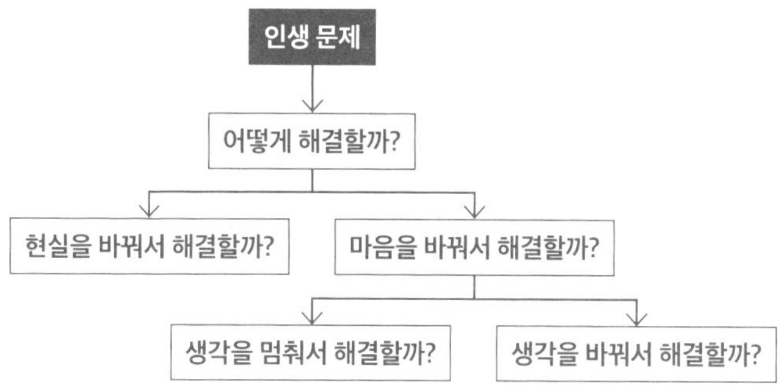

때로는 새로이 채우면서, 스스로가 창조한 마음 세계의 길을 잘 찾아나가길 바란다.

끝으로 내 경험을 하나 더 소개하겠다. 아무래도 기본 설정 네트워크를 많이 쓰며 살아서인지 젊은 시절 죽고 싶은 마음이 들 때가 자주 있었다고 말한 바 있다. 하지만 그런 마음을 가만히 들여다보자, 이면에 숨어 있는 어떤 신체 감각 같은 느낌을 포착하게 되었고, 막상 그것을 발견하고 나니 고작 이런 느낌 탓에 죽고 싶다는 생각으로 나아간다는 게 비합리적이라는 생각이 들었다. 이때 내가 쓴 방법은 생각을 멈추는 방법이었다. 죽고 싶은 순간에 생각의 소음을 멈추고 조용히 관찰했다. 그런데 이보다 더 어릴 적에 사용했던 방법도 있었다. 지금 돌아보면 그 방법은 생각을 바꾸는 방법이었다. 어린 시절의 나는 죽고 싶다는 생각이 들 때 생각의 다음 발걸음을 이렇게 내디뎠다.

"만약 인생이 여행이라면 이번 인생이 아마 쉽게 온 기회는 아닐 거야. 가까운 국내가 아니라 멀리 유럽에 갈 때처럼 특별한 기회겠지. 그런데 여행 첫날부터 기대와 달리 실망스럽다면 어떻게 할까? 그렇다고 나머지 일정을 다 포기하고 집으로 돌아가진 않을 거야. 웬만하면 끝까지 다 보고 돌아가겠지. 언제 또 유럽에 오게 될지 모르니까. 결국 마지막 여행지까지 가서 실망하게 되더라도 그럴 거야. 적어도 이 여행을 통해 유럽이라는 곳을 알게 되는 거니까. 인생도 마찬가지야. 남은 일정을 모두 취소하고 여기서 여행을 끝내고 싶지만 기왕 큰맘 먹고 온 셈이니 끝까지 가보자. 어차피 일정이 다 끝나면 가만히 있어도 자동으로 귀국 항공편이 나를 알아서 집으로 데려가 줄 거 아냐."

나는 꽤 쓸모 있게 사용했지만 이런 생각이 누구에게나 쓸모가 있을지는 모르겠다. 그리고 나도 이제는 나이가 들어 이전만큼 유용한 것 같지는 않다. 그야 당연하다. 그때의 나와 지금의 나, 혹은 그때의 내 삶과 지금의 내 삶은 여러 가지로 달라졌기 때문이다. 그동안 살면서 인생의 많은 여행지를 경험하기도 했고, 이후의 일정이 그때만큼 많이 남지도 않았다. 그러니 남은 일정을 취소하더라도 인생이라는 여행에서

 타인이라는 세계

알지 못한 채 돌아가야 하는 부분이 줄었다는 점이 아마 가장 큰 이유일 것 같다. 이처럼 똑같은 생각도 각자의 상황과 시점에 따라 유용한 정도가 달라지곤 한다.

모든 도구가 그렇듯 생각이라는 도구도 단 한 가지 종류만으로 평생에 걸쳐 버티기는 쉽지 않다. 지금의 나에게 맞는 또 다른 생각을 도구 삼아 다음 발걸음을 내딛는 수밖에 없다. 아마 한동안은 이 책을 마무리하는 것도 다음 발걸음의 이유일 것이다. 책의 완성은 현실에서 일어나는 일이지만, 이 일을 완수하기 위해서는 내 마음도 잘 다루어야 한다.

4장

마음 너머로

마음이 남긴 여섯 개의 단상

공감의 두 얼굴

서로 다른 공감의 눈높이

"누구나 인간관계는 힘들다."

이 책의 첫 문장이다. 여기에서 출발해 우리는 사람의 마음을 이해하는 일이 왜 어려운지 그 이유를 여러모로 살펴봤다. 실로 다양한 요인이 타인의 마음을 이해하는 일, 그리고 내 마음을 타인에게 이해받는 일을 방해한다. 이런 상황에서는 우리가 서로를 이해하지 못하는 게 당연해 보였다. 그러니 나를 이해하지 못하는 사람이 있을 때도 너무 상처받을 필요가 없었다. 그것은 누구의 잘못도 아니다.

물론 서로 이해하고 이해받기 위해 노력할 필요는 있다. 하지만 모두가 서로를 이해하는 일은 일어나지 않는다. 그 이유는 타인의 마음이라는 것 자체가 일종의 상상이기 때문이다. 우리가 안다고 믿는 누군가의 마음이란, 실은 우리 뇌에 탑재된 마음이론 장치가 만들어낸 우리 내면의 결과물이다. 엄밀히 말하면 그것은 상대의 마음이라기보다 내 마음에 해당한다. 이것이 가장 결정적이고 근본적인 이유다.

모든 이해는 곧 상상이다. 그러니 서로에 대한 모든 이해가 어쩌면 착각일지 모른다. 이 세상 모든 공감이 가짜라는 이야기가 될 수도 있다. 그렇다면 나는 공감을 부정하는 정신과 의사일까?

오해는 없었으면 한다. 나는 공감을 부정하지 않는다. 이렇게 생각해 보자. 타인에 대한 이해나 공감이 우리의 상상이고, 그런 상상이 마음이론이 하는 일이라는 사실을 알고 있다면, 서로에 대한 우리의 이해와 공감을 오히려 도울 수 있지 않을까?

마음이론의 작동 원리로 보면 공감과 오해는 동전의 양면처럼 존재한다. 그러니까 이해든 오해든 전부 우리의 상상이자 뇌의 마음이론 회로가 만들어낸 표상이다. 이 사실을 알고 있으면 남을 섣불리 오해하지 않을 것이다. 상대에 대한 어떤 상상이 떠오를 때 그것을 함부로 사실로 믿지 않을 것이다. 오히려 자신의 상상이 지어내는 온갖 창작물 앞에서 더 겸손한 자세를 유지할 것이다. 이는 곧 상대에 대한 이해와 공감의 가능성을 열어놓는 일이 된다. 이해의 문을 계속 열어 놓기 위해서는 성급한 오해가 그 문을 닫지 않는 것이 우선이기 때문이다.

정신과 의사로서 이해와 공감이 갖는 치유의 힘도 잘 알고 있다. 이에 관해서는 내가 쓴 다른 책에서 누차 증명했으니 여기서는 생략하겠다.[1] 대신 여기에서는 공감을 향한 다른 시각을 소개해 보려 한다. 가령 다음과 같은 질문을 던지는 것은 이 책이 아니면 다시 기회가 없을지도 모른다.

'공감이 강조될 때 생길 수 있는 부작용은 혹시 없을까?'

오늘날 우리 사회에서 공감의 중요성은 널리 알려져 있다. 그래서 공감을 잘 해주지 않는 사람은 세련되지 못한 느낌을 준다. 시대의 흐름에 뒤떨어진 열등한 사람 취급을 받기도 하고, 심지어 지능이 부족하다는 이야기를 듣기도 한다. 그야말로 공감이 강조되는 시대다.

그런데 이토록 공감을 중시하는 사회 분위기는 어디서 비롯된 것일까? 아마 치료 현장에서 시작된 게 아닐까 싶다. 왜냐하면 상담 치료에서 공감은 매우 중요한 기술이기 때문이다. '기술'이라고 표현하면 그 중요성을 깎아내리는 듯한 기분이 들 정도로 공감은 중요하다. 기술 대신 '태도'나 '요건'

 타인이라는 세계

이라는 표현이 더 어울릴지 모른다. 치료가 잘 이루어지기 위한 기본 태도이자 필수 요건이라는 것이다. 하지만 이런 공감이 일상의 영역으로 넘어오면 어떨까? 서로 치료하고 치료받는 관계가 아닐 때, 그런 일반적인 관계에서도 무조건 상대에게 공감해야 할까? 반대로 상대가 내게 공감하지 않는다면 그럴 때 상대를 원망하거나 비난하는 일이 적절할까? 세련되지 못하고, 시대에 뒤떨어졌으며, 지적으로 아쉬운 사람이라고 깎아내리는 것이 정당할까? 하지만 잘 생각해 보자. 내 말에 공감하지 않는 사람을 비난하면, 나도 그 사람 말에 공감하지 않는다는 뜻이다. 그러므로 일상에서 공감을 너무 강조하다 보면 다음과 같은 웃지 못 할 상황에 처하게 된다. 서로 입장이 다른 두 사람이 만나 이야기를 나눌 때, 그중 한 사람이 먼저 말을 꺼내면 상대방은 무조건 공감해야 하는 것이다. 요컨대 관계를 편안하게 만들어야 할 공감이 서로의 의무가 되면서 오히려 일상의 편안한 관계를 옥죄기도 한다.

일방적인 공감을 요구하는 것은 자신과 상대방의 관계를 환자와 치료사 관계로 보는 셈이다. 아니, 실제 치료 현장에서도 공감이 무조건 제공되지는 않는다. 공감을 되도록 삼가면서 진행하는 상담도 있다. 보통 이런 상담은 공감의 함량이 적더라도 환자가 견딜 수 있다는 판단이 내려졌을 때 시도한다. 그러니까 환자의 능력을 그만큼 존중할 때 하는 상담이라 볼 수 있다.

이렇게 심지어 비용을 지불하고 상담을 받을 때조차 상담사에게 무조건 공감만 받지는 않는다. 그런데 일상에서 대등한 관계로 만나는 사람 사이에 과연 가능한 한 공감을 해야 할 의무가 있는지 의문이다. 만약 상대방에게 어떤 의무가 있다면, 그것은 오히려 자신의 생각을 솔직하게 말해줄 의무가 아닐까? 공감해야 한다는 부담 때문에 억지로 마음에도 없는 말을 하는 것보다는 말이다.

물론 타인에게 함부로 말하는 이유가 꼭 솔직하기 때문은 아니다. 상대를 존중하지 않아서 그럴 수도 있고, 공감 능력이 부족하거나 분위기 파악에 서툴러서 그럴 수도 있다. 혹은 그냥 무심코 공감이 결여된 말을 뱉는 경우도 있다. 하지만 그 모든 가능성을 감안하더라도 과연 공감의 의무가 정직의 의무보다 우선시되어야 하는지는 의문이다.

공감이 꼭 정직의 반대편에만 위치하는 것도 아니다. 상대의 말에 전적으로 동의하고 진심으로 공감하는 경우야 더 말할 필요도 없고, 설령 상대의 말에 동의하지 않는 경우라도 정직하게 공감을 표현하는 일이 가능하다. 혹은 공감을 희생

  타인이라는 세계

하지 않으면서 정직한 의견을 전달할 수도 있다.[2]

다시 말하지만 공감은 매우 중요하다. 하지만 이는 일상에서 사람을 대할 때 각자가 공감하기 위해 노력하는 일이 중요하다는 의미지, 남에게 일방적인 공감을 요구하는 일이 정당하다는 의미는 아니다. 내게 공감하지 않는다고 누군가를 원망하고 비난하는 것은, 결국 나와 입장이 다른 상대방에게 내가 공감하지 않는 행위이기도 하다. 아마도 이것이 지금처럼 공감이 중시되는 사회에서도 사람 사이에 갈등이 줄어들지 않는 이유일 것이다.

'그래, 내가 남에게 공감하는 일은 내가 노력해야 하는 게 맞다 치자. 하지만 때로는 나도 공감을 받아야 하지 않나? 그러니 내가 남에게 공감을 받고 싶을 때는 어떻게 해야 되지?'

이런 의문도 들 수 있다. 그런데 마찬가지로 여기에도 내가 노력할 부분이 있다. 내 마음과 입장을 타인에게 잘 전달하기 위한 노력이 필요하다. 그러니 공감하는 쪽이든 공감받는 쪽이든 내가 할 일이 있기 마련이다.

하지만 노력은 하더라도 거기에 필요 이상으로 집착할 필요는 없다. 어차피 모든 마음은 조금씩 다를 수밖에 없기 때문이다. 그러니 '나'와 '너'라는 두 세계가 완벽히 같아지길 바라는 집착은 내려놓는 편이 좋다. 이해와 공감은 상처받은 마음을 치유하기도 하지만, 이해와 공감을 향한 집착은 오히려 상처를 더 깊게 만들기도 한다.

우리는 살면서 내면에 각자의 세계를 만들어왔다. 이렇게 생긴 각자의 마음은 조금씩 차이 날 수밖에 없다. 그 차이를 알고 감당하는 것이 심리적 성숙이다.

그러니 누가 내게 반대 의견을 솔직하게 말하면 오히려 고마워해야 할지 모른다. 왜냐하면 그 사람은 나를 믿어주었기 때문이다. 그 의견을 듣고 내가 상대를 미워하지도, 나 자신을 책망하지도 않을 만큼 성숙하다고 믿어준 것이다. 또 그 의견에서 내가 취할 부분은 취하고 버릴 부분은 버릴 만큼 현명하다고 믿어준 것이다. 그리고 내게 기회를 준 것이기도 하다. 인간의 마음은 반드시 현실과 어긋나는 부분이 있기 마련이라, 상대의 반대 의견을 통해 내 마음의 오류를 발견할 수도 있다. 덕분에 내가 더 나은 사람으로 발전하고 성숙해질 기회를 준 것일 수도 있다.

다만 이런 식으로 받아들이려면 나 역시 상대를 믿어야 한다. 상대가 나를 아끼는 마음에서 그런 반대 의견을 내게 솔직하게 말해주었으리라고 믿을 수 있어야 한다. 적어도 내 기분이 상하길 원해서는 아니라고 믿을 수 있어야 한다.

그런데 이런 믿음이 생기려면 평소 상대로부터 공감도 충

    타인이라는 세계

분히 받았어야 한다. 그러니 나 혼자만 잘해서 될 일은 아니다. 서로가 잘해야 한다. 그래도 일단 내 입장에서는 내 역할을 잘하는 편이 낫다. 그리고 각자가 그렇게 자신의 역할을 해 냈을 때 비로소 우리는 함께 더 성숙한 공감으로 나아갈 수 있을 것이다. 그럼 여기서 다음 질문이 떠오른다. 가장 성숙한 공감이란 어떤 것일까?

자유의지에 관하여

자유와 의지

이 생각을 품고 살아온 지 어느덧 30년이 넘었다. 그동안 이 이야기를 남에게 해본 적은 거의 없다. 먼저 말을 꺼낼 만한 내용도 아니고, 누가 먼저 물어볼 내용도 아니기 때문이다. 그런데 딱 한 번 관련 질문을 받은 적이 있다. 오래전에 서울대학교병원 정신건강의학과 전공의 한 명이 내게 이런 질문을 했다.

"교수님은 어떻게 환자를 미워하지 않고 상담할 수 있나요?"

혹시 내가 절대로 환자를 미워하지 않는다고 전제한 질문이었을까? 만약 그랬다면 그것은 아마 사실이 아닐 것이다.

그래도 정신과 의사로 일하면서 지금까지 특별히 기억에 남는 미운 환자는 없다. 성가시다고 느끼거나 내게 오지 않았으면 좋겠다고 생각한 사람은 몇 명 있었다. 그러니 만약 그들보다 더 힘들게 하는 이를 만난다면 그땐 나도 환자를 미워하게 될 것이다.

그래도 그 전공의는 내가 비교적 환자를 덜 미워하거나 덜 성가셔한다고 느꼈던 걸까? 아니면 그냥 그 무렵에 가장 고민하던 질문을 마침 만난 아무 교수에게나 불쑥 건넨 것일지도 모른다. 아무튼 나는 이렇게 대답했다.

"기왕 질문을 받았으니 솔직하게 답해볼까? 사실 나는 인간에게 자유의지가 없다고 생각해. 어쩌면 그 덕분에 조금 덜 미워하는 걸지도 모르겠네."

일단 오해의 소지가 있는 부분부터 명확히 하자. 나도 인간에게 '의지'는 있다고 생각한다. 어떤 일을 하고자 하는 마음이 의지다. 그런 의지는 당연히 있다. 그리고 '자유'도 있다고 생각한다. 원하는 대로 할 수 있는 상태가 자유다. 그런 자유 역시 분명히 있다.

그리고 그 둘이 함께 있을 수도 있다. 어떤 일을 하고자 하는 마음이 있는데 그 마음대로 할 수 있다면, 의지도 있고 자유도 있는 상태다. 다시 말해 어떤 의지가 있으면서, 그 의지

대로 행할 자유까지 있으면 된다. 하지만 자유의지는 순서가 반대다. 원하는 대로 할 수 있는 자유가 아니라, 자유롭게 원할 수 있는 의지다.

보통 의지에도 원인이 있다. 가령 점심을 먹으려 할 때는 배가 고프다든지 아침을 먹은 뒤로 일정 시간이 지났다든지 하는 이유가 있기 마련이다. 물론 원인의 종류는 다양하다. 몸에 어떤 병이 있어 남들보다 자주 배가 고픈 사람도 있을 수 있다. 스트레스를 받아 허기를 느끼는 사람이라면 몸이 공복 상태는 아니어도 나름의 심리적 이유가 있는 것이다. 때로는 식욕과 관련한 호르몬이나 신경 신호 같은 데서 원인을 찾을 수도 있다. 이처럼 꼽을 수 있는 원인의 종류는 다양하지만, 아무튼 원인이 있다는 사실에는 변함이 없다.

그런데 방금 든 예는 의지라기보다 욕구에 더 가깝지 않냐고 물을지도 모르겠다. 점심을 먹으려고 하는 마음은 의지 대신 욕구라고 부르는 게 더 어울린다고 말이다. 식욕 같은 단순 욕구와 달리 의지는 좀 더 이성적인, 본능이나 감정을 억제하면서 어떤 목표를 이루고자 하는 마음이라고 할 수도 있을 것이다. 그런 종류의 의지라면 원인 없이 자유롭게 생기지 않느냐고 반문할지 모른다.

실제로 그런 경우에는 원인을 콕 집어 말하기가 더 어렵다. 어떤 직업을 갖기 위해 열심히 공부하거나, 돈을 모으기 위해 남보다 절약하거나, 마라톤 완주에 도전하거나, 봉사 활동에 나서거나, 해외 이민을 가는 등의 행동은 어째서 그런 의지를 갖게 되었는지 일일이 이해하기가 힘들다. 하지만 그런 의지에도 나름의 원인은 있지 않을까? 설령 이것이라고 딱 집어 말하기가 힘들더라도 말이다.

원인이 뭔지 제대로 말할 수 없는데 원인이 있는지를 어떻게 아느냐고 묻는다면 이렇게 생각해 볼 수 있다.

친구 하나가 갑자기 엉뚱한 행동을 한다고 하자. 예를 들어 수업을 듣던 중에 갑자기 앞으로 나가 교수님을 밀어내고 춤을 추더니 교실 밖으로 달아난다. 그럴 때 여러분은 잠시 후 밖에서 다시 만난 그 친구에게 뭐라고 말할까? 아마도 이렇게 물어보지 않을까.

"아까 도대체 왜 그랬어?"

이유를 물어볼 것이다.

이와 비슷한 예는 얼마든지 더 들 수 있다. 평생 운동이나 다이어트에는 도무지 관심이 없던 친구가 갑자기 마라톤 풀 코스에 출전한다면, 또는 전혀 그럴 기미를 보이지 않던 친구가 뜬금없이 전화해선 내일 해외 이민을 떠난다고 알린다면 역시 그 이유를 물어보는 비슷한 질문을 하게 될 것이다.

그러니까 그 친구에게 그런 의지가 생긴 인과관계의 맥락이 궁금해지게 된다.

그런데 만약 마라톤에 출전하는 친구가 전부터 달리기에 관심이 많았다면, 혹은 이민을 떠나는 친구가 우리나라 문화에 대해 자주 불평했거나 외국에서의 삶을 동경했다면 이 경우에는 이유를 물을 필요가 없다. 대신 속으로 이렇게 생각할 것이다.

'그래, 네가 드디어 행동에 옮기는구나.'

하나의 독립된 이유를 말하지는 못하더라도, 그 친구가 그런 행동을 보이는 대강의 맥락이 이해가 가게 된다. 즉 우리는 사람들의 행동에 나름의 이유가 있어서 그렇게 행동할 의지가 생겼을 것이라고 전제한다. 사연이나 계기처럼 '원인'에 해당하는 뭔가가 있다고 생각하는 것이다.

나는 이해할 수 없는 엉뚱한 행동을 하는 사람을 보고 다음과 같이 말하는 사람을 평생 한 번도 만난 기억이 없다.

"당연히 그럴 수 있지. 사람은 원래 자유의지가 있잖아."

이처럼 그 사람이 '자유로운 의지로 그랬나 보구나' 하고 이해하는 경우는 거의 없다. 정녕 자유롭게 발현되는 의지가 있다면 인간의 행동을 그렇게 받아들이는 게 마땅할 텐데 말이다. 아무리 엉뚱한 행동을 하더라도 '자유의지가 있으

　타인이라는 세계

니 응당 저럴 수 있지' 혹은 '저 친구는 자유의지를 참 잘 활용하네!' 하고 이해할 것이다. 하지만 우리는 그러지 않는다. 대신 이유를 묻는다. 상대에게 직접 물어볼 수도 있고, 속으로 조용히 궁금해할 수도 있지만 말이다. 이처럼 이유를 묻는 일이 자연스러운 것은, 우리가 인과관계를 전제로 인간을 이해하고 있기 때문이다.

물론 일상에서 다음과 같이 말하는 경우는 종종 있다.

"당연히 사람마다 취향이 다를 수 있지."

좀처럼 이해할 수 없는 선호를 보이는 사람에 대해 흔히 이렇게 수긍하고 넘어간다. 좋아하는 음식, 옷차림, 취미 활동에서부터 전공 선택, 배우자 선택 등 사람마다 서로 다른 선호를 보이는 모습을 우리는 자연스럽게 받아들인다. 그런데 이렇게 개인별 취향을 인정하는 것이, 취향에서의 자유의지를 인정하는 셈일까? 그렇지 않다. 만약 그 사람이 하루아침에 전혀 다른 취향을 보인다면, 가령 김치를 싫어한다며 입에도 대지 않던 사람이 다음 날 점심시간에는 식판에 김치만 종류별로 가득 담아 싹싹 먹어치운다면, 혹은 수년째 말끔한 정장 차림으로 직장에 나오던 사람이 내일 갑자기 휴양지 해변을 연상시키는 캐주얼한 복장으로 출근한다면 그 이유를 궁금해하지 않을까? 적어도 속으로 '당연히 그럴 수 있지. 사람은 원래 자유의지가 있잖아’ 하고 생각하지는 않을 것이다.

그런가 하면 일상에서 다음과 같이 말하는 경우도 있다.

“저 애는 의지가 부족해.”

해야 할 일을 열심히 하지 않는 사람을 보고 비난할 때다. 이때는 의지의 원인을 전제하지 않는 것처럼 보이기는 한다. 마치 ‘저 애는 자유의지가 부족해서 열심히 안 해’라고 말하는 듯하다. 이렇게 말하는 이유는 답답하기 때문이다. 열심히 하면 좋겠는데 왜 열심히 하지 않는지 이유를 모르겠고, 열심히 하게 만들 방법도 모르겠으니, 밑도 끝도 없이 자유의지라도 끌어와 상대를 몰아세우는 것이다. 한편으로는 그렇게 몰아세우다 보면 혹시라도 열심히 하지 않을까 싶어 그러기도 한다.

그런데 만에 하나 이런 비난과 꾸중이 정말로 상대로 하여금 열심히 하게 만든다면, 이래서 생긴 의지는 자유의지일까, 아니면 원인이 있는 의지일까? 얼핏 들으면 자유의지를 염두에 둔 발언 같지만 사실 그 반대다. 이런 비난과 꾸중이 의지의 원인이 될 수도 있다는 전제하에 그렇게 말하는 것이기 때문이다.

게다가 그런 식으로 자유의지가 부족하다고 상대를 꾸짖

　　　　　　　　　타인이라는 세계

던 사람조차도 막상 당사자가 내일부터 불같은 의지로 열심히 하기 시작하면 깜짝 놀라며 '저 애한테 도대체 무슨 일이 있었던 거야?' 하고 묻는다. 말하자면 어떤 이유나 계기, 즉 원인이 있으리라고 가정하는 것이다.

이처럼 우리가 평소에 일컫는 의지는 대부분 자유의지가 아니라 그냥 의지다. 나름의 이유나 원인이 있다고 전제하는 의지다. 그래도 혹시나 '자유'라는 단어를 갖다 붙일 만한 특별한 종류의 의지가 있을까? 대부분의 의지는 자유롭지 않은 의지, 인과관계를 따라 생기는 의지라고 해도, 자유로운 의지도 극히 일부가 존재할까? 있더라도 과연 그게 무슨 의미가 있을까? 정말로 아무 원인이 없는 의지, 인과관계의 적용을 받지 않는 의지가 존재한다고 해도, 그렇게 아무 이유 없이 생겨나는 의지가 자유로울까? 밑도 끝도 없이 어떤 일을 하려는 마음이 들면 그게 자유로운 것인가? 우리는 그것을 자유롭다고 느낄까? 그렇게 등장하는 의지나 마음이 자유와 무슨 상관이 있나?

평소 우리는 자유의지보다 인과관계를 전제로 인간을 이해한다. 그리고 정신과 의사는 특히 더 그렇다. 인간 마음의 원인을 신중하게 들여다보는 직업에 종사하기 때문이다. 그래서 아직 이유를 모르는 심리나 행동을 맞닥뜨리면 그 이유를 이해하기 위해 고민하거나 연구를 시작한다. 때로는 그 이유를 심리에서 찾기도 하고, 때로는 뇌에서 찾기도 한다. 당사자의 자유의지 때문이라고 넘겨버리지는 않는다.

이렇게 연구를 통해, 그러니까 심리학이나 뇌과학을 동원해서 이해해야 할 때가 있다는 것은, 직관적으로는 이해하기 힘들 때도 있다는 이야기다. 예를 들어 세상에는 도저히 공감이 가지 않는 사람도 있을 수 있는데, 심리학이나 뇌과학에서 발견한 지식을 통해 '아, 그래서 그 사람이 그렇게 행동하는구나' 하고 이해하게 될 수도 있다. 어찌되었든 이것도 인과관계를 전제로 인간을 이해하는 셈이다. 그리고 이것이 정신과 의사가 하는 공부다. 그러니 내게 질문한 그 전공의 제자는 다소 뜬금없는 나의 대답을 이해하기가 남들보다 유리했을 것이다.

물론 이 모든 설명이 자유의지가 존재하지 않음을 증명하기에는 여전히 부족하다. 무언가를 찾기 위해 매우 많은 곳을 둘러보았으나 아직 발견하지 못했다고 해서, 정녕 그것이 이 세상 어디에도 존재하지 않는다고 확언할 수는 없기 때문이다. 아직 찾아보지 못한 장소에 숨어 있을지도 모른다. 그것이 현실에 존재하는 어떤 물건이라면 말이다. 하지만 자유의지는 현실에서 탄생한 물건이 아니다. 내면의 표상 세계에

　　　　　타인이라는 세계

서 탄생한 개념이다. 따라서 이 개념 자체는 이미 존재한다. 자유라는 단어와 의지라는 단어를 붙여놓기만 해도 표상 세계에서는 엄연히 존재하는 것이다. 이 개념의 존재를 부정하는 것은 아니다. 이 개념이 과연 바깥 현실과도 부합하는지가 문제일 뿐이다. 표상 세계에서는 모호한 방식으로 존재할 수 있는 개념이 막상 구체적인 현실에서는 아무 쓸모가 없거나 모순에 빠지는 경우가 있기 때문이다.

무엇보다 사람들이 자유의지에 집착하게 되는 다른 이유, 그러니까 아무리 모순처럼 보여도 이 개념을 버릴 수 없는 이유가 있는 듯하다. 자신이 자유로운 존재라고 믿고 싶은 마음도 있겠지만, 이보다 더 절박하고 현실적인 이유가 있지 않나 싶다.

죄와 벌

사실 이 정도면 충분히 절박하고 현실적인 의문이라고 할 수 있다.

'만약 자유의지가 존재하지 않는다면, 죄도 존재하지 않는 것일까? 자유의지가 있어야 그 자유의지로 지은 죄를 벌할 수 있는 것 아닌가? 자유의지가 없다면 당사자도 어쩔 수 없이 죄를 행했다는 이야기가 된다. 그렇다면 죄를 벌할 근

거가 없다. 아니, 애초에 죄라고 부를 수조차 없지 않은가?’

즉 자유의지가 없으면 우리 사회가 죄를 인정하지 않게 되고, 죄를 인정하지 않으면 나쁜 행동을 벌할 수가 없다. 합당한 벌을 받지 않는다면 사람들은 제멋대로 행동하면서 남에게 피해를 주는 잘못도 서슴지 않으리라는 절박한 걱정이다. 그러면 범죄를 막을 수도 없고 사회 질서도 유지할 수 없다.

그런데 한 번 더 생각해 보면 이런 의문도 든다.

‘만약 벌을 가함으로써 범죄를 예방할 수 있다면, 이는 자유의지가 있다는 이야기인가, 없다는 이야기인가? 이건 오히려 인간의 의지가 별로 자유롭지 못하다는 뜻 아닌가?’

비슷한 의문을 다음과 같이 바꿔 표현해도 된다.

‘우리 사회가 자유의지를 인정해야 사람들이 범죄를 덜 저지르고 바람직하게 행동할 것이라는 말인데, 그렇다면 사람들의 의지가 사회 통념의 영향을 받는다는 이야기 아닌가? 이건 오히려 자유의지가 없다는 의미이지 않나?’

이처럼 자유의지를 인정하는 문화가 ‘원인’이 되어 사람들의 의지와 행동이 바람직해지는 ‘결과’를 낳는다는 이야기다. 즉 인간의 의지와 행동이 인과관계의 맥락 안에서 발생함을 전제하고 있다.

이렇게 보면 우리 사회가 죄를 지은 이들을 벌하는 것은

　　　　　타인이라는 세계

사람들이 자유의지로 죄를 짓기 때문이 아니다. 자유의지가 없어서 벌하는 것이다. 말하자면 자유의지 대신 인과관계를 염두에 둔 조치다. 그 벌이 원인이 되어 사람들의 행동을 바꿀 것이라 기대하기 때문이다. 벌받은 당사자가 다음에 같은 잘못을 하지 않기를, 그리고 나머지 사회 구성원도 그것을 보고 새로운 잘못을 저지르지 않기를 기대하기 때문이다. 어떤 처벌 방식이 범죄를 줄이는 데 실질적으로 효과가 있는지는 검증이 필요하겠지만, 실제 효과와는 별개로 취지 자체는 그러하다. 이는 자유의지가 없다고 믿을 때 기대할 수 있는 효과다. 얼핏 생각하기에는 자유의지가 있어야 죄를 벌할 수 있고, 그래야 범죄를 막을 수 있을 것 같았는데, 실은 그 반대였다. 일종의 착각이었던 셈이다.

물론 역사적으로는 이런 착각이 사법 체계를 유지하는 데 기여한 면도 있었을 것이다. 특히 죄인에게 잔인한 형벌을 가하던 과거에는 더 그랬을 터다. 그런 잔인한 형벌을 정당화하는 개념이 필요했을 테니까. 하지만 오늘날에는 아무리 심각한 범죄를 저질러도 사회로부터 격리하는 일이 가장 널리 활용되는 처벌 방식이다. 과거와 같은 끔찍한 고문을 가하지도 않고, 사형 제도도 거의 집행이 되지 않는다. 이처럼 격리가 유일한 처벌이면 자유의지로 지은 죄라는 개념도 덜 필요해진다. 타인에게 피해를 주지 않기 위해 격리한다는 논리로도 충분하기 때문이다. 당사자의 행위가 자유의지에서 나왔건, 원인이 있는 의지에서 나왔건 다른 사람이 피해를 입었다는 사실은 변하지 않는다.

우리 사회에 이 같은 사고의 전환이 이루어진다면 여러 가지가 함께 달라질 것이다. 예를 들어 격리가 이루어지는 기간에 있어서도 당사자가 타인에게 재차 피해를 줄 가능성이 현저히 낮아졌다고 인정될 때까지로 기준이 달라질지 모른다. 그렇게 되면 지금처럼 죄의 경중에 따라 격리 기간을 정할 때보다 기간이 늘지 줄지 알 수는 없다. 아마 사람마다 다를 것이고, 격리 기간을 어떻게 보내느냐에 따라서도 달라질 것이다. 따라서 그 기간에 당사자를 변화시키기 위한 노력도 더 적극적으로 이루어질 것이다. 과거 조상들은 알지 못했던 오늘날의 심리학, 뇌과학, 정신의학 등을 활용하여 당사자가 미래에 또 비슷한 행동을 할 가능성을 낮추기 위한 더 효과적인 방법을 찾게 될 것이다. 그런 방식의 격리 기간을 거쳐 사회로 복귀한 당사자는 사회에 적응하기도 더 용이해진다. 타인에게 피해 줄 가능성이 현저히 낮아졌다고 인정받아서 풀려났기 때문이다.

물론 아직은 그런 첨단 과학에 기초한 갱생 방법이 제대로

        타인이라는 세계

시도조차 제대로 이루어진 바가 없다 보니, 충분히 효과가 있는 방법을 찾기까지는 시간이 걸릴 것이다. 하지만 그런 방향으로 노력하게 된다면 머지않은 미래에 방법을 찾지 않을까? 어떤 목적지든 그 방향으로 걸음을 옮겨야 그곳에 도달하기 마련이다.

그러다 보면 언젠가는 오히려 새로운 걱정거리가 생길지도 모른다. 일례로 원인과 결과에 기초한 과학적인 갱생 방법이 효과적으로 이루어지면 격리 기간이 너무 짧아지지 않을까? 아직은 이를 걱정할 단계는 아니지만 만약 그런 날이 온다면 사람들의 그다음 걱정도 예상이 된다.

'죄를 짓더라도 금방 사회로 복귀할 수 있으니까, 혹여나 사람들이 마음 편히 잘못을 저지르게 되지는 않을까?'

정말로 그런 상황이 도래한다면 죄를 지은 당사자가 변화하는 정도만이 아니라 나머지 사회 구성원이 받는 영향까지 고려해서 격리 기간을 정하게 될지 모른다. 하지만 그것은 쓸데없는 걱정이다. 그토록 효과가 좋은 과학적인 갱생 방법이 개발된다면, 사회에서는 이미 그 방법을 범죄 예방에도 활용하고 있을 테니 말이다. 범죄를 저지른 사람이 다시 저지르지 않게 돕는 일뿐만 아니라, 사람들이 처음부터 범죄를 저지르지 않도록 하는 목적에서도 성과를 거둘 수 있지 않겠는가.

이 모든 것이 인간에게 자유의지가 없기 때문에 가능한 일이다. 반면에 자유의지를 전제하면 할 수 있는 게 별로 없다. 소정의 격리 기간이 끝나면 사회로 내보내야 하고 나가서 다시 범죄를 저질러도 어쩔 수 없는 일이 된다. 그야 당사자의 자유의지에 달린 일이니까.

오늘날 우리는 과거 조상들이 갖지 못했던 다양한 지식과 자원을 활용할 수 있음에도 불구하고, 자유의지라는 오래된 통념에 가로막혀 제대로 써먹지 못하고 있진 않은지 모르겠다. 현대의 사법 체계는 자유의지가 아닌 인과관계의 토대 위에서 더 효율적으로 운용 가능할 것이다.

물론 죄에 대한 처벌과 사법 체계 유지에 관한 걱정이 자유의지 개념의 유일한 버팀목은 아니다. 일상에서도 비슷한 걱정이 들 수 있다. 예를 들면 자유의지가 없다고 하면 사람들이 더 이상 노력을 하지 않을 것이라 걱정할 수 있다. 왜냐하면 다음과 같이 생각하는 것도 가능하기 때문이다.

'내 자유의지로 어쩔 수 있는 게 아니구나. 그럼 굳이 힘들게 노력할 필요 없겠네.'

범죄를 저지르지는 않더라도 일상에서 바람직한 다른 여러 가지 노력을 포기하게 될 수 있다. 하지만 이는 매우 근시

안적이다. 현명한 사람이라면 이런 생각도 가능하다.

'내 자유의지로 어쩔 수 있는 게 아니구나. 그러니 의지가 부족하다고 스스로를 닦달하거나 마냥 자책만 하고 있지 말고, 의지가 생기기 위한 조건부터 갖출 필요가 있겠네. 체력이 약하다면 적절한 영양 섭취와 운동으로 체력을 향상하고, 최근에 과로해서 의지가 약해진 상태면 충분한 휴식과 수면을 취해 피로에서 회복하며, 휴대폰에 시간을 많이 빼앗기고 있다면 휴대폰 사용 규칙을 정한 다음 지키는 등, 이런 식으로 의지가 새로 발생하고 지속되기 위한 원인부터 마련해야겠구나.'

자유의지가 없다고 해서 아무 의지도 없는 게 아니다. 원인이 있는 의지는 당연히 있다. 그러니 그 원인을 움직여서 의지를 조종하면 된다. 의지가 생길 만한 인과관계를 일부러 만드는 것이다. 이것이 현명한 사람이 일을 해내는 방식이다. 자유의지는 필요 없다. 그 일이 이루어질 수밖에 없는 인과관계가 필요할 뿐이다.

이 세상 그 누구도 모든 원인을 통제할 수는 없다. 하지만, 통제 가능한 원인이라도 잘 관리해서 성공으로 이어질 확률을 높이면 된다. 이 점에 있어서는 자유의지보다 인과관계가 훨씬 믿을 만하다.

운명과 자유

이런 다양한 효용에도 불구하고 자유의지가 없다고 하면 막연히 기분 나빠하는 사람이 있다.

'내게 자유의지가 없다고? 그럼 내 미래가 미리 정해져 있다는 거야?'

하지만 자유의지가 없음을 받아들인다고 해서 기분이 나쁠 이유는 없다. 인과관계의 맥락 안에 살고 있다는 말이 내 의지에 반하는 구속을 강요당한다는 뜻은 아니기 때문이다. 그저 나라는 존재도 세상의 일부고, 그러므로 세상의 원리에 따라 살고 있음을 받아들이는 것뿐이다. 자유는 기왕 생겨난 의지가 구속받지 않는 게 자유다. 밑도 끝도 없이 의지가 생겨나는 게 자유는 아니다. 내 의지도 나름의 이유가 있어서 생겨날 것이다. 그것을 부정할 필요는 없다. 그저 내게 어떤 의지가 생겨났을 때, 그 의지에 따라 행할 수 있으면 나는 자유로운 것이다. 그 이상의 자유로운 존재가 되기 위해 인과 법칙에서 벗어날 필요는 없다.

또 하나 중요한 점은, 우리는 미래가 어떻게 정해져 있는지 알 수 없다는 것이다. 인간의 삶이 인과관계의 맥락 안에서 이루어진다고 해도, 그 인과관계에 속한 모든 원인을 파악하기란 불가능하다. 굳이 양자역학의 불확정성 원리 같은 어려운 개념을 가져올 필요도 없다. 양자역학 이전의 결정론적 세계관에서도 미래는 알 수 없다. 무수한 요인이 원인으로 작용하여 미래의 결과가 만들어지는데, 그 수많은 요인을 전부 알지 못하기 때문이다. 그것은 아마도 온 우주를 다 알아야 하는 문제로 귀결될 것이다.

어떤 사건의 원인이 되는 무수한 요인 중에서 우리는 아주 일부만을 계산에 넣을 수 있다. 그렇게 계산에 넣은 요소들이 주로 결과를 만들어내고 미처 계산에 넣지 못한 요소들은 별 영향을 미치지 않고는 한다. 그럴 때는 우리의 예측이 맞는다. 완벽하게 맞지는 않더라도 허용할 수 있는 오차 내에서 맞힐 수 있다. 반면 미처 고려하지 못한 요소들이 중요한 원인으로 작용하면 그 예측은 틀리게 된다. 따라서 반드시 예측이 맞으려면 미처 고려하지 못한 요소가 없어야 한다. 즉 모든 원인을 계산에 넣을 수 있는, 모든 것을 아는 존재가 되어야 한다.

우리는 영영 그런 존재가 되지 않을 것이므로 우리의 미래는 어느 정도 예측 불가능한 부분을 포함하고 있다. 우리 눈에 각자의 인생은 다양한 창조의 순간들을 펼쳐 보일 것이다. 모든 원인을 알 수 없는 입장에서 보면 매 순간 크고 작은 미지의 요소가 깃들어 있을 수밖에 없다. 그런 의미에서 우리는 매 순간 새로 창조되는 세계를 살아가는 존재다.

이런 의미에서라면 우리는 상당히 자유로운 존재일지 모른다. 원인이 있는 과거를 지나왔지만, 열려 있는 미래를 향해 나아가고 있기 때문이다. 이것이 과연 우리에게 좋은 일인지 나쁜 일인지는 모르겠다. 어쨌거나 이런 창발하는 세상에서 우리는 나름 자유롭게 살아가고 있는 셈이다. 적어도 운명에 매여 살고 있다고 볼 필요는 없다. 비록 우리에게 자유의지는 없더라도 말이다.

　타인이라는 세계

가장 성숙한 공감이란

완벽한 공감은 없다

'가장 성숙한 공감이란 어떤 것일까?'

이런 질문을 던져 놓고 뜬금없이 자유의지에 관한 이야기로 빙 돌아서 왔다. 그 이유는, 여기에 가장 성숙한 공감의 토대가 숨어 있기 때문이다.

타인에 대한 공감은 될 때도 있고, 안 될 때도 있다. 상대를 이해한 줄 알았는데 실은 엉뚱한 오해나 착각이었을 때도 있기 마련이다. 당연한 일이다. 하지만 내가 공감하건 못 하건, 과연 그게 얼마나 중요할까? 내가 상대방의 입장을 이해하지 못하더라도 거기에는 반드시 이해받을 구석이 있을 텐데 말이다. 왜냐하면 그 모든 것이 원인과 결과에 따라 일어나는 일이기 때문이다.

사실 타인에게 공감이 가느니 안 가느니 따지는 일이 얼마나 부질없는 일인지는 금방 알 수 있다. 그 기준을 자신에게 적용해 보면 된다. 혹시 살면서 한 번쯤 이렇게 마음먹은 적이 있는가?

'내일은 새벽 일찍 일어날 거야.'

일찍 일어나서 운동이든 공부든 혹은 다른 뭐라도 하려고 마음먹으며 알람을 맞춰 놓고 잠자리에 든 경험이 있을 것이다. 그런데 다음 날 새벽에 계획대로 잘 일어났는가? 솔직히 어렵다. 아마 안 일어났을 때도 많았을 것이다. 일어나야 하는데 안 일어난 게 아니라 그냥 안 일어나도 되게 만들었을 것이다.

'이제 보니 새벽 운동은 안 해도 될 것 같아. 체력을 기르면 일을 더 잘할까 싶어 운동하려던 건데, 지금 일어나 운동하면 종일 피곤해서 일을 더 못 할 거야. 게다가 지금 밖에는 비가 오고 있을지도 몰라. 괜히 나갔다가 감기라도 걸리면 큰일이지. 정말로 비가 오는지 확인해 볼까? 아니야. 확인하려고 일어났는데 비는 오고 있고 잠은 달아나 버리면 어쩌려고 그래? 하루를 망치고 말 거야.'

막상 그 시간이 되어 알람 소리가 신경을 건드리면 머릿속

  타인이라는 세계

에 이런 문장들이 떠오르곤 한다. 계획대로 하지 않는 게 나을 온갖 이유가 생각난다. 이런 식으로 잠자리에 더 머물기 위한 합리화를 하게 된다.

여기서 중요한 질문은 이것이다. 어젯밤 12시의 나는 어째서 오늘 아침 5시의 나를 이해하지 못했을까? 어째서 5시간 후의 내가 분명히 일어날 것이라고 예상했을까? 또 오늘 아침 5시의 나는 어째서 어젯밤 12시의 나에게 공감하지 못했을까? 어째서 5시간 전의 내가 굳게 품은 결심을 쓸모없다고 판단한 걸까?

이렇게 생각하면 타인에게 공감이 가느니 안 가느니 하는 일이 얼마나 부질없는지 알 수 있다. 고작 5시간 차이 나는 자기 마음에도 공감하지 못하면서, 다른 사람의 마음을 가지고 이러쿵저러쿵 논하는 것에 무슨 의미가 있겠는가. 이처럼 공감이란 어려운 행위다.

그럼 우리는 공감을 포기해야 할까? 아니다. 바로 여기서 인간 행동의 대전제가 중요해진다. 우리에게는 자유의지가 없다는 것. 모든 인간은 그럴 만한 이유가 있어서 그렇게 느끼고 그렇게 행동한다는 것. 설령 그 이유를 아무도 모른다 해도, 남들은 물론이고 당사자도 모른다 해도 이유는 반드시 있으리라는 것.

이것이 우리가 서로에게 공감하기 위해 노력해야 하는 이유다. 어차피 공감은 상상이다. 그 상상이 정당한 이유가 여기에 있다. 공감할 구석이 실제로는 없는데 그것을 상상하는 것은 헛된 일일지도 모른다. 하지만 공감할 구석은 항상 있다. 더 정확히 말하면 마음에 이유는 항상 존재한다. 행동의 이유도 마찬가지다. 그 이유를 이해하기 위한 노력은 정당하다. 헛된 망상이 아니다. 없는 것에 대한 상상이 아니라 있는 것을 찾고자 하는 시도다. 때로는 사실에 가까운 상상이 떠오를 테고, 때로는 사실과 너무 다른 엉뚱한 상상을 하게 되겠지만, 상대의 마음을 이해하고자 자신의 상상력을 동원하는 일은 고로 정당하다.

그럼 도저히 공감이 안 되는 경우는 어떻게 볼 수 있을까? 그것은 그 행동을 이해하고 공감할 수 있는 내 역량의 한계 때문이다. 물론 상대가 공감하기 힘든 행동을 하는 것일 수도 있다. 다만 그 맞은편에는 그것을 이해하고 공감할 수 있는 내 역량의 한계도 맞물려 있다.

이런 한계가 비난받아 마땅한 옹졸함이나 남들보다 못한 어리석음이라는 뜻은 아니다. 인간으로서 필연적으로 갖는 한계이기 때문이다. 상대가 보이는 행동이 심지어 이 세상 그 누구도 공감할 수 없는 것일 수도 있다. 하지만 설령 그런 경우에도 그 행동의 이면에 원인과 결과의 맥락이 있다는 사실은 달라지지 않는다. 그 맥락을 이해하지 못하는 것은 어쨌거나 한계가 맞다. 어느 한 개인의 한계가 아니라 인류의 보편적 한계일지언정 말이다.

마치 인류가 아직 풀지 못한 우주의 수수께끼와도 같다. 마음의 수수께끼가 우주의 수수께끼보다 풀기 쉬우리라는 법은 없지 않은가. 그런데 우주에 아직 풀지 못한 수수께끼가 남아 있다고 해서 우주를 비난하거나 물리학자들을 비난하지는 않는다. 마음도 마찬가지다. 누군가를 이해하지 못할 때는 분명 내 역량의 한계가 맞물려 있기는 하겠지만, 자신을 비난할 필요는 없다. 우주를 비난하지 않듯 상대의 마음을 비난할 필요도 없고, 물리학자들을 비난하지 않듯 나 자신을 비난할 필요도 없다. 우리가 서로를 아직 이해하지 못하는 데도 나름의 이유나 원인이 있을 테니까.

그런데 비난할 필요가 없다고 했지 비난하면 안 된다고는 하지 않았다. 각자가 갖는 인내의 한계에도 역시 나름의 이유나 원인이 있을 것이기 때문이다. 다만 그런 서로의 한계를 인정할 때 비로소 우리는 어제의 비난에서 내일의 배려와 연민으로 나아갈 수 있을 것이다.

누군가의 언행에 공감이 안 갈 때 우리는 흔히 이렇게 말한다.

“나라면 안 그럴 텐데.”

이처럼 ‘나라면’ 하고 상상해 보는 것은 좋은 방법이다. 타인에게 공감하기 위해 그 사람의 입장에 나를 대입해 보는 행동이기 때문이다. 그렇게 대입해 보았는데, 아무래도 나는 상대방처럼 하지 않을 것 같다면, 공감이 가지 않는다는 의미로 방금과 같이 말하곤 한다.

“나라면 안 그럴 거야.”

그런데 여기서 ‘나라면’이 어디까지 가정하는 것일까? 그 사람의 자리에 나를 넣어본다는 것은 알겠는데, 어디까지 넣어보는 것일까? 예를 들어 내 몸 그대로 그 사람이 있는 자리에 들어간다고 생각해 보자. 그러면 내 몸에 속해 있는 내 지식과 내 능력과 내 성격과 내 경험 등이 그대로 딸려 들어갈 것이다. 그리고 나면 당연히 나는 상대방과 다르게 행동하게 된다. 그 사람 입장에 제대로 들어가 보려면 조금 더 철저해야 한다. 이를테면 내 몸도 그 사람의 몸이라고 가정해야 한다. 신체 능력이 크게 차이 나면 똑같은 상황을 대하는 입장도 달라질 수 있기 때문이다. 이처럼 몸이 같다면, 당연히 몸 안에 든 뇌도 같아야 한다. 그 뇌에 저장된 온갖 기억도 그 사람의 기억으로 바꿔야 한다. 살면서 겪은 모든 경험 역시 그

　　　　　　　　타인이라는 세계

사람의 것으로 가정해야 한다. 다시 말해 태어나 자란 가정도 그 사람의 가정이고, 거기서 받은 양육이나 교육도 그 사람이 받은 양육과 교육이라고 가정해야 한다. 결국에는 내 몸의 모든 분자와 내가 겪은 인생의 매 순간이 전부 그 사람의 것으로 대체된다고 가정해야 마땅하다.

이것이 정말로 상대의 입장이 되어보는 것이다. 하지만 그러고 나면, 내가 그 사람과 다르게 행동할 이유가 있을까? 이렇게 모든 조건이 완전히 동일하다면, 나도 그 사람과 똑같이 느끼고 똑같이 행동하지 않을까? 바로 이 통찰을 우리가 남에게 공감하기 위한 시도의 출발점으로 삼아야 한다.

협력, 복수, 용서의 딜레마

왜 용서해야 하는가

모든 행동에 나름의 이유나 원인이 있다고 해서 내가 다 이해하고 다 용서할 수 있다는 의미는 아니다. 누가 내게 고의로 피해를 준다면 되갚아 주고 싶기 마련이고, 되갚아 줄 능력이 되면 아마 그렇게 할 것이다. 내가 충분히 강해서 그것을 피해로 느끼지 않았으면 몰라도, 내가 큰 고통을 받았다면 개인의 힘으로 복수하거나, 제도의 힘을 빌려 처벌하고 싶어 할 것이다.

그러니 상대를 이해하고 공감하는 것도 내 역량이지만, 원한을 품고 복수하는 것도 내 역량과 맞물려 있다. 내가 그 피해를 무시하고 넘어갈 만큼 강하지는 못해서 복수하려고 하는 것이기 때문이다. 복수에 성공할 만큼 강할지는 몰라도, 무시하거나 혹은 용서할 만큼 강하지는 않다고 볼 수 있다. 이런 나의 한계가 원인이 되어 일어나는 일이니, 이 역시도 인과관계의 맥락 안에서 일어나는 셈이다.

그렇다면 도대체 어떤 필연적 이유로 우리에게 이런 한계가 생겼을까? 죄수의 딜레마를 이용한 한 연구에서 그 힌트를 찾을 수 있다.[3]

죄수의 딜레마에서는 함께 범죄를 저지른 두 명의 공범이 경찰에 체포되어 각각 격리된 취조실에서 조사를 받는다고 가정한다. 경찰은 이들의 범죄 사실을 입증할 증거가 없다. 따라서 이들의 처벌 여부는 전적으로 이번 취조 결과에 달려 있다. 만약 두 사람이 자백하면 당연히 둘 다 처벌할 수 있다. 하지만 두 사람 다 자백하지 않으면 아무도 처벌할 수 없다. 이 사실을 범죄를 저지른 당사자들도 알고 있다. 이런 상황에서 경찰은 두 사람을 격리하여 서로 의논할 수 없게 만든 다음, 각자에게 다음과 같은 제안을 한다. 만약 둘 중 한 명만 사실대로 자백하면, 자백한 사람은 약간의 보상과 함께 풀어주고 자백하지 않은 공범만 처벌하겠다는 제안이다. 이때 홀로 처벌받는 사람은 두 사람이 모두 자백했을 때 받는 것보다 더 무거운 처벌을 받게 된다.

만약 여러분이 범인이라면 어떤 선택을 해야 가장 이익일까? 무엇이 이익인지 따져볼 것도 없이 절대 동료를 배신할 수 없다는 사람도 있을 것이다. 그 입장도 공감이 간다. 하지만 동료 입장은 어떨지 모른다. 게다가 당신이 상상하는 것보다 둘은 덜 친한 관계일 수도 있다. 그러니 나중에 후회하지 않기 위해 조금 더 신중하자. 현명한 판단을 내리기 위해 두 가지 경우로 나눠서 살펴볼 수 있다.

첫째, 동료가 자백하는 경우. 이때 만약 나도 자백한다면 둘 다 처벌을 받는다. 하지만 자백하지 않고 버티면 나만 더 무거운 처벌을 받게 된다. 따라서 이 경우에는 자백하는 편이 이익이다.

둘째, 동료가 자백하지 않는 경우. 만일 나도 자백하지 않으면 둘 다 처벌을 면한다. 나 혼자 자백한다면 동료는 무거운 처벌을 받겠지만, 나는 처벌을 면하면서 약간의 보상까지 받게 된다. 그래서 이 경우에도 자백하는 편이 이익이다.

결국 두 경우 모두 격리되어 있는 공범이 어떤 선택을 할지 몰라도 상관없다. 내 입장에서는 그냥 자백하는 것이 가장 이익이기 때문이다.

지금 소개할 연구에서는 협력의 진화가 어떻게 이루어졌을지 유추하기 위해 이 죄수의 딜레마를 이용했다. 그러니까

'협력보다 배신이 더 이익이라면, 어떻게 우리는 협력도 곧잘 하는 존재로 진화했는가?' 하는 의문에 답을 얻기 위한 연구였다. 방금 연구를 보았을 때는 분명 배신이 더 이익이었다. 그럼에도 심정적으로는 협력을 하는 쪽으로 마음이 동하는 것도 사실이다. 어떤 인과관계의 맥락이 우리를 이렇게 협력을 선호하는 존재로 만들어놓은 것일까?

연구자들은 이 수수께끼의 열쇠가 반복에 있다고 보았다. 만약 이 죄수의 딜레마 상황이 평생 딱 한 번 이루어지고 이후로는 여기에 관여한 모든 사람을 어떤 방식으로든 영영 볼 일이 없다면, 방금 따져본 것처럼 그냥 자백하는 게 이익이다. 하지만 만약 앞으로도 그 공범 친구를 비롯한 범죄자 동료들을 계속 만나면서 이와 비슷한 상황을 반복해서 함께 헤쳐 나가야 한다면, 가장 이로운 전략이 달라질지 모른다.

이 의문에 답을 찾기 위해 연구자들은 컴퓨터 토너먼트를 개최했다. 내용을 요약하면 이렇다. 죄수의 딜레마 게임을 200번 할 때 평균적으로 가장 이익을 얻는 전략을 제출하는 대회다. 두 공범이 각각의 제출된 전략에 따라 게임을 수행했을 때 어느 쪽이 승리하는지 한 쌍씩 맞붙여 본 것이다. 각종 복잡한 전략이 제출되어 승부를 겨뤘지만, 우승은 의외로 가장 간단한 전략에 돌아갔다.

이 전략에 따르면 일단 첫 게임에서는 상대에게 협력한다. 여기서 협력이란 공범을 배신하지 않는 것, 즉 자백하지 않고 버티는 것을 말한다. 그런 다음 두 번째 게임에서는, 방금 첫 번째 게임에서 상대가 했던 행동을 그대로 따라 한다. 만약 상대가 협력했으면 나도 협력하고, 상대가 배신했으면 나도 배신한다. 이런 식으로 바로 앞 게임에서 상대가 했던 것과 똑같이 되갚아 주면서 게임을 진행하는 것이다.

토너먼트에 제출된 여러 가지 전략 중에서 이것이 가장 성공적인 전략이었다. 결과를 듣고 나면 이 전략에 도달하기가 쉬워 보일지 모르지만, 참가자들이 매우 다양한 전략에 승부를 걸었던 것을 보면 결코 떠올리기 쉬운 방법은 아니다.

물론 죄수의 딜레마 게임을 딱 한 번 하는 것은 쉽다. 이 게임을 일회성으로 총 200번 하는 것도 쉬울 수 있다. 하지만 연속된 200회 게임의 누적된 결과라든지, 그 200회 동안 상대방이 갖가지 예상치 못한 전략을 들고 나올 때의 가장 유리한 대응 전략을 떠올리는 일은 어렵다. 그런데 우리가 현실에서 더 자주 마주치는 것은 어느 쪽일까? 죄수의 딜레마 같은 상황을 평생 딱 한 번 겪고 마는 쪽일까, 아니면 여러 번 반복해서 경험하는 쪽일까? 아마 후자일 것이다.

이 연구 결과를 보니 협력보다 배신이 더 이익일 것 같은

　　　　　　　타인이라는 세계

환경에서도 어떻게 협력이 진화했을지 짐작이 간다. 그런데 연구 결과는 이 협력이 마치 동전의 양면처럼, 처벌을 기반으로 삼아 진화했을 가능성을 암시하기도 한다. 그래서 우리는 복수심을 내려놓기가 그토록 어려운지도 모른다. 만약 그것이 조상들이 의지했던 성공 방정식의 일부라면 금방 변하기는 힘들기 때문이다.

또 주목할 점이 있다. 이 게임에서 가장 유리한 전략은 배신을 당한 이후로 남은 모든 경기를 계속 똑같이 배신하며 상대를 처벌하는 것이 아니었다. 그저 바로 앞 게임에서 상대가 했던 대로만 되갚아 주는 전략이었다. 이는 곧 상대가 다시 협력하면 나도 다시 협력하는 행위를 의미한다. 이를 일상 언어로 표현한다면 뭐라고 부르면 좋을까? 용서라고 부를 수 있지 않을까? 맞다. 연구자들은 실제로 그렇게 불렀다.[4]

그러니까 협력의 진화, 처벌과 복수의 진화, 그리고 용서의 진화가 전부 서로 맞물려서 우리 안에 깃들어 있다. 만약 이것이 사실이라면 아무 조건 없이 용서를 베풀기가 왜 그토록 힘든지도 이해된다.

만약 전쟁이 일어나면 우리는 상대를 죽일 것이다. 상대 군인의 입장에 공감한다고 해서 마음 편히 당하고 있지는 않을 것이다. 그 사람도 어쩔 수 없이 전쟁에 끌려 나왔을지 모르지만, 그와 상관없이 상대를 죽일 것이다. 안 그러면 내가 죽으니까. 그 고통을 감당할 능력이 없으니 내가 먼저 죽일 수밖에 없다. 이 또한 내가 가진 한계다. 죽지 않고 살아남기 위해 치열하게 싸우는 특징을 조상들로부터 물려받아 태어났으니 그 특징에 따라 행동할 것이다. 내 육신에 깃든 강력한 인과관계의 맥락 중 하나인 만큼 아마 독자들도 마찬가지일 것이다.

그런데 이런 한계가 없는 존재라면 어떨까? 예컨대 모든 고통을 감당할 능력이 있는, 아니 애초에 그런 고통을 느끼지 않는 존재라면? 우리처럼 몸에 상처가 날 일도 없고, 가족이 굶어 죽을 일도 없으며, 명예나 재산을 잃을 일도 없는 존재가 있다면 아마 그 존재는 복수하지 않을 것이다. 복수는커녕 상대를 미워하지도 않을 것이다. 애초에 상대에게 받은 피해가 없는데 미워할 이유가 뭐가 있고 되갚을 고통이 뭐가 있겠는가. 상대가 총칼을 들고 돌격해 오더라도 아무 문제가 없을 것이다. 우리처럼 능력의 한계가 있는 인간이야 피해를 입고 고통받은 뒤에 내가 가진 작은 능력을 복수하는 데 쓰겠지만, 만약 능력에 한계가 없는 어마어마하게 크고 어마어마하게 강한 존재라면, 마치 개미가 발등 위를 밟고 지나갈 때처럼 무시할 것이다. 그런 전능한 존재라면 아마 그럴 것

　　　　　타인이라는 세계

이다.

다만 상대를 무시하는 것을 넘어 그를 이해하기 위해서는 한 가지가 더 필요하다. 상대가 그렇게 행동하는 이유를 알아야 한다. 하지만 우리는 알 수 없다. 아무리 인간의 삶이 인과관계를 따라 펼쳐진다 해도, 그 인과관계에 속한 모든 원인을 알 수는 없기 때문이다. 우리는 그중 아주 일부만 알거나, 혹은 상상할 뿐이다. 그래서는 원인과 결과의 퍼즐을 제대로 풀 수 없다. 이 퍼즐을 제대로 풀려면 아마 온 우주에 대해 알고 있어야 할 것이다. 하지만 우리는 알지 못한다. 이 또한 우리가 가진 한계다.

그러나 만약 이런 한계도 없는 존재, 그러니까 모든 원인과 결과를 다 아는 존재가 있다면 어떨까? 그런 존재라면 그어떤 누구를 대하더라도 이해할 수 있을 것이다. 굳이 이해하려 들지 않아도 이해가 될 것이다. 그런 전지한 존재라면 아마 그럴 것이다.

이처럼 모든 것을 알고 있고 모든 것을 할 수 있는 존재, 즉 전지전능한 존재가 있다면 그 누구도 미워하거나 원망하지 않으면서 다 이해하고 다 용서할 수 있을 듯하다. 그래서 흔히 신은 자비롭다고 하는 모양이다.

신의 마음

낙원으로부터의 추방

『구약성서』의 「창세기」에 등장하는 최초의 인간에 대한 이야기를 들으면, 내 기본 설정 네트워크는 다음과 같은 몽상으로 나를 안내한다.

내게 그 이야기의 핵심은 인류의 조상인 남녀 한 쌍이 선악을 알게 하는 열매를 먹고 나서 그로 인한 벌로 낙원에서 추방되었다는 내용이다. 나는 이 선악을 알게 되었다는 부분이 표상 세계를 떠올리게 되었다는 의미로 여겨진다. 잘잘못을 따지는 것은 인간이 몽상에 빠졌을 때 흔히 하는 일이기 때문이다.

그런데 열매를 먹으라고 뱀이 유혹할 때 그 열매를 먹으면 신처럼 될 것이라고 말했다는 내용도 흥미롭다. 인간이 각자의 내면에 표상 세계를 만든 것은 자신만의 왕국을 따로 창조한 셈이니, 이를 신처럼 되는 일로 묘사하더라도 이상할 것 없어 보인다. 그리고 이 표상을 떠올리는 능력 덕분에 우리 인간은 오늘날과 같은 첨단 과학 기술 문명을 이룩했다. 지금 우리가 살고 있는 모습을 본 과거 조상들이 마치 신과 같은 생활을 누리고 있다고 묘사하더라도 이상하지 않을 것이다. 결국 뱀의 예언이 이루어진 셈이다. 인간 내면에 창조한 표상 세계로 보나, 외부 현실에 건설한 현대 기술 문명으로 보나, 신처럼 되리라는 뱀의 예언이 이루어진 것 같아 신기하다.

그리고 한편으로는 벌도 받은 것 같다. 표상 세계는 우리에게 정신적 고통을 안겨주기도 한다. 예를 들어 누군가에게 벌거벗은 몸을 들켜 부끄러운 순간을 경험한다고 해보자. 그럼 현실에서는 빨리 옷을 입거나 몸을 숨기면 그만이다. 그것으로 문제가 해결된다. 하지만 현실뿐 아니라 표상 세계의 삶도 동시에 살아가고 있는 우리 인간은 그 부끄러운 순간을 머릿속에서 계속 되풀이한다. 어쩌면 그 장면이 기억에서 평생 사라지지 않을지도 모른다. 이따금 툭 튀어나와 이미 잊은 줄 알았던 부끄러운 고통을 불현듯 상기시킬 것이다. 단지 장면만 다시 떠올라 괴로운 게 아니라 거기에 온갖 해석과 의미를 덧붙여 가면서 더더욱 자신을 괴롭히게 될지도 모른다. 이런 식으로 정신적 고통이 표상 세계를 통해 연장되는 경험을 낙원에서의 추방으로 묘사한 것이 아닐까? 다른 동물과 달리 인간이 고통을 경험하는 공간은 현실 세계를 넘어 표상 세계로까지 확장되었다. 최초의 인간에 대한 이야기는 이런 정신적 고통의 기원을 비유한 게 아닐까 생각해 본다.

그들이 스스로의 행위로 낙원에서 추방되었듯이 우리는 자기 자신을 현실 세계로부터 추방하고 있는지도 모른다. 각자의 내면에 세운 자기만의 왕국을 배회하다 보면 아이러니하게도 우울을 비롯한 다양한 정신적 고통에 시달리기 쉽다. 이를 일종의 벌로 묘사해도 이상할 게 없을 정도다.

그리고 만약 이것을 벌로 묘사한다면, 이와 같은 벌을 받는 지경에 이르게 한 행위를 죄라고 불러도 마땅할 것이다. 우리가 각자의 표상 세계를 섬김으로써 초래한 여러 비극적 결과를 떠올려 보면 말이다. 우울, 자기 비하, 사소한 실수에 대한 부정적 반추와 그로 인한 수치심, 후회, 절망 같은 자기 내면의 고통은 물론이고 일상의 수많은 오해와 편견, 각종 가십과 가짜 뉴스, 인류사를 가득 채운 이념과 종교의 차이로 인한 갈등과 전쟁에 이르기까지 현실 세계 곳곳에는 인간

　　　　　　　　타인이라는 세계

의 표상이 사주한 고통이 널려 있다.

비슷한 맥락에서 떠오르는 것이 우상 숭배다. 여러 종교에서 우상 숭배를 금지하거나 적어도 부정적으로 바라본다. 그런데 나는 이 우상도 통상적인 의미보다 더 넓은 의미를 담고 있지 않을까 생각한다. 우상이라는 게 고작 특이한 형태의 자연물 내지는 조각이나 그림 등의 인공물만 가리키는 것일지 의문이 든다. 혹시 우상이란 그보다 더 넓은 의미로 모든 표상을 뜻하는 게 아닐까? 꼭 사물의 형태로 만들어놓은 것만 우상이 아니라, 오히려 그런 연상의 바탕이 되는 마음 세계의 모든 것이 우상일지 모른다.

만약 이렇게 본다면 표상 세계를 섬기는 행위가 곧 우상 숭배가 된다. 현실이 아닌데 그것을 마치 현실처럼 믿는 행위, 표상 세계가 지어낸 주장을 현실에 강요하는 행위가 바로 우상 숭배일지 모른다. 인류의 역사를 보면 그런 행위가 큰 갈등과 고통으로 이어진 경우가 수두룩하다.

기독교에 비해 불교에서는 불상 등을 만들어 절하는 행위에 조금 더 관대한 경향이 있다. 따라서 우상 숭배를 어떤 조각이나 그림에 기도하고 절하는 행위로만 이해할 경우, 불교는 우상 숭배를 허용했다고 비춰질 수 있다. 하지만 우상 숭배를 자기 내면의 표상을 섬기는 행위로 본다면, 사실 불교는 우상 숭배를 철저하게 또 적극적으로 금지하는 종교 중 하나다. 그런 가르침은 다음과 같은 문장에서 잘 드러난다.

"부처를 만나면 부처를 죽여라."

당연히 실제 살인을 권하는 발언은 아니다. 마음에서 없애라는 말이다. 즉 여기서 말하는 부처는 현실의 부처가 아니라 표상 세계의 부처다. 표상 세계에서 뭔가를 섬기는 행위는, 심지어 그것이 부처일지언정 전부 일종의 우상 숭배라고 경고한다. 그만큼 철저하게, 그리고 적극적으로 표상 세계의 함정에서 벗어나길 주문하는 것이다.

따라서 마음속에서 부처를 죽이라는 가르침은 우상 숭배를 금지하는 여러 종교적 전통과 일맥상통한다. 이는 인간에게 표상 세계가 생김으로써 낙원에서 쫓겨난 기독교 경전의 이야기와도 궤를 같이한다.

선악을 알게 하는 열매를 먹고 낙원에서 추방되었다는 이야기를 인간이 표상 세계를 떠올리면서 정신적 고통을 받게 되었다는 의미로 해석해 보았다. 그렇다고 표상을 떠올리는 일 자체가 죄라고 할 수는 없다. 표상 세계가 우리에게 초래한 비극이 많다고 지적했지만, 그것이 해결한 고통도 참 많다. 몽상이 우리에게 주는 선물 중에는 엄청나게 유용한 도구도 많고 앞으로도 얼마든지 더 찾을 수 있을 것이다.

　　　　　　　　　　　타인이라는 세계

게다가 그게 죄라고 하더라도 어쩔 수 없다. 떠올리지 않으려고 조심한다고 해서 떠올리지 않을 수 있는 게 아니기 때문이다. 우리의 정신이 몽상 세계를 오가는 것은 자연스러운 현상이다.

하지만 표상을 현실보다 우선시하는 것은 죄다. 거기에 상응하는 벌도 따른다. 우선 현실로부터 괴리되어 고통을 받는 길이기 때문이다. 아마도 그런 고통은 모든 동물 중에서 인간만이 겪을 것이다.

최초의 인간이 선악을 알게 하는 열매를 먹고 죄를 지어 낙원에서 추방되었다는 이야기가 혹시 이런 의미는 아닐까? 그 열매를 자유의지로 먹어서 죄라는 의미는 아닐 듯하다. 오히려 자유의지 같은 표상들을 마음 안에 섬기지 말라는 의미면 모를까.

우리는 저마다의 심리적 현실에서 살아간다. 하지만 그렇게 저마다의 세상을 섬기다 보면 우리가 원하는 자유나 행복으로부터 오히려 멀어지게 될지 모른다. 상식적으로 생각해도 헛된 몽상을 추구하지 않을 때에라야 원하는 것과 실제로 할 수 있는 것 사이의 거리가 좁혀질 것이다. 어쩌면 선악과를 먹기 전에 낙원에서 누리던 자유가 바로 그런 자유가 아니었을까? 가령 '왜 나는 이러고 살아야 하지? 쟤는 저러고 사는데 나는 언제 저렇게 살아보지?' 하면서 상상의 지옥 속을 배회하지 않을 자유 말이다.

이처럼 현실의 삶에 불행하다는 의미를 부여하거나, 현실에 없는 행복의 표상을 끌어안고 집착하지 않는 삶이 과연 가능할까? 지금도 다른 동물들은 그렇게 살고 있다. 태초의 낙원이라 불리는 곳에선 인간의 조상도 그렇게 살았을까? 그것은 마치 늘 명상하는 삶이었을지도 모르겠다.

따라서 그 낙원의 의미를 다음과 같이 상상해 본다. 어차피 현실의 삶이 마냥 자유로울 수야 없는 노릇이지만, 적어도 우상의 노예가 되어 사느라 정신적 자유를 희생하지는 말라. 그렇게 자기 내면에 창조한 세계에서 벗어나 오롯이 '지금 여기'에 집중하면서 마음의 자유를 누려라.

물론 이는 나만의 몽상일 뿐이다. 그 낙원에서 사는 마음이 어떤 마음인지는 어디에도 명확히 설명되어 있지 않다. 이처럼 2000년이 지나도록 그 마음을 똑 부러지게 설명하는 이가 없는 것을 보면, 아마도 그 진리란 우리의 표상 세계에 속하지 않는 것, 따라서 언어라는 표상으로 설명할 수 없는 것일지 모른다.

그래서 불교에서는 선문답을 활용하는 듯하다. 논리에 맞지 않는 대화를 통해 가르침을 전달하는 방법이다. 떠오르는

　　　　타인이라는 세계

모든 것을 우상으로 간주한다면 스승의 말씀마저도 우상이 될 수 있기 때문이다. 제자가 그 말씀에 집착하기 시작하면 곤란하다. 우상에서 벗어나야 하는데 거꾸로 종교적 가르침이라는 새로운 우상을 만들어버리면 어불성설이다. 가르침을 받을수록 오히려 표상의 왕국만 더 공고해지는 결과를 가장 조심해야 할 것이다.

따라서 가급적 표상 세계의 틀에 부합하지 않는 방식으로 가르침을 전하려던 게 그런 선문답이 되지는 않았을까? 표상의 왕국에 건설되는 것들은 전부 진실이 아닌 가짜니, 그것에서 자유로워지라는 의미에서 말이다.

그리고 물론 엄밀히 따지면 현실도 가짜다. 우리가 현실이라고 받아들이는 것도 결국은 시각, 청각, 미각, 후각, 촉각 같은 다양한 신체 감각의 종합 선물 세트다. 이들 감각이 느낌으로 바뀌는 장소는 뇌다.

예를 들어 눈앞에 보이는 물체는, 눈으로 들어온 빛이 신경 신호로 변환되어 뇌에 도달해야 비로소 그렇게 보인다. 중간 경로에서 이상이 생기면 보이지 않는다. 신호가 끊어지지 않고 뇌까지 잘 도착해야 보인다. 따라서 어떤 물체가 눈앞에 보이는 것 같아도 그것이 있는 위치는 눈앞이 아니다. 그 물체를 이루는 모양과 색깔은 그곳이 아니라 나의 뇌 안에 있는 셈이다.

지금 읽고 있는 이 책도 그렇다. 마치 바깥 현실에 있듯이 눈에 보이고 손에 만져지겠지만, 실은 뇌에서 그렇게 경험하고 있는 것이다. 이렇듯 일체의 현실을 우리의 뇌가 만들어낸다. 그럼 뇌가 경험하기 이전의 현실은 어떤 모습일까? 우리는 모른다. 우리가 알고 있는 유일한 현실은 오직 뇌로 경험하는 현실뿐이다.

누군가는 우리가 경험하기 이전의 바깥 현실이 존재한다고 주장할 수 있다. 그렇게 생각하는 게 틀렸다는 뜻은 아니다. 다만 그 생각도 뇌에서 떠올린 표상이다. 그 주장이 맞든 틀리든 내면의 표상 세계에 속해 있다. 바깥 현실에 대한 그 어떤 진실을 깨닫더라도, 그것은 바깥 현실에 존재하는 게 아니라 내 머릿속 표상으로 존재한다.

따라서 지금까지 이 책에서 줄곧 사용한 현실 세계와 표상 세계의 구분도 실은 참 애매모호하다. 관점을 바꾸면 모든 것이 마음이기 때문이다. 마음도 마음이지만, 현실도 일종의 마음이다. 바깥에 존재하는 게 아니라 내 안에서 경험하는 것을 마음이라고 한다면 그렇다. 전부 뇌에서 만들어내고 있으니, 전부 마음이라고 불러도 이상하지 않다.

물론 감각을 처리하는 뇌의 네트워크는 몽상에 관여하는

   타인이라는 세계

기본 설정 네트워크와는 차이가 있다. 따라서 바깥 세계와
표상 세계가 뇌에서 구분되는 것도 사실이다. 그래도 그 둘
은 전부 내 안의 경험이라는 공통점이 있다.

세상을 '나'로 가득 채우기

나는 텅 빈 존재이자 온 세상이다

철학에는 다음과 같은 흥미로운 질문이 있다고 한다.

"아무도 없는 숲속에서 나무가 쓰러지면 소리가 날까?"

처음에는 이게 무슨 말인가 싶을 수 있다. 일종의 선문답 같아 보이기도 한다.

이 질문을 이해하는 한 가지 요령을 소개하면, 소리와 음파를 구분하는 것이다. 둘을 구분해서 생각해 보자. 나무가 쓰러진다고 바로 소리가 존재하는 것은 아니다. 음파는 발생할지 모르지만 소리까지 존재하려면 그 음파가 누군가의 고막에 가서 닿아야 하고 그 음파에 귀를 가져다 델 누군가가 있어야 한다. 꼭 사람이 아니어도 그 음파를 감각으로 받아들일 무언가가 근처에 있어야 한다. 더 정확하게는 귀나 고막만이 아니라, 고막에 전달된 신호가 신경을 따라 뇌에 도달해야 하고, 뇌에서 그 신호를 소리로 느껴야만 그 소리는 비로소 존재한다. 즉 소리는 바깥 현실에 존재하는 게 아니다. 누군가의 내면에 존재한다. 따라서 숲속에 아무도 없다면 우리가 소리라고 부르는 그 경험은 존재하지 않는다.

아마 이 질문에 대한 통상적인 답변이지 싶다. 그런데 나는 질문을 조금 더 도발적으로 만들면 훨씬 흥미로울 것 같다.

"아무도 없는 숲속에서 나무가 쓰러지면 그 나무는 정말 쓰러진 걸까?"

이것은 또 무슨 말인가 싶을 수 있다. 이 질문에 대해 내가 생각하는 답을 공개하기 전에, 독자도 한번 찬찬히 생각해보기 바란다. 이 책을 꼼꼼히 읽은 독자라면 별로 어렵지 않을지도 모른다. 결정적인 힌트를 이미 테세우스의 배에서 공개했기 때문이다.

답을 공개하기 전에 중간 난도의 질문을 하나 먼저 추가해보자. 첫 번째 질문에 답했다면 그것과 똑같은 방식으로 답할 수 있는 질문이다.

"아무도 없는 숲속에서 나무가 쓰러지면, 그 쓰러지는 장면이 보일까?"

첫 번째 질문에서 음파와 소리를 구분했듯이, 이 질문에서도 빛과 장면을 구분하면 된다. 소리가 존재하려면 음파에 귀를 갖다 댈 누군가가 있어야 하듯이, 그 장면이 시각적으로 존재하려면 그곳에서 반사된 빛에 눈을 갖다 댈 누군가가 있어야 한다. 소리와 마찬가지로, 그 장면은 바깥 현실에 존재하는 게 아니라 누군가의 내면에 존재한다. 따라서 만약 아무도 없다면 그 장면은 존재하지 않는다.

이제 준비운동을 마쳤으니 다시 어려운 질문으로 돌아가보자.

"아무도 없는 숲속에서 나무가 쓰러지면 그 나무는 정말 쓰러진 걸까?"

앞의 두 질문과 마찬가지로 이 질문의 답도 현실이 아닌 표상 세계에서 찾아야 한다. 직접 숲속에 들어가 실험해서 풀 수 있는 문제는 아니기 때문이다. 그곳은 아무도 없는 숲이니 아무도 들어가면 안 된다. 이 질문이 헷갈리는 이유가 바로 여기에 있다.

질문의 첫머리를 보면 '아무도 없는 숲속에서 나무가 쓰러지면'이라고 했는데, 이미 여기에 모순이 존재한다. 정녕 그곳이 '아무도 없는 숲'이라면, 거기서 나무가 쓰러지는 장면을 본 사람이 아무도 없어야 한다. 하지만 앞에서는 그렇

   타인이라는 세계

게 가정해 놓고 뒤에서는 질문을 듣는 사람에게 그 장면을 보여준다. 같은 문장 안에서 곧바로 '나무가 쓰러지면'이라고 말해 버리면, 이 말을 듣는 사람에게 그 장면을 보여주는 셈이다. 이 문장을 듣자마자 마음속에서는 나무가 쓰러지는 장면이 떠오르기 때문이다. 그러니 질문을 다 듣고 나면 나무가 쓰러졌다고 답해야 할 것 같은 입장이 된다. 쓰러지지 않았다고 답하려면 느낌이 이상하다. 뭔가 석연치가 않다. 왜냐하면 방금 질문을 들으면서 그 나무가 쓰러지는 장면을 이미 보았기 때문이다. 바깥 현실에서 본 것은 아니지만, 표상 세계에서 보고 말았다.

앞의 두 질문에서도 마찬가지다. '아무도 없는 숲'이라고 해놓고 '나무가 쓰러지면'이라고 덧붙인 탓에 듣는 이로 하여금 나무가 쓰러지는 장면을 마음속에서 보게 만들었다. 그럼에도 앞의 두 질문이 훨씬 답하기 쉬웠던 이유는 청각적 소리나 시각적 장면에만 국한해서 답하면 되었기 때문이다. 나무가 쓰러지긴 쓰러졌는데 그 소리와 장면은 존재하지 않을 것이라고 분리해서 생각하면 된다. 즉 그 나무가 쓰러지는 머릿속 표상은 유지하면서 답을 할 수 있다. 하지만 이 최종 질문에서는 소리나 장면만을 떼어서 묻지 않고 그 사건의 존재 여부 자체를 묻고 있다. 따라서 그 나무가 쓰러지는 거짓 표상을 간직한 채로는 답하기 어렵다. 그 표상이 거짓인 이유는, 만약 그곳이 정말로 '아무도 없는 숲'이라면, 단지 소리와 장면만이 아니라 그 밖의 다른 모든 정보가 존재하지 않아야 마땅하기 때문이다.

따라서 처음부터 질문을 제대로 해야 한다. 제대로 하는 방법은 질문을 듣는 사람에게 나무가 어떻게 되었는지 알려 주지 않아서 그 숲이 정말로 아무도 없는 숲이 되게 만드는 것이다. 질문에서 '나무가 쓰러지면'이라는 부분을 빼면 된 다. 그러면 질문은 다음과 같이 된다.

"아무도 없는 숲속에서 그 나무는 정말 쓰러졌을까?"

이제 이 질문에 뭐라고 답하면 좋을까? 일단 그 나무는 쓰 러지지 않았다. 그렇다고 서 있는 것도 아니다. 어느 쪽도 답 이 될 수 없다. 숲속에서 그 장면을 경험한 자도 없고, 표상 세계에서 그러한 장면을 경험한 자도 없기 때문에 당연한 일 이다.

그런데 이 수정된 질문에도 아직 모순이 남아 있다. 정말 그 숲에 아무도 없다면 나무가 쓰러지는 장면을 아무도 못 보는 것은 물론이거니와, 그 나무를 보는 이도 없고 그 숲을 보는 이도 없어야 한다. 그러니 이 문장에는 아직도 지울 게 남아 있다. '나무가 쓰러지면'을 지운 것처럼 '나무'도 지우

 타인이라는 세계

고 '숲'도 지워야 한다. 그래야 그곳에 정말로 아무도 없게 된다. 게다가 거기에 아무도 없었다는 설명 또한 지워야 한다. 누가 있었는지 알 수 없기도 하지만, 방금 숲을 지워 버렸는데 거기에 누가 있겠는가.

결국 질문이 사라진다. 당연하다. 애초에 그것은 현실에서 성립하지 않는 질문이었다. 표상 세계에서야 언어로 문장을 만들거나 상상으로 장면을 떠올리면 그만이지만, 바깥 현실에서는 모순이 있으면 존재할 수가 없다. 아무도 없었다면서 거기서 무슨 일이 일어났는지 알고 있는 것은 모순이니, 현실에선 존재할 수 없는 상황이다. 그 숲이 있고 그 나무가 있다고 말하기 위해서는 어떤 방식으로든 그것을 경험하는 자가 있어야 한다.

이제 데카르트의 그 유명한 명제가 떠오른다.

"나는 생각한다. 고로 나는 존재한다."

데카르트는 철학의 토대로 삼을 만한 의심할 수 없는 진실을 찾는 과정에서 이 명제에 도달했다. 실로 훌륭한 통찰이다. 생각이라는 현상을 경험한다면, 그것을 경험하는 자가 존재한다고 봐야 할 테니까.

물론 이 명제를 꼭 생각에 국한할 필요는 없을 것이다. 생각뿐 아니라 지각이나 감정 등 다른 모든 경험에 적용해도 타당한 발언이다.

"나는 본다. 고로 존재한다."

"나는 듣는다. 고로 존재한다."

"나는 맛을 느낀다. 고로 존재한다."

"나는 냄새를 맡는다. 고로 존재한다."

이렇게 생각이 아닌 다른 경험을 하고 있을 때도 비슷한 깨달음을 얻을 수 있다. 예컨대 맛이라는 현상을 경험한다면, 그 맛을 느끼는 자가 존재한다고 봐야 할 테니 말이다. 그 경험이 무엇이든 마찬가지다. 따라서 더 일반적인 표현을 따르자면 다음과 같이 적는 게 더 낫다.

"나는 (　) 경험한다. 고로 존재한다."

여기서 괄호는 있어도 되고 없어도 된다. 만약 괄호를 유지한다면, 괄호 안에 넣을 수 있는 경험의 종류는 실로 무궁무진하다. 데카르트의 명제에서처럼 그것은 생각일 수도 있지만, 때로는 고통일 수도 있고, 때로는 사랑일 수도 있으며, 우연히 마주한 대자연의 경이나 아름다운 예술 작품의 감동일 수도 있다. 모든 선언이 가능하다.

이는 곧 불교의 유명한 문장들로 이어진다.

"일체유심조."

모든 것을 마음이 창조한다는 말이다. 많은 이가 이 말을

'모든 일은 마음먹기에 달렸다. 마음만 잘 먹으면 원하는 바를 다 이룰 수 있다'라는 뜻으로 이해하는 듯하다. 그보다는 이 모든 게 마음에서 비롯된다는 의미일 것이다. 원하는 바를 이룰 때만이 아니라, 원하는 바를 이루지 못할 때도 마찬가지다. 원하는 대로 되건 되지 않건, 전부 마음을 벗어날 수 없다. 그러니까 여기서의 마음은 일체를 경험하는 마음을 말한다. 평상시 마음을 먹는다거나 마음이 아프다고 말할 때와 같은 좁은 의미의 마음과는 조금 다르다.

"천상천하유아독존."

하늘 위와 하늘 아래에 나 홀로 존귀하다는 말이다. 여기서의 '나'도 마찬가지다. 평상시 사용하는 의미와 다르다. 이 '나'는 '너'나 '그'와 대비되는 '나'가 아니다. 따라서 나와 누굴 비교해서 내가 더 존귀하다는 의미가 아니다. 여기서 말하는 나는 이 모든 것을 경험하는 나, 그래서 오로지 나 홀로 존재하는 나를 말한다.

물론 타인도 존재한다. 없지 않다. 다만 내 마음에 존재한다. 타인에 대한 사랑과 존중도, 연민과 배려도, 전부 존재한다. 그저 내 안에 존재할 뿐이다. 비단 타인만이 아니라 하늘 위와 하늘 아래에 있는 모든 것이 마찬가지다.

현실 세상도 고스란히 존재한다. 단지 그 모든 게 내 마음을 통해 존재할 뿐이다. 이처럼 온 세상을 떠받치고 있는 내 마음의 주인을 '나'라고 한다면, 하늘 위와 하늘 아래에 홀로 존귀하다고 봐도 무방할 것이다. 결국 이 두 문장은 의미가 같다. 일체유심조라면 천상천하유아독존일 수밖에 없다.

우리는 존재를 먼저 가정하고 그 존재가 무언가를 경험한다고 이해하는 경향이 있다. 그런데 순서를 바꾸어보면 이 세상에 존재하는 모든 것은 내가 하는 경험으로서 존재한다. 온 세계가 내 마음 안에 있게 된다.

물론 당신의 세계는 당신 안에 있다. 나에게는 나의 세계가 있다. 모든 것은 항상 각자의 마음 안에 존재한다.

따라서 한 인간의 죽음은 한 세계의 소멸이다. 한 생명을 살리는 일은 온 우주를 살리는 일이고, 한 생명을 죽이는 일은 온 우주를 죽이는 일이다.

세상은 광활한 물질의 바다인 것만 같다. 하지만 그런 유물론의 바다 끝에서 만나는 것은, 이 모든 것을 경험하는 존재이기도 하다.

여기에 이르니 데카르트의 명제에 다시금 고개가 끄덕여진다. 이 세상 모든 것이 내가 하는 경험이라면, 철학적 사유도 그곳에서 시작할 수밖에 없다.

"나는 경험한다. 고로 존재한다."

물론 여기서 존재한다고 하는 '나'도 더 이상 일상적으로 가리키는 '나'가 아니다. '너' 또는 '그' 옆에 나란히 놓을 수 있는 '나'가 아니다. 그야말로 내 모든 경험의 주인인, 진정한 일인칭의 '나'를 말한다.

그렇다면 '나'란 대체 무엇일까? 일단 내 몸은 아니다. 내 뇌도 아니다. 그런 것들은 전부 내 경험이기 때문이다. 내가 내 몸을 바라보는 것은 나의 시각 경험이고, 내가 내 뇌를 떠올리는 것은 나의 표상 경험이다. 모두 내가 경험하는 내용이다.

이 모든 경험을 겪는 자, 즉 '나'는 존재하지만 그 경험하는 자가 대체 무엇인지는 알 수가 없다. 내가 경험하는 모든 것은 경험의 내용일 뿐, 경험하는 주체를 엿볼 순 없기 때문이다. 이에 관해 그 어떤 주장이나 이론을 떠올리더라도 그것은 내 머릿속 표상에 불과하다. 즉 경험의 일종이지, 경험하는 자는 아니다. 경험하는 주체를 경험할 순 없을 것이다.

경험하는 주체는 항상 비어 있다. 채워지는 것은 오로지 형형색색의 경험일 뿐이다. 하지만 그 경험을 하고 있다는 말은, 그 경험을 가능케 하는 무언가가 있다는 뜻이다. 비어 있지만 존재하는 무엇, 자신은 비어 있으면서 다른 모든 것을 경험하게 하는, 그래서 형형색색으로 이 세상을 채우는 그 무언가가 있다는 말이다.

경험하는 자를 '나'라고 부를 수도 있고, 혹은 '마음'이라고 부를 수도 있다. 하지만 뭐라고 부르든 일상에서 가리키는 의미와는 조금 달라지기 때문에 전부 오해의 소지가 있어 보인다. 그래서 비어 있는 것은 비어 있는 대로 두는 편이 좋을지도 모른다.

이쯤 되면 그 경험하는 자가 과연 존재하는지도 무의미해진다. 그야말로 비어 있는 공空인데 그것의 존재를 놓고 벌이는 표상 세계의 논쟁이 무슨 의미가 있겠는가. 언어와 표상은 우리를 여기까지만 안내할 뿐이다.

나는 철학자도 아니고 종교학자도 아니다. 방금 소개한 여러 인용도 전문성을 가지고 연구한 적은 없다. 살면서 일상에서 상식적으로 접한 문구에 불과하다. 다만 이 문장들이 내가 정신의학자이자 뇌과학자로서 이 책에 소개한 내용과 잘 이어진다고 느껴 마지막에 덧붙여 보았다.

문외한인 내가 떠올린 상상 중 일부는 해당 분야에서는 이미 오랜 상식이거나, 혹은 해당 분야의 정설과는 크게 차이가 날지도 모른다. 따라서 기본 설정 네트워크의 활동이 남다른, 어느 특이한 작가의 몽상 세계를 산책한다는 가벼운 마음으로 이 마지막 장을 이해해 주길 바란다.

아무래도 나의 기본 설정 네트워크가 여러분을 너무 멀리까지 데려와 버린 것 같다. 이제 이 모든 몽상을 멈추고 침묵할 시간이다.

1장 타인의 마음: 왜 서로 이해하기 어려울까

1 Frith U. Mind blindness and the brain in autism. Neuron 2001;32(6):969-79 (doi: 10.1016/s0896-6273(01)00552-9).

2 Frith U, Frith CD. Development and neurophysiology of mentalizing. Philos Trans R Soc Lond B Biol Sci 2003;358(1431):459-73 (doi: 10.1098/rstb.2002.1218).

3 상동

4 상동

5 상동

6 상동

7 상동

8 자폐증과 마음이론의 관계가 궁금한 분은 나의 다른 책『자폐증을 가진 뇌를 이해하는 방법』(https://m.site.naver.com/1sVyw)을 참고하길 바란다. 391쪽 QR 코드를 이용하면 온라인 전자책 페이지로 바로 이동할 수 있다.

9 Happé FG. The role of age and verbal ability in the theory of mind task performance of subjects with autism. Child Dev 1995;66(3):843-55 (doi: 10.2307/1131954).

10 상동

11 Fletcher PC, Happé F, Frith U, Baker SC, Dolan RJ, Frackowiak RS, Frith CD. Other minds in the brain: a functional imaging study of "theory of mind" in story comprehension. Cognition 1995;57(2):109-28 (doi: 10.1016/0010-0277(95)00692-r).

12 Castelli F, Happé F, Frith U, Frith C. Movement and mind: a functional imaging study of perception and interpretation of complex intentional movement patterns. Neuroimage 2000;12(3):314-25 (doi: 10.1006/nimg.2000.0612).

13 상동

14 상동

2장 마음의 오류: 상상하는 마음, 오해하는 인간

1   Loftus EF, Palmer JC. Reconstruction of automobile destruction: An
    example of the interaction between language and memory. J Verbal Learn
    Verbal Behav 1974;13(5):585-9.

2   상동

3   상동

4   Loftus EF, Miller DG, Burns HJ. Semantic integration of verbal informa-
    tion into a visual memory. J Exp Psychol Hum Learn 1978;4(1):19-31.

5   상동

6   Brewer WF, Treyens JC. Role of schemata in memory for places. Cogn Psy-
    chol 1981;13:207-30 (doi: 10.1016/0010-0285(81)90008-6).

7   Nakamura GV, Graesser AC, Zimmerman JA, Riha J. Script processing
    in a natural situation. Mem Cognit 1985;13(2):140-4 (doi: 10.3758/
    bf03197006).

8   Hyman IE, Husband TH, Billings FJ. False memories of childhood experi-
    ences. Appl Cogn Psychol 1995;9:181-97 (doi: 10.1002/acp.2350090302).

9   Loftus EF, Pickrell JE. The formation of false memories. Psychiatr Ann
    1995;25:720-5 (doi: 10.3928/0048-5713-19951201-07). / Hyman IE,
    Husband TH, Billings FJ. False memories of childhood experiences. Appl
    Cogn Psychol 1995;9:181-97 (doi: 10.1002/acp.2350090302). / Porter
    S, Yuille JC, Lehman DR. The nature of real, implanted, and fabricated
    memories for emotional childhood events: implications for the recovered
    memory debate. Law Hum Behav 1999;23(5):517-37 (doi: 10.1023/
    a:1022344128649).

10 Strange D, Sutherland R, Garry M. Event plausibility does not deter-
    mine children's false memories. Memory 2006;14(8):937-51 (doi:

10.1080/09658210600896105).

11   Garry M, Manning CG, Loftus EF, Sherman SJ. Imagination inflation: Imagining a childhood event inflates confidence that it occurred. Psychon Bull Rev 1996;3(2):208-14 (doi: 10.3758/BF03212420). / Goff LM, Roediger HL 3rd. Imagination inflation for action events: repeated imaginings lead to illusory recollections. Mem Cognit 1998;26(1):20-33 (doi: 10.3758/bf03211367). / Mazzoni G, Memon A. Imagination can create false autobiographical memories. Psychol Sci 2003;14(2):186-8 (doi: 10.1046/j.1432-1327.1999.00020.x).

12   Mazzoni G, Memon A. Imagination can create false autobiographical memories. Psychol Sci 2003;14(2):186-8 (doi: 10.1046/j.1432-1327.1999.00020.x).

13   Pigott MA, Brigham JC, Bothwell RK. A field study on the relationship between quality of eyewitnesses' descriptions and identification accuracy. Journal of Police Science and Administration 1990;17:84-8.

14   Shaw J, Porter S. Constructing rich false memories of committing crime. Psychol Sci 2015;26(3):291-301 (doi: 10.1177/0956797614562862).

15   Wade KA, Garry M, Pezdek K. Deconstructing Rich False Memories of Committing Crime: Commentary on Shaw and Porter (2015). Psychol Sci 2018;29(3):471-6 (doi: 10.1177/0956797617703667).

16   Perceptual Science Group @ MIT 웹사이트에서 제공하는 그림을 참고해 새로 그림. 1995, Edward H. Adelson. https://persci.mit.edu/gallery/checkershadow/download/

17   상동

18   Dutton DG, Aron AP. Some evidence for heightened sexual attraction under conditions of high anxiety. J Pers Soc Psychol 1974;30(4):510-7 (doi: 10.1037/h0037031).

19   Schachter S, Singer JE. Cognitive, social, and physiological determinants of emotional state. Psychol Rev 1962;69:379-99 (doi: 10.1037/h0046234).

20   Kadar N, Romero R, Papp Z. Ignaz Semmelweis: the "Savior of Moth-

ers": On the 200th anniversary of his birth. Am J Obstet Gynecol 2018;219(6):519-522 (doi: 10.1016/j.ajog.2018.10.036).

21   Simons DJ, Chabris CF. Gorillas in our midst: sustained inattentional blindness for dynamic events. Perception 1999;28(9):1059-74 (doi: 10.1068/p281059).

3장   우리의 마음: 인간 마음의 기원과 작동법

1   Johnson SP, Bremner JG, Slater A, Mason U, Foster K, Cheshire A. Infants' perception of object trajectories. Child Dev 2003;74(1):94-108 (doi: 10.1111/1467-8624.00523).

2   자폐증에 대해 더 궁금한 분은 나의 다른 책『자폐증을 가진 뇌를 이해하는 방법』(https://m.site.naver.com/1sVyw)을 참고하길 바란다. 391쪽 QR 코드를 이용하면 온라인 전자책 페이지로 바로 이동할 수 있다.

3   Fair DA, Dosenbach NU, Church JA, Cohen AL, Brahmbhatt S, Miezin FM, Barch DM, Raichle ME, Petersen SE, Schlaggar BL. Development of distinct control networks through segregation and integration. Proc Natl Acad Sci U S A 2007;104(33):13507-12 (doi: 10.1073/pnas.0705843104). / Supekar K, Musen M, Menon V. Development of large-scale functional brain networks in children. PLoS Biol 2009;7(7):e1000157 (doi: 10.1371/journal.pbio.1000157).

4   청소년 자녀와 대화하는 구체적인 방법이 궁금한 분은『청소년 자녀의 뇌와 대화하는 방법』(https://m.site.naver.com/1pM3r)을 참고하길 바란다. 391쪽 QR 코드를 이용하면 온라인 전자책 페이지로 바로 이동할 수 있다.

5   이 질문을 하는 수업은 본과 1학년 대상으로, 이제 막 의학 공부를 시작한 학생들이다. 학년이 더 높은 학생들은 답이 달라질지 궁금하다.

6   van den Hurk J, Van Baelen M, Op de Beeck HP. Development of visual category selectivity in ventral visual cortex does not require visual experience. Proc Natl Acad Sci U S A 2017;114(22):E4501-E4510 (doi:

10.1073/pnas.1612862114).

7 Ratan Murty NA, Teng S, Beeler D, Mynick A, Oliva A, Kanwisher N. Visual experience is not necessary for the development of face-selectivity in the lateral fusiform gyrus. Proc Natl Acad Sci U S A 2020;117(37):23011- 23020 (doi: 10.1073/pnas.2004607117).

8 Kosakowski HL, Cohen MA, Takahashi A, Keil B, Kanwisher N, Saxe R. Selective responses to faces, scenes, and bodies in the ventral visual pathway of infants. Curr Biol 2022;32(2):265-274.e5 (doi: 10.1016/ j.cub.2021.10.064).

9 Biswal B, Yetkin FZ, Haughton VM, Hyde JS. Functional connectivity in the motor cortex of resting human brain using echo-planar MRI. Magn Reson Med 1995;34(4):537-41 (doi: 10.1002/mrm.1910340409).

10 Damoiseaux JS, Rombouts SA, Barkhof F, Scheltens P, Stam CJ, Smith SM, Beckmann CF. Consistent resting-state networks across healthy sub- jects. Proc Natl Acad Sci U S A 2006;103(37):13848-53 (doi: 10.1073/ pnas.0601417103).

11 Raichle ME, MacLeod AM, Snyder AZ, Powers WJ, Gusnard DA, Shul- man GL. A default mode of brain function. Proc Natl Acad Sci U S A 2001;98(2):676-82 (doi: 10.1073/pnas.98.2.676). / Greicius MD, Kras- now B, Reiss AL, Menon V. Functional connectivity in the resting brain: a network analysis of the default mode hypothesis. Proc Natl Acad Sci U S A 2003;100(1):253-8 (doi: 10.1073/pnas.0135058100).

12 Menon V. 20 years of the default mode network: A review and synthesis. Neuron 2023;111(16):2469-87 (doi: 10.1016/j.neuron.2023.04.023).

13 Mason MF, Norton MI, Van Horn JD, Wegner DM, Grafton ST, Macrae CN. Wandering minds: the default network and stimulus-independent thought. Science 2007;315(5810):393-5 (doi: 10.1126/science.1131295).

14 Christoff K, Irving ZC, Fox KC, Spreng RN, Andrews-Hanna JR. Mind-wandering as spontaneous thought: a dynamic framework. Nat Rev Neurosci 2016;17(11):718-31 (doi: 10.1038/nrn.2016.113). / Bozhilo-

　　　　타인이라는 세계

va NS, Michelini G, Kuntsi J, Asherson P. Mind wandering perspective on attention-deficit/hyperactivity disorder. Neurosci Biobehav Rev 2018;92:464-76 (doi: 10.1016/j.neubiorev.2018.07.010).

15   Nolen-Hoeksema S, Wisco BE, Lyubomirsky S. Rethinking Rumination. Perspect Psychol Sci 2008;3(5):400-24 (doi: 10.1111/j.1745-6924.2008.00088.x).

16   Zhou HX, Chen X, Shen YQ, Li L, Chen NX, Zhu ZC, Castellanos FX, Yan CG. Rumination and the default mode network: Meta-analysis of brain imaging studies and implications for depression. Neuroimage 2020;206:116287 (doi: 10.1016/j.neuroimage.2019.116287).

17   Kaiser RH, Andrews-Hanna JR, Wager TD, Pizzagalli DA. Large-scale network dysfunction in major depressive disorder: A meta-analysis of resting-state functional connectivity. JAMA Psychiatry 2015;72(6):603-11 (doi: 10.1001/jamapsychiatry.2015.0071). / Christoff K, Irving ZC, Fox KC, Spreng RN, Andrews-Hanna JR. Mind-wandering as spontaneous thought: a dynamic framework. Nat Rev Neurosci 2016;17(11):718-31 (doi: 10.1038/nrn.2016.113).

18   Frith U, Frith CD. Development and neurophysiology of mentalizing. Philos Trans R Soc Lond B Biol Sci 2003;358(1431):459-73 (doi: 10.1098/rstb.2002.1218).

19   Gao W, Zhu H, Giovanello KS, Smith JK, Shen D, Gilmore JH, Lin W. Evidence on the emergence of the brain's default network from 2-week-old to 2-year-old healthy pediatric subjects. Proc Natl Acad Sci U S A 2009;106(16):6790-5 (doi: 10.1073/pnas.0811221106).

20   Fair DA, Dosenbach NU, Church JA, Cohen AL, Brahmbhatt S, Miezin FM, Barch DM, Raichle ME, Petersen SE, Schlaggar BL. Development of distinct control networks through segregation and integration. Proc Natl Acad Sci U S A 2007;104(33):13507-12 (doi: 10.1073/pnas.0705843104). / Supekar K, Musen M, Menon V. Development of large-scale functional brain networks in children. PLoS Biol 2009;7(7):e1000157 (doi: 10.1371/

journal.pbio.1000157).

21 사춘기를 비롯한 청소년기의 뇌 발달이 더 궁금한 분은 『청소년 자녀의 뇌와 대화하는 방법』(https://m.site.naver.com/1pM3r)을 참고하기 바란다. 391쪽 QR 코드를 이용하면 온라인 전자책 페이지로 바로 이동할 수 있다.

22 Seeley WW, Menon V, Schatzberg AF, Keller J, Glover GH, Kenna H, Reiss AL, Greicius MD. Dissociable intrinsic connectivity networks for salience processing and executive control. J Neurosci 2007;27(9):2349-56 (doi: 10.1523/JNEUROSCI.5587-06.2007).

23 Sridharan D, Levitin DJ, Menon V. A critical role for the right fronto-insular cortex in switching between central-executive and default-mode networks. Proc Natl Acad Sci U S A 2008;105(34):12569-74 (doi: 10.1073/pnas.0800005105).

24 Menon V, Uddin LQ. Saliency, switching, attention and control: a network model of insula function. Brain Struct Funct 2010;214(5-6):655-67 (doi: 10.1007/s00429-010-0262-0).

25 Killingsworth MA, Gilbert DT. A wandering mind is an unhappy mind. Science 2010;330(6006):932 (doi: 10.1126/science.1192439).

26 Brewer JA, Worhunsky PD, Gray JR, Tang YY, Weber J, Kober H. Meditation experience is associated with differences in default mode network activity and connectivity. Proc Natl Acad Sci U S A 2011;108(50):20254-9 (doi: 10.1073/pnas.1112029108).

27 Bond K, Ospina MB, Hooton N, Bialy L, Dryden DM, Buscemi N, Shannahoff-Khalsa D, Dusek J, Carlson LE. Defining a complex intervention: The development of demarcation criteria for "meditation". Psychol Relig Spiritual 2009;1(2):129-37.

28 Xu J, Vik A, Groote IR, Lagopoulos J, Holen A, Ellingsen O, Håberg AK, Davanger S. Nondirective meditation activates default mode network and areas associated with memory retrieval and emotional processing. Front Hum Neurosci 2014;8:86 (doi: 10.3389/fnhum.2014.00086).

29 Chapman HA, Kim DA, Susskind JM, Anderson AK. In bad taste: evidence for the oral origins of moral disgust. Science 2009;323(5918):1222-6 (doi: 10.1126/science.1165565).

30 Killingsworth MA, Gilbert DT. A wandering mind is an unhappy mind. Science 2010;330(6006):932 (doi: 10.1126/science.1192439).

4장 마음 너머로: 마음이 남긴 여섯 개의 단상

1 『엄마의 첫 공부』(카시오페아, 2022) /『내 마음, 새로 태어나고 싶다면』(글항아리, 2018).

2 이렇게 대화하는 방법이 궁금한 분은『청소년 자녀의 뇌와 대화하는 방법』(https://m.site.naver.com/1pM3r)을 참고하기 바란다. 청소년 자녀를 키우는 부모를 위해 쓴 책이지만, 책에서 소개한 대화법은 꼭 청소년이 아니라 성인과 대화할 때도 보편적으로 적용 가능한 기술이다. 아래 QR 코드를 이용하면 온라인 전자책 페이지로 바로 이동할 수 있다.

3 Axelrod R, Hamilton WD. The evolution of cooperation. Science 1981;211(4489):1390-6 (doi: 10.1126/science.7466396).

4 상동

보이지 않는 마음을 이해하는 심리학의 지혜

타인이라는 세계

초판 1쇄 인쇄 2026년 1월 12일
초판 1쇄 발행 2026년 1월 15일

지은이 홍순범

펴낸이 김선식
부사장 김은영
콘텐츠사업본부장 임보윤
책임기획 장종철   **책임편집** 장종철   **책임마케터** 이현주
콘텐츠사업8팀장 전두현   **콘텐츠사업8팀** 차혜린, 장종철, 임지원, 김효진
마케팅1팀 이고은, 지석배, 최민경, 이현주, 김은지   **홍보1팀** 김민정, 홍수경, 변승주
브랜드사업본부장 정명찬
브랜드홍보팀 오수미, 서가을, 박장미, 박주현   **영상홍보팀** 이수인, 염아라, 이지연, 노경은
저작권팀 성민경, 이슬   **편집관리팀** 조세현, 김호주, 백설희
재무관리팀 하미선, 임혜정, 이슬기, 김주영, 오지수
인사관리팀 강미숙, 김재경, 김혜진, 김주림, 황종원
제작관리팀 이소현, 김소영, 유미애, 이지우, 이승협
물류관리팀 김형기, 김선진, 주정훈, 양문현, 채원석, 박재연, 이준희, 최대식

펴낸곳 다산북스   **출판등록** 2005년 12월 23일 제313-2005-00277호
주소 경기도 파주시 회동길 490 다산북스 파주사옥 3층
전화 02-704-1724   **팩스** 02-703-2219   **이메일** dasanbooks@dasanbooks.com
홈페이지 www.dasanbooks.com   **블로그** blog.naver.com/dasan_books
용지 스마일몬스터   **인쇄** 북토리   **코팅 및 후가공** 제이오엘앤피   **제본** 다온바인텍

ISBN 979-11-306-7400-1 03180